Raubkunst – Kunstraub

Kai Artinger

RAUBKUNST KUNSTRAUB

19 WERKE UND IHRE GESCHICHTEN

BeBra Verlag

INHALT

*RAUB*KUNST – *BEUTE*KUNST – *KUNST*RAUB: WER BLICKT DA NOCH DURCH?

Kunstraub scheint ein uns vertrauter Begriff zu sein. Jeder hat schon einmal von einem spektakulären Fall gehört, in dem ein berühmtes Kunstwerk gestohlen wurde. Da wäre zum Beispiel der berühmte Diebstahl der *Mona Lisa* von Leonardo da Vinci aus dem Pariser Louvre im Jahr 1911. Unter den von der Polizei verhörten Verdächtigen war Picasso. Die vergangenen Jahrzehnte, aber auch die vergangenen Jahrhunderte, waren nicht arm an Kunstraubfällen. Der Dresdner Juwelendiebstahl, bei dem die Räuber 2019 ins berühmte Historische Grüne Gewölbe des Residenzschlosses in Dresden eindrangen, mit Brachialgewalt aus den Vitrinen Kunstobjekte und 21 Schmuckstücke, besetzt mit 4300 Diamanten, im Versicherungswert von mehr als 114 Millionen Euro raubten und dann wie in einem Actionfilm flohen, ist nur ein Beispiel aus der jüngsten Geschichte. Man kann wohl sagen, dass es in der Menschheitsgeschichte Kunstraub gibt, seitdem es Preziosen und Eigentum gibt. Sind die ägyptischen Pyramiden vorstellbar ohne Grabräuber? Im Verlauf der Baugeschichte dieser Weltwunder setzten die Pharaonen und ihre Architekten alles daran, die reich ausgestatteten herrschaftlichen Gräber, in denen die Toten die Reise ins Jenseits antraten, bis in alle Ewigkeit vor Räubern zu schützen. Oft vergeblich, trotz aller Tricks und bautechnischer Raffinessen.

Die moderne Kriminalgeschichte, die reale wie die fiktionale, ist reich an Kunstdiebstählen und Gentlemandieben, und vor dem Hintergrund der heute irrsinnig hohen Preise, die auf dem internationalen Kunstmarkt erzielt werden, und einer atemberaubend ungerechten globalen Ungleichheit zwischen Arm und Reich ist die Verlockung nicht gerade klein, sich dieser Werte auf krummen Wegen zu bemächtigen.

Auch über *Raubkunst* war in den vergangenen 25 Jahren viel zu lesen, zu hören und auch zu schauen, wenn man an die zahlreichen Spiel- und Dokumentarfilme zum Thema denkt. Da gab es den österreichischen Fall der »Frau in Gold« mit internationalen Verwicklungen oder die »Causa Kirchner«, die die Berliner Politik in Turbulenzen stürzte, dann den wohl bis jetzt spektakulärsten Fall von Hitlers Kunsthändler Hildebrand Gurlitt und seinem »geheimen Erbe«, der nicht nur sehr hohe Wellen schlug, sondern für die Entwicklung der Raubkunstforschung in Deutschland und der Schweiz einschneidend war und für weitreichende Veränderungen sorgte.

Auch zu Beginn der 1990er Jahre trieb die Öffentlichkeit dieses Thema um. Nach dem Untergang der Sowjetunion kam die russische *Beutekunst* aus der Zeit des Zweiten Weltkriegs auf die politische Agenda und für kurze Zeit keimte die Hoffnung im wiedervereinigten Deutschland und in Russland auf, die von den Trophäenkommissionen der Roten Armee aus Deutschland in die UdSSR verbrachten Kunst- und Kulturgüter könnten zurückkehren. In Deutschland wurde eine »Koordinierungsstelle zur Rückführung von Kulturgütern« aus der Taufe gehoben, die sich darum kümmern sollte. Zunächst hatte sie ihren Sitz in Bremen, dann in Magdeburg. Am Ende entschied sich Russland jedoch gegen die Rückgabe und seitdem ist es ruhig geworden um die sowjetische Beutekunst.

Ende der 1990er und Anfang der 2000er Jahre begann man in Deutschland, die Provenienz-, also die Herkunftsforschung, von kulturellen Objekten zu etablieren mit dem Ziel, in staatlichen Museen nach Raubkunst, d. h. nach Kunst- und Kulturgütern, und auch in Archiven und Bibliotheken nach Raubgut zu suchen, die Menschen im »Dritten Reich« weggenommen worden waren, weil die Nationalsozialisten sie aus rassischen, politischen oder anderen Gründen verfolgt hatten. Es geht vor allem um Besitztümer und Kunstwerke, die Juden in Deutschland und in den anderen von Deutschland im Zweiten Weltkrieg besetzten Ländern geraubt wurden.

Diese Geschichte der Raubkunst in Deutschland wird noch vervollständigt durch die Kapitel des Kunstraubs in der Deutschen Demokratischen Republik (DDR) und den Kunstraub in der deutschen Kolonialgeschichte. Insbesondere die historische Erforschung des Letzteren wurde in den vergangenen Jahren intensiviert und auf ein neues Level gehoben, ihre Forschungsergebnisse erregen zweifellos zurzeit am meisten das Interesse der Öffentlichkeit und Medien. Es hat die Raubkunst in kolonialen Kontexten und die deutsche Kolonialgeschichte aufs Tapet gebracht. Und gerade in der Presseberichterstattung über Kunstraubfälle aus der Kolonialzeit wird die inhaltliche Unsicherheit bei der Verwendung der Begriffe Raubkunst, Beutekunst und Kunstraub sichtbar. Es ist eine Begriffsverwirrung bei diesem Thema zu beobachten, wodurch oft nicht leicht auszumachen ist, um welche Form gewaltsamer Aneignung es sich jeweils handelt, denn nicht selten sind die Herkunft des Objekts und die historischen Umstände seines Entzugs unbekannt. Handelt es sich also um Raubkunst oder Beutekunst oder war es Kunstraub, fragt man sich.

Provenienzforschung und Washingtoner Prinzipien

*Herkunfts*forschung nennt sich *Provenienz*forschung. Die Fachbezeichnung leitet sich von *Provenienz* (lateinisch: *provenire* = herkommen) ab. Der Begriff bezeichnet die Herkunft einer Person oder Sache. Ein Kunstwerk oder Kulturobjekt hat eine Eigentumsgeschichte. Sobald es infolge der Erfüllung eines Auftrags oder Verkaufs das Atelier oder die Werkstatt verlässt, kommt es zu einem neuen Eigentümer und geht in ein neues Eigentums- oder Besitzverhältnis über, wobei Besitz im juristischen Sinne meint, dass jemand das Objekt hat, aufbewahrt etc., nicht aber Eigentümer:in ist. In der Geschichte eines Kunstwerkes oder

»Unser Provenienzforscher ist ein hemmungsloser Idealist. Er glaubt doch glatt, wir sollten 100 % unserer Bestände kennen.«
Herkunftsforschung im Cartoon in: MUSEUM AKTUELL-Ausgabe 237/2017

Kulturobjekts kann es immer wieder zu Eigentümer:innen- und Besitzer:innenwechseln kommen und das Kunstwerk oder Kulturgut zum Objekt des Marktes werden. In diesen Situationen erweitert sich jeweils die Herkunftsgeschichte. Im Idealfall lassen sich alle früheren Eigentumsverhältnisse (Provenienzen) ermitteln, tatsächlich ist die Rekonstruktion der Herkunft und des Eigentumsverhältnisses oft schwierig, vor allem dann, wenn die Entstehung eines Objektes weit in der Vergangenheit liegt und nur wenige Dokumente und Quellen zu seiner Geschichte überliefert sind. Zur Ermittlung der Provenienz braucht es objektrelevante Daten, die ermittelt und ausgewertet werden müssen. Einerseits können diese Daten direkt am Objekt gefunden werden (bei

Bildern Rückseitenbeschriftungen, Künstler- und Eigentümervermerke, Stempel etc.), andererseits können sie sich in externen Materialien befinden (Ausstellungs- und Auktionskatalogen, Akten, Verkaufsunterlagen, Briefen usw.), die in Archiven und Bibliotheken aufbewahrt werden. Die Ermittlung der Eigentumsverhältnisse verfolgt auch den Zweck zu überprüfen, ob es sich bei dem Kunstwerk um ein Original handelt.

Die Provenienzforschung ist schon sehr lange Teil der Methoden der Kunst- und Kulturwissenschaft und Bestandteil der Museumsarbeit. Schon früh wollten Menschen wissen, woher ein Kunstobjekt stammt, wie es entstanden ist und wer es besessen hat. An der Herkunfts- und Eigentumsgeschichte lässt sich die Deutungsgeschichte ablesen sowie die Bedeutung, die ein Objekt im Verlauf seiner Geschichte hatte und hat. Doch wegen Datenmangels war und ist die Provenienzforschung häufig sehr kompliziert und zeitaufwendig, sodass ihr in der Museumsarbeit und in der Kunstgeschichte als wissenschaftliche Disziplin lange Zeit nicht die Aufmerksamkeit zukam, die sie eigentlich benötigt hätte. Deshalb kommt es vor, dass Museen nicht von all ihren Sammlungsobjekten die Herkunft kennen und wohl auch weit davon entfernt sind – sofern das überhaupt möglich ist –, die Provenienzen all ihrer Objekte lückenlos auszuweisen.

Mit einer internationalen Konferenz in Washington, D.C. 1998 änderte sich jedoch grundlegend die Situation für die Museen und die Kunstgeschichte in Deutschland, etwas später auch für die Ethnologie. Denn seitdem wird von den Museen verlangt, Auskunft über die Provenienz ihrer Sammlungsobjekte zu geben. Bei jener Washingtoner Konferenz über Vermögenswerte aus der Zeit des Holocaust kamen 44 Staaten, zwölf nichtstaatliche Organisationen, darunter jüdische Opferverbände, zusammen. Sie formulierten Grundsätze (Washington Principles) in Bezug auf Kunstwerke, die von den Nationalsozialisten entzogen worden waren. Deutschland unterzeichnete die Grundsätze 1999. Alle Unterzeichnerstaaten haben sich verpflichtet, Raubkunst zu suchen, zu identifizieren und an die Vorkriegseigentümer im Rahmen einer gerechten und fairen Lösung zurückzugeben. Da in der Nachkriegszeit die Rückgaben unzureichend gewesen waren, nahm man zu Beginn der 2000er Jahre an, dass die Museen mehrere Tausend Kunstwerke aus ehemals jüdischem Eigentum haben. In den vergangenen 25 Jahren hat sich die Zahl durch erfolgreiche Rückgaben reduziert.

Die Washingtoner Erklärung verlieh der Provenienzforschung in den Museen, aber auch in der Kunstgeschichte und Ethnologie, ein neues Gewicht und sorgte dafür, dass nun begonnen wurde, die Museumsbestände systematisch nach Raubkunst abzusuchen. Wie wenig selbstverständlich diese Forderung war und wie schwer sich die deutschen Museen (aber auch die der Nachbarländer Österreich, Schweiz, Niederlande, Frankreich usw.) anfangs damit taten, illustriert die Entwicklung der Provenienzforschung in Deutschland. Zu Beginn waren es nur wenige Forscher:innen in wenigen Museen, die sich an die Arbeit machten. Viele Museen sahen sich wegen mangelnder finanzieller und personeller Ressourcen und fehlender Sachkenntnisse nicht in der Lage, der Verpflichtung nachzukommen. Weil es nicht voranging, richtete der deutsche Kulturstaatsminister 2008 eine Arbeitsstelle für Provenienzrecherche ein, um die dezentrale Suche nach Raubkunst zu stärken, so die offizielle Verlautbarung des Ministeriums. Ein Beirat von Bund und Ländern finanzierte gemeinsam die Arbeitsstelle (abgekürzt AfP). Sukzessive wurden die Fördermittel über die Jahre erhöht, damit mehr Museen, Bibliotheken und Archive ihrer Verantwortung zur Suche nach NS-Raubkunst gerecht werden konnten. Doch immer noch ging es nur langsam voran. Bis der Fall des Hitler-Kunsthändlers Hildebrand Gurlitt und seiner Sammlung, der 2013 für internationale Aufmerksamkeit und heftige Diskussionen sorgte, einen weiteren Schub auslöste, in dessen Folge die 2013 provisorisch eingerichtete Koordinierungs- und Beratungsstelle für Provenienzforschung drei Jahre später in die Stiftung Deutsches Zentrum Kulturgutverluste in Magdeburg überführt wurde. Mit ihr sollte endlich dafür Sorge getragen werden, dass Deutschland seinen Verpflichtungen angemessen nachkommt und mehr zur Identifizierung von Raubkunst in öffentlichen Sammlungen unternimmt.

Ein Lesebuch

Dieses Buch ist kein Fachbuch und erhebt nicht den Anspruch auf Vollständigkeit. Die bewusst kurz gehaltenen Kapitel über einzelne Fälle können naturgemäß die Komplexität und die Detailfülle, die viele der hier vorgestellten Geschichten auszeichnen, nicht wiedergeben und sie sollen es auch nicht. Das hätte den Rahmen eines solchen Buches gesprengt. Vielmehr ist es die Absicht dieser Darstellung, durch eine (subjektive) Auswahl interessanter Geschichten einen Einstieg in das Thema in lesbarer Form zu geben. Daher wurde bewusst auf Fußnoten verzichtet und stattdessen den Kapiteln Literatur- und in wenigen Fällen Quellenhinweise beigegeben, die ein Vertiefen durch Weiterlesen ermöglichen. Natürlich deckt dieses Buch nicht das sich immer mehr ausweitende Feld der Provenienzforschung ab und es geht auch nicht auf die Entwicklungen des akademischen Diskurses in den vergangenen 25 Jahren ein. Ein Fall wie die Gurlitt-Sammlung, zu dem inzwischen zahlreiche Publikationen und wissenschaftliche Untersuchungen erschienen sind und der den NS-Kulturraub durch die Berichterstattung zu einem Medienereignis machte, kann hier nur gestreift werden.

Dieses Lesebuch wendet sich an interessierte Leser:innen, die einen ersten Zugang zum Thema suchen, ohne gleich zu einer akademischen Einführung in die Provenienzgeschichte oder zu umfangreichen Aufsatzsammlungen greifen zu müssen, die aus wissenschaftlichen Tagungen hervorgingen. Dieses Buch ist keine Sammlung von Kriminalfällen, keine Kriminalgeschichte des internationalen Kunstdiebstahls. Darstellungen der spektakulärsten Kunstdiebstähle der Welt finden sich anderswo, dort, wo es um »True Stories of Crime and Art« geht.

Bei der Auswahl der Fälle für dieses Buch war es Autor und Verlag wichtig, nicht ausschließlich Fälle aus Deutschland, sondern auch einige Beispiele aus Österreich und der Schweiz zu besprechen, sodass sich ansatzweise ein übergreifendes Bild für den deutschsprachigen Kulturraum ergibt. Dadurch wird erkennbar, dass der NS-Kulturgüterraub, Beutekunst und Kunstraub keine nationalen Phänomene waren und sind und deshalb auch nie vor nationalen Grenzen haltgemacht haben.

BEUTEKUNST DER BRITISCHEN KRONE

Benin-Bronzen

Kurz vor Weihnachten 2022 berichtete die Bremer Tageszeitung *Weser Kurier*, Hamburg gebe Benin-Bronzen zurück, Raubkunst im Schätzwert von ca. 60 Millionen Euro. Dafür war am 16. Dezember 2022 im Hamburger Rathaus der Vertrag über die Rückgabe von 179 Bronzen aus dem ehemaligen Königreich Benin an die Bundesrepublik Nigeria unterzeichnet worden. Hamburgs Kultursenator sah darin einen Meilenstein in den Verhandlungen zwischen der Hansestadt und dem westafrikanischen Staat. Nigerias Botschafter sprach von einer »Zeitenwende«.

Bemerkenswert an der Nachricht war zweierlei. Zum einen gab es eine gewisse Begriffsverwirrung: Handelt es sich bei den Bronzen um »Raub-« oder »Beutekunst« (oder »Raub-« und »Beutegut«)? Zum anderen stellte sich die Frage, ob der große ästhetische und materielle Wert der restituierten Objekte nicht die problematische vorkoloniale Geschichte des Königreichs Benin überblende, in deren Kontext die Bronzen auch »Blut-Metall« genannt werden.

Den Uneingeweihten und in der Kolonialgeschichte Afrikas wenig Bewanderten erscheint dieser Beutekunstfall komplex und schwierig, weil er eine koloniale und vorkoloniale Geschichte aufweist und die Streitparteien in den Restitutionsverhandlungen nicht nur die Untiefen des postkolonialen Diskurses umschiffen, sondern auch verschiedene Akteur:innen und Institutionen beider Länder einen Interessenausgleich finden mussten.

Wie kompliziert der Fall der Benin-Bronzen ist, illustriert eine überraschende Wendung, die diese Rückgabegeschichte im März

Die Forderungen nach der Rückgabe der Benin-Bronze reichen weit zurück.

2023 genommen hat. Da verkündete der scheidende Präsident Nigerias, dass er die Eigentumsrechte sämtlicher Benin-Artefakte, sowohl der zurückgegebenen als auch der noch zurückzugebenden, an den Oba von Benin übereignet habe, dem »rituellen König« des alten, nicht mehr bestehenden Königreichs Benin, das im heutigen Nigeria liegt. Das kam für die mit dem Fall betrauten deutschen Vertreter:innen aus Politik, Kultur und Museen sowie für die Öffentlichkeit sehr unerwartet. Während man in Deutschland im Dezember 2022 noch davon ausgegangen war, die Rückgabe erfolge an den nigerianischen Staat und seine Bevölkerung, stellte die neue Sachlage die Verhältnisse scheinbar auf den Kopf. Nun wurde »nationales« (d. h. ehemals deutsches, nun nigerianisches) Eigentum zum Privatbesitz des »rituellen Königs«. Der Präsidialerlass schien aus dem öffentlichen Eigentum exklusives Privateigentum zu machen.

Nur wenn man sich der kolonialen Geschichte Afrikas und der vorkolonialen Geschichte des Königreichs Benin gleichermaßen stellt und sich die historische und aktuelle Bedeutung der Benin-Bronzen vergegenwärtigt, lässt sich die Verwirrung aufklären. Dann wird auch erkennbar, dass die weit zurückreichenden Forderungen nach der Rückgabe der Benin-Bronzen eng mit der Geschichte des europäischen Kolonialismus verknüpft sind.

Was sind die Benin-Bronzen?

Mit dem Sammelbegriff »Benin-Bronzen« werden künstlerische Artefakte aus dem Königreich Benin bezeichnet, die vom 16. bis zum 19. Jahrhundert entstanden und vor allem aus Messinglegierungen, Holz und Elfenbein gefertigt wurden. Es handelt sich im Falle der »Bronzen« um Güsse und um Schnitzwerke aus Holz und Elfenbein von höchster Kunstfertigkeit. Besonders die Beniner Handwerker aus der Zeit des 16. und 17. Jahrhunderts waren Meister der Metallverarbeitung. Deshalb verglichen Experten des späten 19. Jahrhunderts ihre Arbeiten mit den besten Werken von Renaissance-Künstlern wie Benvenuto Cellini. Die Benin-Bronzen wurden als Meisterwerke afrikanischer Kunst in eine Reihe mit den wichtigsten Skulpturen der griechischen Antike gestellt.

Die ideelle Wertschätzung drückt sich im materiellen Wert dieser Objekte aus. Ein königlicher Gedenkkopf aus dem 16. Jahrhundert im Hamburger Museum für Kunst und Gewerbe wird auf rund fünf Millionen Euro geschätzt. 2010 wurde im Auktionshaus Sotheby's eine Oba-Maske aus dem 16. Jahrhundert für 4,5 Millionen Pfund angeboten. Selbst weniger exzellente Stücke erzielen Preise ab 50 000 Euro.

In den Objekten verkörperten (und verkörpern) sich einerseits die Ahnen und andererseits manifestiert sich in ihnen so etwas wie ein dreidimensionales Geschichtsbuch. Das Königreich Benin hatte keine Schriftsprache, es hielt die wichtigsten Ereignisse seiner Geschichte – die dynastischen Folgen auf dem Königsthron, Kriege und Kulte – auf reliefartigen Bronzetafeln fest. Man kann in diesen Bronzen eine Art kollektives Gedächtnis der Menschen des Königreichs Benin sehen, das allerdings zu existieren aufhörte, als die Briten das Reich 1897 eroberten und seine Hauptstadt zerstörten. Die in der Literatur genannte Anzahl der dabei geplünderten Artefakte schwankt zwischen 4000 und 5000 Objekten. Dieser kulturelle Aderlass wäre vergleichbar mit dem Raub des Nationalarchivs eines Volkes. Während wir im nationalsozialistischen Kontext bei dem gewaltsamen Kulturgutentzug von *Raub*kunst sprechen, stellen die Benin-Bronzen im Krieg des britischen Empire gegen das Königreich Benin *Beute*kunst im kolonialen Kontext dar. Der Raub demütigte und schwächte den Gegner, indem er seine Kultur und Identität zerstörte.

Das Königreich Benin

Das Königreich Benin lag in Westafrika. Es bildete eines der mächtigsten Reiche in der Zeit vor dem Kolonialismus und herrschte über ein Gebiet, das sich in der Breite vom Fluss Niger bis Lagos erstreckte. Es umfasste den heutigen Südwesten Nigerias. Benin-Stadt war die Hauptstadt. Die Bevölkerung setzte sich aus den Bini und anderen Gruppen zusammen, deren Sprache Edo war. Darüber hinaus gab es noch weitere Gruppen mit anderen Sprachen.

Benin-Stadt war ein wichtiger Handelsplatz. Zu seinem wirtschaftlichen Aufstieg trugen die Portugiesen bei, als sie Anfang der 1470er Jahre die Bucht von Benin entdeckten und mit Rohstoffen zu handeln begannen. Sie tauschten Kupfer und Messing gegen Sklaven und Elfenbein.

Benin jagte und versklavte seine Nachbarvölker und sorgte dafür, dass zahllose Schiffsladungen von ihren Rechten beraubter Menschen in die Karibik und nach Amerika transportiert wurden. Für jeden verkauften Sklaven bekam Benin Messingarmbänder, sogenannte Manillas, aus denen die Benin-Bronzen gefertigt wurden. Daher erhielten sie die Bezeichnung »Blut-Metall«, denn trotz ihrer ästhetischen Schönheit stehen sie auch für einen mörderischen Handel und ein unmenschliches System. Deshalb spricht man auch davon, dass das Königreich Benin seinen Reichtum auf Unterdrückung und Gewalt gründete.

Das Ende der Sklaverei bedeutete auch das Ende des Sklavenhandels im Königreich Benin. Seine Häfen verloren allmählich ihre Bedeutung. Am Ende hatten von hier aus über zwei Millionen Sklaven eine Reise ins Ungewisse antreten müssen.

Berliner Kongokonferenz und britisches Protektorat

Auf der Kongokonferenz in Berlin 1884/85 teilten die europäischen Mächte den Kontinent Afrika unter sich auf. Teile des heutigen Nigeria wurden britisches Protektorat. Das Königreich Benin gehörte nicht dazu. 1892 vereinbarten die Briten mit dessen König ein Freihandelsabkommen, das aber nicht konfliktfrei war, weil der Oba Zölle erhob. Um die zu umgehen, wollte das britische Empire seine Einflusssphäre auf Benin ausdehnen. Man dachte im britischen Außenministerium und bei der Marine darüber nach, wie das Königreich mit militärischen Mitteln bezwungen und der König abgesetzt werden könnten.

Anfang 1897 brach eine britische Delegation auf, um den König aufzusuchen. Das Unternehmen verfolgte keineswegs rein friedliche Ziele, und die Delegation war auch nicht beim König willkommen, der angab, keine Zeit zu haben. Er forderte die Briten auf, umzukehren oder zu einem späteren Zeitpunkt wiederzukommen. Das lehnte der Leiter der britischen Delegation jedoch ab. Er beharrte auf der Fortsetzung der Expedition und setzte sich über alle Warnungen hinweg. Das Unternehmen endete in einem Fiasko.

Benins Krieger griffen den Expeditionszug aus dem Hinterhalt an und töteten sieben der neun britischen Delegationsmitglieder. Zweien gelang verwundet die Flucht. Der britische Historiker für Kolonialgeschichte Paddy Docherty sieht das eigentliche Ziel der Expedition in der Führung des Beweises, dass beim König von Benin friedlich nichts auszurichten sei. Ein Scheitern des Unternehmens sei daher durchaus willkommen gewesen, weil sich so der Druck auf London erhöht habe und dieses gezwungen gewesen sei, militärische Maßnahmen gegen das Königreich von Benin zu ergreifen. Genau das geschah auch nach dem Überfall auf die Expedition. Das Empire schickte eine Strafexpedition, die seine getöteten Staatsbürger rächen sollte.

Die Strafexpedition

Im Februar 1897 erreichten 1200 britische Soldaten Benin-Stadt. Der militärisch weit unterlegene Gegner war der Streitmacht nicht gewachsen und die Briten marschierten in Benin-Stadt ein. Dort stießen sie auf Spuren von Menschenopfern und die Leichen geopferter Menschen, die sich in verschiedenen Stadien der Verwesung befanden. Später wurden diese grausamen Funde als Rechtfertigung der Strafexpedition angeführt, man habe dem barbarischen Kult des Menschenopfers ein Ende bereitet und den Menschen die christliche Zivilisation gebracht.

Die Militäraktion dauerte drei Tage und kostete viele Einheimische das Leben. Der König konnte fliehen, doch das Ende seines Reichs war besiegelt. Der Königspalast wurde vollständig ausgeraubt und anschließend dem Erdboden gleichgemacht. Die britischen Soldaten erbeuteten viele Objekte, darunter die Bronzen und Elfenbeinschnitzereien.

Die Kriegsbeute wurde nach London gebracht und ihr Verkauf trug zur nachträglichen Finanzierung der Militäraktion bei. Einige britische Soldaten veräußerten aber auch schon in Benin geraubte Artefakte, etwa an deutsche Seeleute, durch die diese dann nach Hamburg gelangten.

In Europa lösten die Benin-Bronzen einen regelrechten Hype aus. Vertreter vieler europäischer Völkerkundemuseen interessierten sich für sie. Der Direktor des Hamburger Kunstgewerbemuseums kaufte im September 1897 zwei Objekte und stellte sie als »merkwürdige Bronzen aus Benin« auf dem Anthropologenkongress in Lübeck vor. Die Presseberichterstattung heizte das Interesse in Deutschland an und animierte weitere Museen, Stücke für ihre Sammlungen zu erwerben. Das Königliche Museum für Völkerkunde in Berlin kaufte auf einem Schlag 271 Objekte. Die Bronzen wurden ein Verkaufshit und zogen in großen Mengen in die bedeutendsten völkerkundlichen Sammlungen ein. Das British Museum hatte mit 800 Objekten die meisten, es folgte Berlin (600) und das Museum in Wien (400).

Allein diese Zahlen provozieren zu der Frage, wie es möglich war, dass diese Mengen Teil der musealen Sammlungen werden konnten. Warum wurde die Frage nach der Herkunft von Kulturgütern aus kolonialen Kontexten erst so spät gestellt? Und was hat das alles mit der bis heute in Deutschland und andernorts immer noch unvollständig aufgearbeiteten Geschichte des Kolonialismus zu tun? Wenn die Benin-Bronzen Beutekunst sind, warum nahm daran so lange niemand Anstoß?

Restitutionsforderungen

Ab 1933 versuchten die Nachfolger der ehemaligen Könige des Königreichs Benin, die Obas, besonders die herausragendsten Bronzen zurückzuerlangen. Doch sie fanden lange kein Gehör, ihre Forderungen wurden abgewiesen. Im Verlauf einer intensivierten Kolonialismus-Debatte Ende der 1970er, Anfang der 1980er Jahre wurde das Thema erneut aufgegriffen. Der senegalesische UNESCO-Generalsekretär Amadou-Mahtar M'Bow erklärte 1978, die Völker hätte man nicht nur wertvoller Kunstobjekte beraubt, sondern auch ihrer Erinnerungen. 1979 griff ein Symposium am Bodensee mit dem Titel »Das Museum und die Dritte Welt« das Thema in Deutschland auf. Dort trug der deutsche Ethnologe Eike

Haberland seine »Überlegungen zum Problem der Restitution von Kulturgütern an die Dritte Welt aus der Sicht des Ethnologen« vor. Haberland stellte fest: »Wenn die Mehrzahl der Kunstwerke durch Kauf bei freiem Willen ihrer vorherigen Besitzer erworben wurde, so dürfen wir nicht vergessen, dass sehr viele Stücke, vielleicht die Mehrzahl der Kunstwerke, nur deshalb verkauft wurden und aus ihrer Heimat in ein fremdes Land kamen, weil die durch den Kolonialismus veränderten Verhältnisse das möglich machten. Vielfach war der Kolonialismus mit seinen Begleiterscheinungen überhaupt erst der Anlass, dass man sich von den Dingen trennte, die ursprünglich kostbarsten religiösen oder politischen Besitz bildeten.« Diese Auffassung teilten aber nur wenige. Bis zu Beginn der 2000er Jahre spielte die Frage der Restitution der Benin-Bronzen kaum eine Rolle. Als 2007 in Wien eine große Benin-Ausstellung gezeigt wurde (mit Stationen in Paris, Chicago und Berlin), forderte eine Delegation des Königshauses von Benin einzelne Stücke zurück. Doch der nigerianische Kulturminister erklärte, sein Land habe keine Restitutionsansprüche.

Es dauerte noch bis in die 2010er Jahre, bis die ethnologischen Museen in Europa sich der Frage der Rückgabe stellen mussten. Auch in der Kulturpolitik der Länder setzte sich die Überzeugung durch, dass die Aufarbeitung der Kolonialgeschichte allein nicht ausreiche und über eine Rückgabe nachgedacht werden müsse. Man strebte internationale Kooperationen an und den Dialog mit den afrikanischen Staaten, es sollte Forschungsprojekte geben, die die ethnologischen Sammlungen auf Kulturgut im kolonialen Kontext untersuchen und zur Erhellung der historischen Umstände der Erwerbung und der Wege nach Europa beitragen sollten.

Durch diese seit 2018 geführten Provenienz- und Restitutionsdebatten wurde immer deutlicher, dass auch Deutschland ein Defizit in der Aufarbeitung seiner Kolonialgeschichte hatte. Der mangelhafte Kenntnisstand erschwerte die Beantwortung wichtiger Fragen wie die nach den rechtmäßigen Eigentümern von musealen Objekten mit kolonialer Herkunft. Und auch bei den Benin-Bronzen stand die Frage im Raum, an wen eigentlich zu restituieren sei: an den nigerianischen Staat oder an die Nachfahren des Königreichs Benin? Oder vielleicht an die Nachfahren der vom Königreich Benin versklavten Menschen, deren Nachfahren heute in den USA und der Karibik leben? Die Restitution Study Group in New York, die aus Nachfahren dieser Sklaven besteht, kritisierte Deutschlands pauschale Restitution der Benin-Bronzen an Nigeria. Die Objekte sollten nicht an den Staat zurückgegeben werden, der der Nachfolger jenes Königreichs sei, das seinen Reichtum mit dem Menschenhandel erwirtschaftet hatte.

Die Benin Dialouge Group und die Rückgabeverhandlungen in Deutschland

Die an der Restitution der Hamburger Benin-Bronzen 2022 beteiligte Sozialanthropologin und Afrikanistin Barbara Plankensteiner, Direktorin des Hamburger Museum für Kulturen und Künste der Welt (MARKK), brachte 2010 in der Benin Dialogue Group verschiedene Akteure – Museumsleute, Afrikawissenschaftler:innen, Ethnolog:innen – zusammen, damit sie auf regelmäßigen Treffen die Angelegenheit der Benin-Bronzen vorantrieben. 2018 gab es Gespräche im Ethnologischen Museum von Leiden in den Niederlanden. Hier entwickelten die Beteiligten einen Fahrplan für ein neues Museum in Benin-Stadt, in dem die Bronzen gezeigt werden sollten. Anvisiert wurde eine Museumskooperation zwischen Europäern und Nigerianern. Über das künftige Museum sagte man: »Die europäischen und nigerianischen Partner werden bei Fragen der Schulung, der Finanzierung und der rechtlichen Rahmenbedingungen zusammenarbeiten, um die dauerhafte Präsentation von Kunstwerken aus Benin im neuen Museum zu ermöglichen. Diese weit gefasste Vereinbarung bedeutet weder, dass die nigerianischen Partner auf Ansprüche einer eventuellen Rückgabe von den ehedem aus dem Königreich entnommenen Kunstwerken verzichten, noch, dass die europäischen Museen eine solche Zukunft ausschließen.« Deutschland entschied, den Bau des Edo Museum of West African Art (EMOWAA) im nigerianischen Bundesstaat Edo finanziell zu unterstützen. Zudem wurde die Plattform »Digital Benin« geschaffen, auf der die einst geraubten Kunstschätze aus dem Königreich Benin dokumentiert und öffentlich gemacht werden. Die Plattform stellt die umstrittenen Objekte in ihren verschiedenen Kontexten vor.

Keine zwei Jahre nach diesen Aktivitäten, kurz vor Weihnachten 2022, flog die deutsche Delegation ins nigerianische Abuja, um die ersten 21 Benin-Bronzen zurückzugeben. Damit wollte man ein starkes Zeichen für die Restitution der fast 1100 Objekte setzen, die in deutschen Museen lagern. Die Nigerianer begriffen die Rückgabe als »Repatriierung«, als »Wiederbeheimatung« der Objekte.

Zum Zeitpunkt der symbolträchtigen Übergabe war jedoch mit dem Bau des neuen Museums noch gar nicht begonnen worden. Es gab nur den Bauplatz, auf dem der von Deutschland kofinanzierte Ausstellungspavillon einmal stehen soll. Und bis zum Mai 2023 war unklar, ob er überhaupt je gebaut wird. Denn an der Idee des Museums gibt es Zweifel. Die nigerianische Demokratie ist fragil. Terrorgruppen wie Boko Haram sorgen in einigen Teilen des Landes für Unsicherheit. Es bräuchte Museen wie ein Fort Knox, um die Sicherheit der repatriierten Kunstschätze zu garantieren, war von einigen Europäern zu hören. Der die Deutschen überraschende Präsidenten-Erlass im März 2023 hatte überdies die Frage aufgeworfen, ob die Benin-Bronzen jemals in das EMOWAA einziehen werden. Denn mit dem Erlass wurde verfügt, dass sämtliche Bronzen an den Oba übereignet werden. Dem neuen (alten) Eigentümer wird das Recht gegeben, allein zu bestimmen, was mit den Objekten geschieht. Und der Oba ließ schnell verlautbaren, dass er die Bronzen in seinem Palast-Museum haben wolle. Das allerdings gab es im März 2023 auch noch nicht, auch dieses muss erst noch gebaut werden.

Nach dem Bekanntwerden des Erlasses stoppte das Museum für Anthropologie und Archäologie der Universität Cambridge, Besitzer der zweitgrößten Benin-Bronzen-Sammlung in Großbritannien, seine Rückgabe. Der Kolonialhistoriker Docherty, der Großbritannien das Fehlen einer Kultur der Dekolonisierung attestiert, sieht dennoch eine Verpflichtung zur Restitution: »Die Rückgabe der Benin-Bronzen ist eine moralische Notwendigkeit. Jeder würde von der Beseitigung einer Ungerechtigkeit profitieren.«

Die Zukunft muss zeigen, wie es in diesem Rückgabefall weitergeht. Das Beispiel Benin-Bronzen hat vor Augen geführt, dass der Rückgabeprozess nicht einfacher wird und die Restitutionspraxis einem komplexen und komplizierten Umfeld gerecht werden muss.

DAS »PRACHTBOOT« UND DER DEUTSCHE KOLONIALISMUS IN DER SÜDSEE

Luf-Boot

2021 erschien das Buch *Das Prachtboot. Wie Deutsche die Kunstschätze der Südsee raubten* des Historikers Götz Aly. Auch wenn die Presse die Publikation sehr breit und mit reißerischen Überschriften wie »Mord und Raub in Ozeanien« (*Weltkunst*) oder »Am Luf-Boot klebt Blut« (*General-Anzeiger*) besprochen hat, ist die sogenannte Raubkunstfrage beim berühmten Luf-Boot, dem größten Objekt der ethnologischen Museen im Berliner Humboldt Forum, weniger eindeutig als es den Anschein hat.

Das Luf-Boot ist ein zentrales ethnologisches Museumsobjekt des Humboldt Forums. An dessen Erwerbungsgeschichte versuchte der Historiker Götz Aly beispielhaft aufzuzeigen, welche Kolonial- und Erwerbungsgeschichte sich hinter solchen Kulturobjekten verbergen und mit welchen Strategien diese Geschichte in den vergangenen 120 Jahren verdrängt wurde. Im Gegensatz zur Presse, die in ihren Rezensionen und Feuilleton-Artikeln Alys kritischer Darstellung der deutschen Kolonialgeschichte und Ethnologie folgte, war eine Reihe von Ethnolog:innen und anderen Wissenschaftler:innen mit seinen Schlussfolgerungen nicht einverstanden, sie veröffentlichten kritische Entgegnungen in Fachzeitschriften und Zeitungen.

Das Ungewöhnliche an der Debatte war, dass über das berühmte Auslegerboot aus Ozeanien und seine Vergangenheit so ausführlich diskutiert wurde wie zu keiner Zeit davor. Plötzlich sollten Museumsbesucher:innen das Prachtboot nicht nur staunend betrachten, sondern auch über seine Herkunftsgeschichte

Das Luf-Boot ist das größte und ein sehr umstrittenes Objekt der ethnologischen Museen im Berliner Humboldt Forum.

unterrichtet werden. Provenienz war jetzt nicht mehr nur etwas, was Leute vom Fach anging (wenn es sie denn vorher überhaupt interessiert hatte), sondern etwas, über das die interessierte Öffentlichkeit informiert zu werden hatte. Während der langen Zeit, die das »Prachtboot« erst im Völkerkundemuseum Berlin und dann im Ethnologischen Museum in Berlin-Dahlem ausgestellt gewesen war, hatten die Besucher über die Geschichte seiner Erwerbung im Kontext des deutschen Kolonialismus wenig bis nichts erfahren. Für dieses Defizit waren auch die Völkerkundler:innen bzw. Ethnolog:innen verantwortlich, weil sie an dem Thema Kolonialismus nicht rühren wollten oder es schlicht ignorierten. Ihre Gereiztheit in der Raubkunstdebatte über das Luf-Boot rührte sicher auch daher, dass scheinbar Selbstverständliches im Rahmen des aufgeheizten Diskurses plötzlich nicht mehr selbstverständlich war. Die Forderung nach Provenienzforschung, mit der sich ab den 2000er Jahren zunehmend die Kunstmuseen und das Hochschulfach Kunstgeschichte unter Druck gesetzt sahen, erreichte nun auch die ethnologischen Sammlungen in Museen und Universitäten. Die Fachwissenschaft sah sich mit ungewohnten Ansprüchen konfrontiert und vor ungewohnte Herausforderungen gestellt.

Die Herkunft des Luf-Boots: die Hermit-Inseln

Das Luf-Boot stammt von den Hermit-Inseln, einem kleinen Atoll am Rand des Bismarck-Archipels in Papua-Neuguinea. Das Atoll besteht aus zwölf Eilanden, die vulkanischen Ursprungs sind. Die größte Insel trägt den Namen Luf, auf ihr wurde das prächtige Auslegerboot mit den zwei Masten und viereckigen Segeln gebaut. Es war eines der ersten hochseetauglichen Schiffe in der Menschheitsgeschichte und konnte bis zu 50 Krieger oder Personen aufnehmen – Krieger deshalb, weil die Bewohner der Insel Luf solche Boote für ihre Kriegszüge zu den ca. 100 Kilometer entfernten Inseln Kaniet und Ninigo verwendeten. Mit seinen etwas mehr als 15 Metern Länge und prachtvollen Verzierungen aus Schnitzwerken und Ornamenten avancierte das Luf-Boot gleich nach seinem Einzug in den Lichthof des Königlichen Museums für Völkerkunde in Berlin 1904 zu einem Publikumsliebling. Als »Prachtboot« regte es zum Träumen an über die vermeintlich paradiesische Südsee. Nach Deutschland gelangte das Boot mithilfe der Hamburger Handelsfirma Hermsheim & Co., die auf den Handel mit Waren aus der Südsee spezialisiert war.

Als das Boot 2018 in den neu errichteten Rohbau des Humboldt Forums umzog, sorgte die Stiftung Preußischer Kulturbesitz dafür, dass der aufwendige Transport von einer großen Medienkampagne und viel Öffentlichkeitsarbeit begleitet wurde. Wegen der schieren Größe des Objekts hatte man eine Wand im Humboldt Forum offen lassen müssen, um die große Transportkiste mit einem Kran ins Gebäude hieven zu können. Erst nach dieser letzten, sehr fernsehtauglichen Aktion konnte die Außenwand zugemauert werden. Sollte das Boot jemals nach Papua-Neuguinea zurückkehren, müsste es auf demselben Weg wieder hinaus.

Im Humboldt Forum steht es in einem großen Saal, der die Geschichte der »globalen Entwicklung der Menschheit« erzählen soll. Bei der Eröffnung des Forums hagelte es jedoch Kritik, denn zu offensichtlich war die Unterbelichtung der Geschichte des Kolonialismus. Das traf auch auf die Präsentation des Luf-Boots zu, auf das sich die Blicke der Presse besonders richteten, da Alys Buch schon vorher erschienen war und zum Vergleich der Darstellungen herausforderte.

Vielleicht stieß Alys Buch deshalb auf so großes Interesse in den Medien und in der Öffentlichkeit, weil es eine Geschichte enthüllte, die, wie leider schnell festgestellt wurde, im neu eröffneten Humboldt Forum viel zu kurz kam und daher sowohl Verantwortliche als auch Kurator:innen in Verlegenheit und Erklärungsnot brachte. Nach dem medialen Gewitter – das Luf-Boot war im wahrsten Sinne des Wortes in aller Munde und auf allen Kanälen – räumte der Direktor des Ethnologischen Museums schließlich Versäumnisse ein und erklärte zum Vorwurf, bei dem Boot handle es sich um koloniale Raubkunst, dass es in der Tat nicht eindeutig sei, ob es ursprünglich rechtmäßig erworben wurde. Weiter bedauerte er, die Provenienz des Bootes und die Kolonialgeschichte nicht in den Fokus gesetzt zu haben. Er gab dem Historiker Aly recht, dass der deutsche Kolonialismus in der Südsee kritischer gesehen werden müsse, als das bisher der Fall gewesen war. Warum die Ethnologie und Museologie in den ethnologischen Museen bis 2021 dazu nicht in der Lage gewesen sind und es erst einer kritischen Stimme von außen bedurfte, blieb dabei offen.

Doch was waren nun die dunklen Geheimnisse, die Götz Aly über das Prachtboot enthüllte und die für so viel Furore und Widerrede sorgten?

Die dunkle Geschichte des deutschen Kolonialismus in der Südsee

Alys Urgroßonkel Gottlob Johannes Aly, Militärgeistlicher der Kaiserlichen Kriegsmarine, hatte in den 1880er Jahren an der kolonialen Unterwerfung der Inselgruppen des Bismarck-Archipels in der Südsee teilgenommen. Der Pfarrer wurde sogar Namensgeber der Insel Aly (heute Siar). Ursprünglich hatte Aly beabsichtigt, einen Essay über »Raubkunst im Humboldt Forum« zu schreiben, in dem auch Familiengeschichtliches vom Militärgeistlichen Aly eingestreut werden sollte. Am Ende erwies sich das Material als so reichhaltig, dass der Autor daraus sein Buch über das Paradeobjekt machte und darin erklärt, warum das Boot nicht nur ein außerordentliches Zeugnis menschlicher Kultur ist, »sondern auch ein höchst lehrreiches Beispiel für die zehntausendfach angewandten Praktiken kolonialer Gewaltherrschaft«.

Aly beschreibt die verschiedenen Facetten der Geschichte des Bootes und seiner Aneignung durch die deutschen Kolonialherren und stellt den deutschen Kolonialismus in Deutsch-Neuguinea dar. Er zeichnet ein Panorama des Schreckens und der Vernichtung, vor dessen Hintergrund sich die ethnologischen Sammlungen und die deutschen Völkerkundemuseen in Berlin, Bremen, Hamburg, Köln, Stuttgart etc. entwickelten. Nur durch den Kolonialismus entstanden die völkerkundlichen Sammlungen und Museen, sie waren die zwei Seiten einer Medaille.

Das Massaker auf Luf

Aly legt dar, was aus den Menschen auf der Insel Luf wurde, nachdem sich die deutschen Kolonialherren des Archipels bemächtigt hatten. Er zeigt die Strategien der deutschen Kaufleute, kaiserlichen Regierung und Kriegsmarine, um sich den Boden, die Naturreichtümer und Arbeitskraft der einheimischen Bevölkerung anzueignen, die dann als Zwangsarbeiter auf Kokospalmenplantagen schuften musste, angepflanzt auf niedergebrannten Wäldern. Auf Luf verübten die Deutschen 1882 ein Massaker im Rahmen einer sogenannten Strafexpedition. Sie reagierten damit auf angebliche Überfälle auf eine deutsche Handelsstation und ein deutsches Schiff. An der Strafaktion beteiligten sich das Kanonenboot Hyäne und die Korvette Carola. Über elf Tage, vom 26. Dezember 1882 bis zum 5. Januar 1883, zerstörten die Deutschen sämtliche Boote und Wohnstätten von insgesamt fünf kleineren Dörfern und dem großen Hauptdorf.

Die genaue Anzahl der Getöteten ist unbekannt, Aly geht jedoch davon aus, dass vor allem jüngere und mittelalte Männer starben, also diejenigen, die einen wesentlichen Anteil an der Ernährung der Bevölkerung hatten. Das Zerstörungswerk erfolgte gezielt, so ein Zeuge: »In der darauffolgenden Regenzeit sollen aus Mangel an Unterkunft und Nahrung so viele [Einwohner der Insel Luf] umgekommen sein, dass die Überlebenden nicht alle Toten hätten bestatten können.« Am Ende überlebten von den 300 bis 400 Einwohnern ca. zwei Dutzend Männer und ein Dutzend Frauen. Die Kultur war zerstört.

»Aus Massenmord wird ›Bevölkerungsrückgang‹«

Zum Niedergang der Bevölkerung auf Luf trugen auch die Einschleppung von Seuchen wie Tuberkulose, Geschlechts- und Infektionskrankheiten durch die Kolonisierer bei. Die Deutschen sahen deren Ursache aber anderswo, für sie war sie im »Aussterben« der Bevölkerung begründet. Nach Aly kaschierte man zum Beispiel den auf Luf begangenen »Massenmord« und die anschließenden katastrophalen Zustände auf der Insel mit der Behauptung, die Insel sei ein Opfer des »Bevölkerungsrückgangs« geworden. Noch 2018 meinte die Stiftung Preußischer Kulturbesitz, das Prachtboot sei deshalb niemals in Gebrauch genommen worden, weil es infolge dieses »Bevölkerungsrückgangs« auf der Insel nicht mehr genügend Männer gegeben habe, die es hätten zu Wasser zu lassen können.

Die Provenienzforschung in kolonialen Kontexten warf Aly Polemik und mangelnde Differenzierung vor. So schrieb der Ethnologe Volker Harms etwa mit einem Seitenhieb auf die Presse auf der Plattform »Pazifik-Informationsstelle«: »Die von Journalisten für die Feuilletons ihrer Zeitungen verfassten Rezensionen folgen inhaltlich in der Regel der von Aly gewählten Beschreibung der hemmungslosen Gewalttätigkeit der deutschen Kolonialisten gegenüber den kolonisierten Südsee-Einwohnern. Dabei übernehmen sie kritiklos die von Aly vorgegebene äußerst krude Logik, dass, weil während der von Deutschen ausgeübten Kolonial-Herrschaft Gewalttätigkeiten und Ausbeutung der auf den Südsee-Inseln Kolonisierten dominiert hätten, dieses Verhalten mit Selbstverständlichkeit auch bei der Beschaffung des von Aly Prachtboot genannten Auslegerboots von der Insel Luf der Fall gewesen sei.«

Stimmen aus der Ethnologie kritisieren, dass die gewalttätige Geschichte des deutschen Kolonialismus nicht einfach mit der Entwicklungsgeschichte der Völkerkunde und der Völkerkundemuseen gleichgesetzt werden dürfe. Und da wäre man dann auch schon wieder bei dem Problem, ob das Luf-Boot geraubt oder ganz legal im Rahmen der damals üblichen Handelstransaktionen erworben wurde. Eine einhellige Meinung gibt es dazu nicht, weil die Faktenlage schwierig ist.

Die »Erwerbung« des Luf-Boots

Das Boot wurde 1903 von dem Kaufmann Max Thiel für die Handelsfirma Hernsheim & Co. »erworben«. Was heißt das konkret? Der Kuratorin der Südseesammlung im Humboldt Forum zufolge wurde das Boot 1899 auf Luf in einem Bootshaus gesehen. Es konnte nicht mehr zu Wasser gelassen und gesegelt werden, weil es nur noch sehr wenige Männer vor Ort gab, die das Boot nicht mehr von der Stelle zu bewegen vermochten. Einige Zeit später habe dann das Handelshaus Hernsheim & Co. das Boot »angekauft« und dem Völkerkundemuseum in Berlin »angeboten«. Das habe es schließlich für einen hohen Betrag gekauft.

Neben dieser unkonkreten Darstellung gibt es noch diverse andere Beschreibungen des Erwerbungsvorgangs, die sich alle dadurch auszeichnen, dass die geschilderte Herkunftsgeschichte mehr Fragen aufwirft als Antworten gibt. So ist nicht bekannt, wie Max Thiel in den Besitz des Boots gelangte, ob er es tatsächlich »kaufte«. Aly bemerkt hierzu, dass in den vor 1954 erschienenen Texten über das Luf-Boot nicht davon die Rede ist, dass es den einheimischen Eigentümern 1902/03 zu einem bestimmten Preis abgekauft oder für eine andere adäquate Gegenleistung entgegengenommen wurde.

Eduard Hernsheim, Unternehmer und Eigentümer von Hernsheim & Co., schrieb in seinen Memoiren, das Boot sei in seine Hände »übergegangen«, ohne zu präzisieren, was er damit meinte. Er war es gewesen, der 1882 dafür gesorgt hatte, dass deutsche Marineinfanteristen im Rahmen der »Strafaktion« die Hälfte der Bewohner Lufs hinmetzelten, ihre Dörfer, Felder und Boote zerstörten. Zwanzig Jahre später kam Max Thiel als sein Nachfolger in der Geschäftsführung von Hernsheim & Co. auf die Insel und brachte das Boot unter nicht bekannten Umständen in den Besitz seines Unternehmens.

Aly geht von einer schlichten Enteignung aus, es sei einer gnadenlos dezimierten Inselbevölkerung einfach weggenommen worden. Bei ihm heißt es dazu: »Im Vollgefühl kolonisatorischer Allmacht hatten Hernsheim und Thiel das Luf-Boot enteignet und es als Überbleibsel einer angeblich unzivilisierten, von ›geschichtslosen Wilden‹ geprägten Epoche in Berlin musealisieren lassen.«

Fakt ist, dass sich weder der Kauf noch der Diebstahl zweifelsfrei belegen lassen. Und hier haken die Kritiker der Version des Raubkunstfalles ein. Es sei zweifelhaft, dass Hernsheim eine Formulierung wie »in meine Hände übergegangen« gewählt hätte, wenn er sich damit selbst belastet hätte. Das wäre selbstentlarvend gewesen. Und überdies sei zu bedenken, dass es bei den Insulanern keine Schriftkultur gab, es daher auch nicht verwunderlich sei, dass keine schriftlichen Zeugnisse über den Erwerb des Bootes und seinen Kaufpreis überliefert sind. Die Einheimischen seien den Umgang mit europäischem Geld und Quittungen nicht gewohnt gewesen. Und schließlich gebe es Indizien gegen den Diebstahl und für den seriösen Erwerb. Das Boot sei von Thiel ohne Schiffsschnäbel vorgefunden und in seinem Auftrag von Schiffsbauern um die fehlenden Teile ergänzt worden. Das spreche eindeutig gegen Diebstahl. Auch habe 1906 der Schiffsarzt Augustin Krämer drei Erbauer des Luf-Bootes zu den darauf abgebildeten Symbolen befragt und diese hätten ihm ausführlich und freundlich geantwortet, ein Verhalten, das sie nicht an den Tag gelegt hätten, wenn das Boot gestohlen worden wäre. Für die Ethnologin Brigitta Hauser-Schäublin, die schon als kritische Stimme im Fall der Benin-Bronzen zu Wort gekommen war, lassen die erhaltenen Quellen keineswegs die Schlussfolgerung zu, das »Prachtboot« sei enteignet worden. Im Gegenteil, so Hauser-Schäublin, sprächen die Indizien für die Handelseinigkeit zwischen Verkäufern und Käufer. Hat man es hier also mit einer Art argumentativem Patt zu tun?

Für diese unbefriedigende Situation sind die ethnologischen Sammlungen und die Ethnologie mitverantwortlich. Sie sind lange dem kritischen und öffentlichen Diskurs über die Herkunft der Sammlungsobjekte sowie das Verhältnis der im 19. Jahrhundert als wissenschaftliche Disziplin entstehenden Völkerkunde – im 20. Jahrhundert in Ethnologie umbenannt – aus dem Weg gegangen. Zumindest kam von dem Diskurs, wenn er fachintern geführt wurde, in der Öffentlichkeit kaum etwas an. Und selbst ein Museumstanker wie das Humboldt Forum gab keine überzeugende Figur ab, als seine Verantwortlichen und die Kuratorin der Südseeabteilung von Journalisten auf die Defizite bei der Präsentation des Luf-Boots angesprochen wurden. Die linksliberale Berliner *tageszeitung* schloss mit dem Urteil: »Auf die Frage, warum direkt am umstrittenen Objekt keine offensive Auseinandersetzung stattfindet, weiß man keine Antwort. Die Staatlichen Museen sind nicht nur unbeweglich, sondern sie verteidigen nach wie vor knallhart die Pfründe, die ihnen noch bleiben. Ihre bisherige Rolle als Fels in der Brandung der Kolonialismusdebatte werden sie so jedenfalls kaum los.«

Der Ethnologe Harms stellte in diesem Zusammenhang ergänzend fest, dass schon vor dem Erscheinen von Alys Buch und thematisch ähnlicher Schriften in der Öffentlichkeit das Urteil feststand, dass alles, was die ethnologischen Museen im Kolonialismus gesammelt hatten, nur geklaut sein konnte: »Diesem Denken hatten die Museen, wenn auch ungewollt, selbst mit ihrem Eifer Vorschub geleistet, sich durch immer phantasievollere Neubenennungen ihrer Häuser mit Hilfe der Streichung des Titels ›Völkerkunde‹ von der Kontamination durch den Kolonialismus zu befreien, was aber letztlich doch nicht gelang.«

Wie auch immer das Luf-Boot »erworben« wurde, die Frage seiner Restitution stellt sich nicht. Denn Papua-Neuguinea verlangt es nicht zurück. Für den flächenmäßig drittgrößten Inselstaat der Welt ist das Großobjekt ein unschätzbarer Werbeträger, den man gern als Botschafter in Berlin hat.

DER UNENDLICHE STREIT UM DIE ÄGYPTISCHE KÖNIGIN

Die Büste der Nofretete

Im Jahr 1984 veröffentlichte der Direktor des Überseemuseums Bremen, Herbert Ganslmayr, sein Buch *Nofretete will nach Hause*. Darin konfrontiert er die Leser mit der Frage, ob »unsere Musentempel nicht tatsächlich gepflegte Räuberhöhlen« seien.

Dass er die Büste der Nofretete für den Titel wählte, erstaunt nicht, denn sie zählt zu den bedeutendsten Kunstwerken und berühmtesten Skulpturen der Welt und ist eines der Highlights der Berliner Museumsinsel. Sie zieht jedes Jahr Hunderttausende Besucher:innen an. Nicht zufällig wurde kürzlich in einem Dokumentarfilm über die schöne Ägypterin die Frage gestellt, was Berlin ohne die Nofretete wäre. Was wäre das Ägyptische Museum Berlin ohne sie?

Seit die Büste aus der so geschichtsträchtigen ägyptischen Erde ausgegraben wurde, ist sie ein Objekt der Begierde verschiedener Nationen, das bis heute für einen ungelösten Konflikt steht und für die Frage, wem die ägyptische Schönheit gehört. Ist sie zu Recht in Berlin oder steht sie nicht dem Ägyptischen Museum in Kairo zu? Sollte sie in das Land zurückkehren, aus dem sie kommt?

Im Fall Nofretete ist es alles andere als einfach zu entscheiden, ob es sich hier um einen Fall von Raubkunst oder Kunstraub handelt. Und weil die Sachlage so schwierig ist, ist der Streit über die Eigentümerschaft zwischen Ägypten und Deutschland bis heute ungelöst.

Nur eines lässt sich wohl zweifelsfrei feststellen: Ohne die Kolonialgeschichte der europäischen Nationen Frankreich, England

Die Büste der Nofretete: Weltberühmtes Schauobjekt in einer »gepflegten Räuberhöhle«?

und Deutschland gäbe es diesen über ein Jahrhundert schwelenden Eigentumsstreit nicht. Er ist eine Folge des kolonialen Erbes. Es waren die Kolonialmächte, die sich die Kulturgüter der in Besitz genommenen Länder aneigneten, um sie in ihren Museen als Trophäen ihrer Herrschaft und einer angeblich überlegenen westlichen Zivilisation auszustellen. Sie galten als Beweise für den Entwicklungsstand der eigenen Wissenschaft. Die Nofretete-Büste im Ägyptischen Museum Berlin unterstrich die Leistungen der Ägyptologie und archäologischen Forschung in Deutschland und deren Rang im internationalen Wettstreit.

Über die Herkunft und das Leben der Gemahlin Echnatons war lange Zeit wenig bekannt, Nofretete war die geheimnisumwitterte Königin. Inzwischen weiß man, dass sie die gleichrangige Mitregentin ihres Mannes war und einen großen Anteil an der Durchsetzung von Echnatons religiöser Revolution im 14. Jahrhundert v. Chr. hatte.

Während vieles in ihrem Leben noch im Dunkeln liegt, ist sich die Forschung dagegen heute einigermaßen sicher, dass ihre Büste nicht geraubt wurde und auch nicht das Objekt eines irgendwie gearteten Beutezugs war. Wenn heute ein Teil der Ägypter die Rückkehr der Büste wünscht, dann vor allem, weil sie der Meinung sind, ein derart bedeutsames Kulturobjekt gehöre ins Land seiner Herkunft, es gehöre den Ägyptern, und dass Nofretete das Land am Nil verließ, sei der kolonialen Herrschaft der Europäer auf ägyptischen Boden anzulasten.

Wenn heute im Kontext der postkolonialen Debatten die Eigentumsfrage der Büste erneut aufgeworfen wird, dann steht im Zentrum der Überlegungen, warum und mit welchem Recht sich die von den Europäern und Amerikanern angeeigneten Objekte heute in ihren Museen befinden. Es geht um die Fragen, *woher* diese Objekte kommen und *wo* sie heute *nicht* sind. Wie kam die schönste Frau Ägyptens an die Spree? Und warum sind das Ägyptische Museum Berlin und die Berliner:innen davon überzeugt, sie sei ganz zu Recht hier und nicht in Kairo?

Der Sensationsfund

Im Dezember 1912 gelang dem deutschen Archäologen Ludwig Borchardt (1863–1938) auf dem Ausgrabungsfeld im mittelägyptischen Amarna ein Sensationsfund. Er entdeckte die mit einer Gipsschicht überzogene und bemalte Kalksteinbüste der altägyptischen Königin Nofretete. Den Kopf krönte eine blaue Helmkrone, deren Farbe aus blauem Glaspulver besteht. Ihr Alter wurde auf rund 3300 Jahre geschätzt. Da sie in einem ehemaligen Atelier entdeckt wurde, das einem altägyptischen Bildhauer gehört hatte, vermuteten die Forscher sofort, es könne sich um das Modell für weitere Köpfe gehandelt haben. Einer anderen Theorie zufolge war sie für ein Heiligtum bestimmt.

Mit dieser Büste wurde noch ein zweiter Kopf der Nofretete, dieses Mal ohne Haube, gefunden. Er befindet sich heute im Ägyptischen Museum in Kairo. Allerdings fehlt ihm die spektakuläre Schönheit der Berliner Nofretete. Aus dem Grabungsfeld in Amarna bargen die deutschen Archäologen zahlreiche bemerkenswerte Objekte, doch die Büste der schönen Königin stach sie alle aus. Anfangs wurde sie noch nicht mit Nofretete in Verbindung gebracht, weil man die Königin noch nicht identifiziert hatte. Im Teilungsprotokoll bezeichnete man sie als »eine Prinzessin der Königsfamilie«. Dennoch war dem deutschen Grabungsleiter Borchardt sofort klar, dass sie hier auf etwas ganz Besonderes gestoßen waren und dass der Fund unter allen Umständen nach Berlin gebracht werden musste.

Ägypten war zu diesem Zeitpunkt keine unabhängige Nation. Die Kolonialmächte England und Frankreich hatten das Land unter sich aufgeteilt, seit 1882 war es britisches Protektorat. Die Engländer beanspruchten alles, was sich über der Erde befand, während alles unterhalb der Erde den Franzosen gehörte, die sich in der Ägyptologie als die führende Nation sahen. Bereits seit mehreren Jahrzehnten standen sie der Altertümerverwaltung in Kairo vor. Die Ägypter dagegen hatten bei ihren Altertümern kaum Mitspracherecht. Entsprechend wenig entwickelt war die weitestgehend fremdbestimmte ägyptische Ägyptologie.

Im Jahr des Sensationsfunds gab es jedoch eine Gesetzesänderung bei der Verteilung der Grabungsfunde, die ein Stück weit die ägyptische Position stärkte oder zumindest stärker berücksichtigte. Denn von nun an sollten Funde exakt und jeweils mit gleichem Wert geteilt werden, eine Hälfte musste an Ägypten gehen, die andere an die Finanziers der Grabung.

Zwar hatte es auch vorher schon eine ähnliche Regelung gegeben, doch kaum jemand hatte sich daran gehalten. Die Engländer verlangten mit der Neuregelung nun eine Änderung der Verhältnisse, was nicht unbedingt auf die Gegenliebe der französischen Altertümerverwaltung stieß, die ihre Vormachtstellung in Gefahr sah. Auch die Wissenschaftler waren mit der Regelung unzufrieden. Borchardt und andere Archäologen befürchteten, dass von jetzt an Funde auseinandergerissen und ihre wissenschaftliche Erforschung erschwert oder vielleicht sogar unmöglich gemacht würde.

Bei der Teilung der Funde hatte den Vorgaben gemäß immer ein Vertreter der Altertümerverwaltung zugegen zu sein, der die Aufteilung überwachte. Dadurch sollte (in der Theorie) gewährleistet werden, dass keine herausragenden Meisterwerke Ägypten verließen. Überdies erhielt Ägypten die Möglichkeit, in bestimmten Fällen wichtige Fundstücke aus der Teilung herauszulösen, indem es die jeweiligen Grabungskosten erstattete und dafür im Austausch das Fundstück erhielt, das das Land nicht verlassen sollte.

Borchardt gehörte einem Komitee an, das sich für den Schutz von Ägyptens Erbe einsetzte. Beim Fund der Nofretete-Büste geriet der Archäologe aber in einen Konflikt zwischen dem Ziel, das ägyptische Erbe zu bewahren, und dem Stolz des Entdeckers und Wissenschaftlers, seinen Fund in der Reichshauptstadt zu präsentieren.

Borchardt war bewusst, ein einzigartiges Meisterwerk ausgegraben zu haben, das einerseits gemäß dem Fundteilungsgesetz eigentlich in Ägypten zu verbleiben hatte, andererseits aber als ein glänzendes Beweisstück seines Grabungserfolges in Besitz genommen werden musste, um dann in Berlin im Museum ausgestellt werden zu können. Aus diesen Gründen konnte er es nicht einfach zurücklassen. Es war deshalb notwendig, dass es bei der Fundteilung Deutschland zugeschlagen wurde.

Die realen Machtverhältnisse in Ägypten halfen Borchardt bei diesem Bemühen, denn sie begünstigten die Europäer. Als Besatzungsmächte waren die Briten und Franzosen bei der Fundaufteilung im Vorteil, sie gaben sich selbst und anderen Grabungsnationen das Recht, sich ägyptische Antiquitäten anzueignen und außer Landes zu bringen. Laut dem Afrika-Wissenschaftler Jürgen Zimmerer, der die Bedeutung des Kolonialismus für die deutsche Gesellschaft erforscht, herrschte damals in Ägypten das Recht des Stärkeren, also das Recht der Besatzungsmächte, sodass faire und gerechte Voraussetzungen für die Fundaufteilung nicht gegeben waren.

Bei der Aufteilung des Amarnafundes 1912 spielten aber noch weitere Aspekte eine Rolle. Auch der langjährige Leiter der französischen Altertümerverwaltung, der renommierte Ägyptologe Gaston Maspero, stand nicht voll hinter der Neuregelung der Aufteilung der Grabungsfunde. Entsprechend lax wurde diese bis zu Beginn des Ersten Weltkriegs von den Franzosen gehandhabt. Sie hatte etwas von passivem Widerstand gegen den Versuch der Briten, mehr Einfluss auf die archäologische Behörde zu nehmen. Als die Amarnafunde aufgeteilt wurden, war zuerst kein französischer Vertreter physisch anwesend, die Franzosen führten das Prozedere anhand von Fotos und »auf Distanz« durch. So kam es, dass die Behörde im Vergleich zur Nofretete-Büste ein »Klappaltarbild« mit einer Darstellung von Nofretete und Echnaton für bedeutsamer hielt und deshalb entschied, dieses dem Museum in Kairo zu geben, während die Büste Berlin überlassen wurde.

Vielleicht trickste Borchardt auch ein wenig, indem er den Wert und die Bedeutung der Büste herunterspielte. Doch die französische Kunsthistorikerin und Beutekunstexpertin Bénédicte Savoy ist davon überzeugt, dass der berühmte Kopf der Nofretete Ägypten mit dem Segen der zu diesem Zeitpunkt noch liberal eingestellten französischen Altertümerverwaltung verließ. Später sah es dieselbe Behörde unter neuer Führung und nach dem Ersten Weltkrieg anders und verlangte die Büste aus »moralischen Gründen« zurück.

Durch den Weltkrieg und seine Folgen hatte die internationale Gemeinschaft der Ägyptologen aufgehört zu bestehen und war in nationale Vereinigungen zerfallen. Als ehemalige Kriegsfeinde waren die Deutschen für die Franzosen, Engländer, Amerikaner usw. keine Kollegen mehr, sondern Feinde, mit denen eine wissenschaftliche Zusammenarbeit unvorstellbar geworden war. Dafür hatten die deutschen Wissenschaftler neben Künstlern und Schriftstellern auch selbst mit ihrem »Manifest der 93« vom Oktober 1914 gesorgt, in dem sie die Vorwürfe zurückwiesen, die deutsche Armee habe beim Einmarsch in Belgien Kriegsverbrechen begangen und sinnlos unersetzliche Kulturgüter zerstört. Wegen dieser Parteinahme diskreditierten sie sich in der internationalen Wissenschaftlergemeinde und wurden ausgegrenzt. Für die Nachkriegszeit hatte das zur Folge, dass ein sehr germanophobes Klima im Ausland herrschte, das die französische Altertümerverwaltung in Kairo gegen die Deutschen nutzte und ihre Entscheidung, die Nofretete-Büste zurückzufordern, wesentlich beeinflusste.

»Historischer Fehler« und »moralische Verpflichtung«

1914 hatte man den französischen Ägyptologen Pierre Lacau zum Leiter der Altertümerverwaltung ernannt, den vormaligen Assistenten von Maspero. Dieser war nicht nur ein schwieriger Charakter, sondern zugleich auch ein glühender Patriot, der den Kampf gegen die »Boches« – die Deutschen – nicht nur auf dem Schlachtfeld, sondern auch im Wissenschaftsbereich ausfocht. Nach seiner Rückkehr aus dem Kriegseinsatz nach Kairo im Herbst 1917 überdauerte seine feindliche Einstellung gegenüber den Deutschen den Krieg und beeinflusste seine Haltung auch nach dem Friedensschluss in Versailles.

Lacau war überzeugt, dass die Ausführung der Nofretete-Büste nach Deutschland nur auf einen Irrtum zurückzuführen sei. Er sah zuerst den Fehler bei einem damaligen Mitarbeiter der Behörde. Später aber lastete er den Irrtum Borchardt selbst an. Für Lacau war klar, dass der Kopf ohne Wenn und Aber restituiert werden musste. Lacaus im Weltkrieg genährter Hass auf alles Deutsche trug sein Übriges dazu bei, ihn in seiner Forderung zu bestärken. Deshalb machte er zur Vorbedingung für die Erteilung neuer Grabungskonzessionen an das deutsche Archäologische Institut, dass zuerst Nofretete nach Ägypten zurückkehren müsse.

Heute sieht die Ägyptologin Monica Hanna den Fall ganz ähnlich, auch sie hält die Entscheidung der Ausfuhr der Nofretete für einen historischen Fehler, der revidiert werden müsse. Ihrer Ansicht nach hätte sie niemals außer Landes gebracht werden dürfen. Während Geschichte nicht rückgängig gemacht werden könne, gelte das für Fehler nicht, die ließen sich beheben. Hanna gelangte bei ihren Nachforschungen in ägyptischen Archiven zu der Überzeugung, dass bei der Fundteilung 1913 gegen geltendes Recht verstoßen und Nofretete daher auf illegale Weise außer Landes geschafft worden war.

Handelte es sich also doch um eine Form von Raub?

Dass es sich bei der Büste angesichts der damals herrschenden Rechtslage um ein heikles Objekt handelte, war Borchardt durchaus bewusst. Hier lag wohl auch einer der Gründe, warum die Nofretete-Büste erst 1924 öffentlich in einer eigens dafür gestalteten Halle im Neuen Museum auf der Berliner Museumsinsel ausgestellt wurde. Ab da war sie sofort in aller Munde und die Reaktion der Franzosen ließ nicht lange auf sich warten. Sie verlangten die Rückgabe, andernfalls gebe es keine deutschen Grabungen in Ägypten mehr.

Lacau nutzte die Nofretete als willkommenen Hebel, um die verhassten deutschen Ägyptologen in Ägypten nicht mehr zum Zuge kommen zu lassen und ihre wissenschaftliche Arbeit empfindlich und dauerhaft zu torpedieren. Trotzdem waren die Deutschen alles andere als gewillt, klein beizugeben. Sie versuchten auf diplomatischem Wege und über die ägyptischen Regierungsstellen

Einfluss auf die Franzosen auszuüben. Sie waren auch nicht mehr völlig frei in ihrer Entscheidung, denn durch die Ausstellungen der Amarnafunde war diese Kultur in Berlin sehr bedeutsam geworden und die Nofretete wollten die Berliner:innen nicht mehr missen. Sie war ein fester Bestandteil der Populärkultur geworden. Für das Ägyptische Museum in Berlin war sie ein unersetzliches Highlight, es meinte, ohne sie im Konkurrenzkampf mit anderen international bedeutsamen ägyptischen Sammlungen schlechter dazustehen.

Um in dem Konflikt scheinbar doch eine Einigung herbeizuführen, machten die Franzosen den Vorschlag, die Büste der Nofretete gegen einige gleichwertige Objekte zu tauschen. Die Verhandlungen gingen hin und her, den Streitparteien gelang es aber am Ende nicht, sich darauf zu einigen, welche Objekte gleichwertig waren. Berlin verlangte als Ersatz ein erstrangiges, international bekanntes Werk und die von den Franzosen vorgeschlagen Stücke wurden diesem hohen Anspruch nicht gerecht. Die Folge war, dass sie von Berlin abgelehnt wurden.

Im Juni 1930 wurden die Verhandlungen schließlich ohne eine Einigung abgebrochen. Der Pressedienst der preußischen Regierung ließ verlautbaren, das Ministerium für Wissenschaft, Kunst und Volksbildung lehne im Einvernehmen mit den Staatlichen Museen in Berlin den ausgehandelten Tauschvertrag ab. Die Antwort der Franzosen darauf war die Verweigerung der Grabungserlaubnisse für alle deutschen Universitäten. Für die Altertümerverwaltung war die Restitution inzwischen zu einer »moralischen« Pflicht geworden, der die deutschen Ägyptologen nachzukommen hatten, wenn sie jemals wieder in Ägypten graben und forschen wollten.

1933 versuchte das Auswärtige Amt in Berlin ein letztes Mal, die deutsch-französische Affäre um Nofretete zu beenden und doch noch einen Tausch zu ermöglichen. Es gab sogar einen Rückgabetermin, der auf den Jahrestag der Thronbesteigung des ägyptischen Königs Fuad I, den 9. Oktober 1933, gelegt wurde. Doch Reichskanzler Adolf Hitler vereitelte die Rückgabe. Der gordische Knoten wurde abermals nicht durchgeschlagen.

Fortdauernde Diskussion

Seit 1926 fordern Ägypter wie der ehemalige Generalsekretär der ägyptischen Altertümerverwaltung, Zahi Hawass (2002–2011), regelmäßig die Rückgabe der Nofretete. Im Straßenbild Ägyptens finden sich überall Nachbildungen. Doch das Original ist in seinem Ursprungsland noch nie öffentlich ausgestellt worden. Allerdings gibt es von regierungsamtlicher Seite keine offiziellen Rückforderungen. Der Präsident der Stiftung Preußischer Kulturbesitz, Hermann Parzinger, hält deshalb fest, dass es diese bis zum heutigen Tag nicht gegeben habe und selbst ägyptische Diplomaten die Nofretete in Berlin als idealen Botschafter für ihre Kultur in Deutschland ansähen. Außerdem hält man die Ausleihe und den damit verbundenen Transport für zu gefährlich. Für die Direktorin des Ägyptischen Museums in Berlin kommt das nicht infrage, weil sie für den Schutz, die Bewahrung und Erhaltung dieses einzigartigen Weltkulturstückes verantwortlich sei. Größer aber ist vielleicht ihre Furcht, die schöne Königin könne nicht aus Ägypten zurückkehren.

Wie also in Zukunft umgehen mit einem Kulturobjekt, dessen Materialwert gleich null ist und dessen geschätzter Versicherungswert bei 400 Millionen Euro liegt?

Die Kunsthistorikerin Savoy, die der deutsch-französischen Affäre um Nofretete 2011 ein ganzes Buch widmete, meint: »Wenn sich die Frage stellt, ob die Büste der Nofretete zurückgegeben werden sollte oder nicht, wäre meine Antwort, wir müssen die Restitutionsgesuche ernstnehmen, wir müssen lernen zuzuhören. Das sind keine politischen Forderungen, wir müssen sie als ein kulturelles Bedürfnis, als ein kulturelles Verlangen sehen.«

Der Afrika-Wissenschaftler und Historiker für Kolonialgeschichte Zimmerer ist überzeugt, dass die Institution Museum, die heute die Nofretete beherbergt, nach 200 Jahren auf dem Prüfstand steht, weil neue Themen wie Restitution, Teilhabe und Dekolonisierung neue Herausforderungen sind. Das Museum kann nicht mehr nur das Kunstwerk in den Mittelpunkt stellen, es muss dessen vielfältiges Beziehungsgeflecht in einer globalisierten Welt sichtbar machen. »Was wir bräuchten, ist ein völlig neues Konzept von Museen, Museen, die nicht mehr die Größe zur Schau stellen (…), sondern eben diese Geschichte der Ausbeutung, die Geschichte dieser Beziehung, die Geschichte der kolonialen Beziehung in den Mittelpunkt stellt. Wir brauchen eine völlig neue Vorstellung von Museen, für die Originale überhaupt nicht mehr wichtig sind.«

BERLINS ENTGANGENER SCHATZ

Die Sammlung Fuchs

Eduard Fuchs gab sich keinen Illusionen hin, als am 27. Februar 1933 der Reichstag in Berlin brannte. Für ihn war die Situation gefährlich geworden, denn als Kommunist und bekannter Schriftsteller schwebte er in größter Gefahr. Es war nur eine Frage der Zeit, bis die Häscher ihm auf den Fersen waren. Vermutlich rettete ihm die Künstlerin Tisa von der Schulenburg, eigentlich Elisabeth Gräfin von Schulenburg, Tochter eines Generals und NSDAP-Reichstagsabgeordneten, das Leben, indem sie ihn in einem Verschlag versteckte, der sich neben ihrem Atelier in der Laubenkolonie »Schmargendorfer Alpen« in Berlin-Wilmersdorf befand. Dann, am Morgen des 1. März, brachte ihr Mann, der jüdische Unternehmer, Pazifist und Kunstsammler Fritz Hess, Fuchs im Auto nach Jüterbog, eine Kleinstadt im Süden Berlins. Von dort flohen Fuchs und seine jüdische Frau Margarete (1885–1953), geb. Alsberg, im Zug in die Schweiz und weiter nach Frankreich.

Wie viel Glück Eduard Fuchs hatte, zeigt das Schicksal seiner Freunde Erich Baron und Erich Mühsam. Der Erste Jurist und Widerstandskämpfer gegen den Nationalsozialismus, der Zweite Anarchist und berühmter Dichter. Beide wurden gleich nach dem Reichstagsbrand verhaftet und ermordet.

Das literarische Denkmal für den Sammler

Der Philosoph und Kulturkritiker Walter Benjamin setzte Eduard Fuchs ein literarisches Denkmal. Im Auftrag Max Horkheimers vom Institut für Sozialforschung schrieb er einen Aufsatz, in dem

Eduard Fuchs, hier gemalt von Max Slevogt, war eine der schillerndsten Persönlichkeiten der Weimarer Republik.

der Sammler und Kulturhistoriker im Zentrum steht. Benjamin klärt über die Bedeutung des Sammelns bei Fuchs auf und warum das Sammeln die Voraussetzung seiner wissenschaftlichen Arbeit war.

Fuchs war der Erste in Deutschland, der die Massenkunst in den Blick nahm und sich dem Studium der Reproduktionstechnik widmete. Er strebte eine materialistische, d.h. marxistische Kunstbetrachtung an, in der den wirtschaftshistorischen, soziologischen und sozialgeschichtlichen Einflüssen große Bedeutung zukommt. Damit eröffnete Fuchs neue Perspektiven in der Kunstgeschichte. Und Benjamin war der Erste, der seine wissenschaftliche Leistung würdigte. Als Benjamins Text in der *Zeitschrift für Sozialforschung* erschien, waren sowohl er als auch Fuchs Exilanten, die vor dem Nationalsozialismus geflohen waren. Doch anders als der Philosoph, dessen Werk heute international rezipiert wird, ist der Kulturhistoriker weitgehend vergessen. Nur wenige kennen den Bestseller-Autor der *Illustrierten Sittengeschichte*, die Fuchs reich machte.

Zweifelsohne war Eduard Fuchs eine der schillerndsten Persönlichkeiten der Weimarer Republik. Er spielte in der Geschichte der deutschen Arbeiterbewegung und der jungen deutschen Kommunistischen Partei eine wichtige Rolle, wenn auch zumeist im Hintergrund. Als »Mann im Schatten«, wie Lenin ihn einmal nannte. Dass mit Fuchs' Leben und Werk zugleich einer der spektakulärsten Raubkunstfälle im Nationalsozialismus verbunden ist, fand in Benjamins Text keine Erwähnung – aus Rücksichtnahme, um ihm nicht noch zusätzliche Probleme zu bereiten. Doch Benjamin wusste Bescheid über Fuchs' schwierige Lage. Denn 1937, als der Aufsatz erschien, sowie ein Jahr später wurde Fuchs' Sammlung auf mehreren Zwangsauktionen verramscht und unwiederbringlich auseinandergerissen. Damit beendete das NS-Regime gewaltsam eines der ungewöhnlichstes privaten Sammlungs- und Forschungsunternehmen und verhinderte dessen Überführung in ein öffentliches Museum in Berlin.

Warum ist Fuchs' Sammlung aus heutiger Sicht »unfassbar«? Um das zu verstehen, muss man mehr über den Sammler und seine Motive wissen.

Biografische Eckdaten

Eduard Fuchs (1870–1940), der Sohn eines kleinen württembergischen Kaufmanns, wurde als Journalist, Schriftsteller, Politiker und Sammler deutschlandweit bekannt. Er engagierte sich für die Sozialdemokratie, wurde während der Sozialistenverfolgung mehrfach zu Gefängnisstrafen verurteilt und arbeitete viele Jahre als Redakteur für den *Süddeutschen Postillon*, wo er die Satire und Karikatur als Waffen des politischen Journalismus einsetzte. Daher rührte auch sein Interesse an der Karikatur, das seinen Niederschlag in zahlreichen Publikationen zu diesem Thema fand.

Seine oft teuren und opulent illustrierten Bücher über die Geschichte der Karikatur, über den französischen Grafiker, Maler und Bildhauer Honoré Daumier (1808–1879) und über die erotische Kunst verkauften sich wie geschnitten Brot. Sie begründeten Fuchs' Bekanntheit und Wohlstand. Er leistete mit ihnen einen frühen Beitrag zu einer proletarischen Kulturtheorie sowie einer Kulturpolitik der deutschen Arbeiterbewegung – und er betrat mit seinen historischen Forschungen kunstwissenschaftliches Neuland.

Fuchs trug eine einzigartige Sammlung zusammen, die ihm das Forschungs- und Bildmaterial für seine Bücher lieferte. Er baute mit 20 000 Blatt die größte Daumier-Sammlung überhaupt auf, lange bevor sich die deutschen Museen für den französischen Künstler interessierten.

Zudem besaß Fuchs vielleicht das größte private kulturwissenschaftliche Bildarchiv seiner Zeit. Als Kulturhistoriker ohne akademische Weihen erschloss er die europäische Karikatur als Kunstgattung. Seine mehrbändige *Sittengeschichte* – von 1902 bis 1912 erschienen – trug ihm den Spitznamen »Sitten-Fuchs« ein. Fuchs war der Erste, der sich in Deutschland historisch und publizistisch mit dem Thema der erotischen Kunst beschäftigte und systematisch Bildmaterial über die Beziehung von Gesellschaft und Sexualität vom Mittelalter bis ins 20. Jahrhundert sammelte.

Seine Villa in Berlin-Zehlendorf war ein intellektueller und politischer Treffpunkt. Sie sollte mit seiner Sammlung, seinem Archiv und seiner 12 000 Bände starken Bibliothek in ein öffentliches Museum für Karikaturen, für das Werk von Honoré Daumier und Max Slevogt sowie für ostasiatische Kunst überführt werden. Für die Stiftung war alles vorbereitet. Die »Machtergreifung« der Nationalsozialisten zerschlug die Pläne.

Als Fuchs sich von der Sozialdemokratie entfremdet hatte, wurde er Mitbegründer der Kommunistischen Partei Deutschlands (KPD), dann Mitglied der Kommunistischen Partei-Opposition (KPO), die sich 1928/29 von der KPD abspaltete. Er war ein Strippenzieher – heute auf Neudeutsch Netzwerker – und verfügte über ausgezeichnete nationale und internationale Verbindungen in die Welt der Politik und Kunst.

Aber gerade deswegen stand er auch weit oben auf der Liste der Gegner, die die Nationalsozialisten nach der Machtübernahme sofort ausschalten, wegsperren oder ermorden wollten. Fuchs und seiner Frau blieb nur die Emigration, aus der sie nie zurückkehrten. Er starb 1940 im Alter von 70 Jahren an einem Herzinfarkt im Pariser Exil, seine Frau floh weiter in die USA und starb 1953 nach einem Sturz aus dem 14. Stockwerk eines New Yorker Hochhauses. Es könnte ein Unfall gewesen sein, Indizien legen aber nahe, dass sie sich das Leben nahm. Fast ihre gesamte Familie wurde im Holocaust ermordet.

Die Entdeckung der vergessenen Sammlung

Als ich 2016 im Rahmen eines Provenienzforschungsprojekts im Leopold-Hoesch-Museum Düren überraschend auf 102 Druckgrafiken und Zeichnungen aus der Sammlung Fuchs stieß – darunter drei Zeichnungen des französischen Karikaturisten Honoré Daumier, zwei Zeichnungen des britischen Karikaturisten Thomas

Rowlandson sowie zwei Zeichnungen von Max Slevogt –, da ahnte weder ich noch sonst jemand, dass dieser Fund einen Stein ins Rollen bringen würde. Denn die Entdeckung der großen Menge NS-verfolgungsbedingt entzogener Grafiken führte einige Zeit später zur Realisierung eines langjährigen Forschungsprojekts mit dem Ziel, die geraubte Privatsammlung zu rekonstruieren und nach ihrem Verbleib zu suchen.

Seit 2018 fahndet der Fuchs-Biograf und Kulturwissenschaftler Ulrich Weitz für die Erben von Eduard und Margarete Fuchs mit der finanziellen Unterstützung des Deutschen Zentrums Kulturgutverluste in Magdeburg nach der riesigen Sammlung, die heute über die ganze Welt verstreut ist.

Bis 2023 machte Weitz dank seines detektivischen Spürsinns und seiner unermüdlichen Suche 523 Kunstwerke ausfindig, die für eine Restitution infrage kommen. Diese große Menge ist ungewöhnlich, genauso das Faktum, dass Fuchs kein rassisch, sondern ein politisch Verfolgter war. Seine Bücher wurden verboten und verbrannt.

Der Charakter der Sammlung

Eduard Fuchs sammelte nicht zum Selbstzweck. Dies beschreibt Weitz sehr anschaulich: »Die Sammlung des Schriftstellers Fuchs zeichnete sich dadurch aus, dass der Autor fünf bis zehn Jahre vor einer Buchpublikation zeitgenössische Bildquellen wie Lithografien, Radierungen, Plakate, Fotografien oder auch Kunstwerke wie chinesische Dachreiter, Tang-Grabplastiken und Daumier-Gemälde sammelte, um seine Bücher zu illustrieren. Seine Bücherreihe ›Kultur- und Kunstdokumente‹ leitete er mit dem Satz ein: ›Unser Zeitalter lechzt nach dem Bilde, nach dem mit den Augen kontrollierten Dokument. Sein Bildhunger ist unersättlich.‹«

Deshalb, so Weitz, kaufte Fuchs ohne Unterlass immer neues Bildmaterial. Niemals nutzte er ein Bild für seine Bücher zweimal, er hatte kein Problem damit, Bilder wieder zu verkaufen oder zu tauschen, wenn dadurch Neues oder Besseres hereinkam.

Die Grafikbestände stellten den Hauptteil der Sammlung dar (20 000–25 000 Blatt). Sie umfassten Werke britischer Karikaturisten wie Thomas Rowlandson, Georg Cruikshank, Richard Newton, James Gillray, William Hogarth und George Woodward. Es gab einen großen Bestand an erotischen Drucken aus verschiedenen Jahrhunderten. Besonders wichtig war die Daumier- und Max-Slevogt-Sammlung, zu der neben Grafiken viele teilweise zentrale Gemälde gehörten.

Fuchs besaß auch eine umfangreiche Skulpturensammlung, in der Asiatika überwogen. Er hatte die größte Sammlung chinesischer Dachreiter. Objekte daraus wurden inzwischen im Ethnologischen Museum der Staatlichen Museen Berlin und im Frankfurter Museum Angewandte Kunst gefunden. Im Wiener Museum für Angewandte Kunst konnten ebenfalls verschiedene Objekte identifiziert werden, zum Beispiel ein sechsteiliger japanischer Wandschirm mit Szenen in und um Kyoto. Im Stuttgarter Auktionshaus Nagel entdeckte man eine chinesische Buddha-Skulptur, die aus Privatbesitz eingeliefert worden war, und sowohl die historisch bedeutsame Skulptur *Genie de la Guerre* als auch die Plastik *Faun und Nymphe* von Auguste Rodin befinden sich heute in den USA, die eine in einer US-amerikanischen Stiftung, die andere im Los Angeles County Museum of Art. Auch in Berlin gibt es Plastiken aus der Sammlung Fuchs. Das Stadtmuseum Berlin besitzt ein Konvolut von 17 Kleinplastiken des jüdischen Berliner Sezessions-Bildhauers Emil Pottner. Insgesamt umfasste Fuchs' Skulpturensammlung wohl rund 430 Objekte: neben 125 Dachreitern und 80 Tang-Plastiken 90 Werke von Pottner und zwei von Rodin.

Die große Bedeutung von Fuchs' Sammlung wird vielleicht am anschaulichsten am Werk Daumiers, der für den Sammler eine Art Hausheiliger war. Der französische Künstler ist einer der bekanntesten Karikaturisten, Grafiker, Maler und Bildhauer des 19. Jahrhunderts. Er zählt zu den bedeutendsten Vertretern des Realismus. Bekannt ist er vor allem durch sein umfangreiches Œuvre an politischen und sozialkritischen Karikaturen.

Auf dem Gebiet der Druckgrafik und der Zeichnung war Daumier ein Ausnahmekünstler. Aber auch der Maler und Bildhauer Daumier wird heute zu den Vorreitern der modernen Kunst gerechnet. Da die Karikatur bis weit ins 20. Jahrhundert von der akademischen Kunstgeschichtsschreibung ignoriert wurde, weil man sie nicht als eigenständige Kunstgattung ansah, war das Interesse der Gelehrten an ihr gering. Auch unter deutschen Sammlern gab es nur wenige, die das Werk von Daumier und anderen Karikaturisten sammelten. Aus diesem Grunde wurden die französische und die britische Karikatur auf dem deutschen Kunstmarkt kaum gehandelt. Heute dagegen befinden sich Daumiers Werke weltweit in vielen Museen. Fuchs trug wesentlich zu Daumiers Wiederentdeckung bei.

Der Entzug der Sammlung

Margarete Fuchs' Familie besaß die Gebrüder Alsberg AG, die drittgrößte Kaufhauskette in Deutschland mit einem Umsatz von 200 Millionen Reichsmark (1930). Nach der »Machtergreifung« wurden 20 Kaufhäuser »arisiert«, d. h. sie mussten unter Zwang verkauft werden. Auch für Margarete und Eduard Fuchs wurde die finanzielle Situation im Exil immer schwieriger. Die Nationalsozialisten pfändeten Margaretes Konten und beschlagnahmten ihr Barvermögen (rund 35 000 Reichsmark). Die wertvollen Daumier-Bilder, die Eduard Fuchs rechtzeitig ins Ausland hatte schaffen können, sicherten nun das Überleben. Sie dienten als Sicherheit für ein Darlehen, das ihnen ein Freund gewährte und das an das Ehepaar in Raten ausbezahlt wurde.

In Fuchs' Abwesenheit vollzog die Gestapo eine Bestandsaufnahme seiner Kunstsammlung und ließ die Bibliothek und Grafiksammlung auf Lkw ins Berliner Polizeipräsidium abtransportieren. Sämtliche Sammlungsräume der Villa versiegelte sie. Das veranlasste Fuchs zu einem schriftlichen Protest. Im Juni 1933 verfasst er ein *Memorandum* über die Bedeutung seiner Sammlung und sein geplantes Museum:

»Seit mehr denn dreißig Jahren erfüllt mich der Gedanke, ein Kulturmuseum zu schaffen und zu hinterlassen, das einmal als Erbe in öffentlichen Besitz übergehen soll. Um es würdig ausbauen zu können, habe ich im Jahre 1928 einen großen Flügel an mein ursprüngliches Haus anbauen lassen. Ein zweiter ebenso großer ist geplant. Dass dieser noch nicht existiert, ist (…) einzig auf die Weltkrise zurückzuführen, durch welche die Einnahmen aus meinen Büchern leider auf ein Minimum herabgesunken sind. Im Hinblick auf dieses Lebensziel – das auch von meiner Frau geteilt wird und für das sie ihr ganzes Privatvermögen bereits vor einem Jahr testamentarisch ausgesetzt hat – habe ich außerdem alles Erreichbare mit besonderer Leidenschaft gesammelt und aufgestapelt. Das heißt, alles was irgendwie in den Bereich der Kulturgeschichte gehört. *Die Beschlagnahmung eines jeden einzelnen Buches oder Blattes meiner Sammlung bedeutet unter diesen Umständen nichts geringeres als eine Schmälerung zukünftigen öffentlichen Besitzes und wichtiger Forschungsmöglichkeiten.*«

Die deutschen Behörden zeigten sich unbeeindruckt. Stattdessen schickte die Finanzbehörde Bescheide für die noch zu zahlende Vermögens- und Reichsfluchtsteuer, mit der der finanzielle Ruin des angeblich Zahlungssäumigen erreicht werden sollte. Und da sich das Ehepaar Fuchs durch seinen Aufenthalt im Ausland dem Zugriff entzogen hatte, beschlagnahmte die Finanzverwaltung die Sammlung und zwang Eduard Fuchs' Tochter aus erster Ehe, Traude Fuchs, das väterliche Vermögen zu liquidieren, um so die Steuerschuld zu tilgen.

Auf zwei Auktionen im Berliner Auktionshaus Rudolf Lepke wurde der Großteil der Kunstsammlung im Juni 1937 versteigert: Gemälde von Max Slevogt, Max Liebermann, einige Daumiers, die Fuchs nicht ins Ausland hatte retten können, Mobiliar aus der Villa und europäisches und asiatisches Porzellan des 18. Jahrhunderts. Ein Jahr später kam die Grafiksammlung im Auktionshaus Boerner in Leipzig dran. Der Auktionskatalog ist die wichtigste Quelle zur Rekonstruktion dieser Grafiksammlung. Sie wird dort mit den

Worten vorgestellt: »Die (…) Blätter bildeten die Grundlage der Materialsammlung eines durch zahlreiche Publikationen bekannt gewordenen Kulturhistorikers.«

Den Finanzbehörden aber reichte das alles noch nicht. 1939 schoben sie die Judenvermögensabgabe nach, obwohl Eduard Fuchs konfessionslos war und keinen jüdischen Hintergrund hatte.

Der lange Weg zur Restitution

2023 gab es im Fall Fuchs abgeschlossene und kurz vor dem Abschluss stehende Restitutionen sowie begonnene Untersuchungen von Objekten, die unter dem Verdacht von Raubkunst stehen. Die Kunstwerke befinden sich in den genannten Museen und im Kunsthandel. Die Liste der Städte, in denen Sammlungsstücke von Fuchs gefunden wurden, ist bemerkenswert: Berlin, Düren, Frankfurt am Main, Hannover, Kaiserslautern, Köln, London, Mainz, New Haven, New York, Princeton, Saarbrücken, San Francisco, Schweinfurt, Stuttgart, Vancouver, Wien, Wuppertal.

Namhafte Museen sind vertreten wie das Ethnologische Museum in Berlin, die Staatsgalerie Stuttgart, das Städel Museum in Frankfurt, das Museum für Angewandte Kunst in Wien, das British Museum sowie das Victoria & Albert Museum in London und das Metropolitan Museum in New York. Weil jeder Restitutionsfall besonders ist und bei den Fundstücken im Ausland zudem nationales Recht gilt, ist die Lösung der jeweiligen Raubkunstfälle teilweise kompliziert und langwierig. Bis alle abgeschlossen sein werden, wird wohl noch einige Zeit vergehen.

Dennoch lässt sich jetzt schon ein Resümee ziehen: Die Beschlagnahmung der Sammlung Fuchs und ihre Zerschlagung sorgten nicht nur für die Vernichtung einer der bedeutendsten kunst- und kulturgeschichtlichen Sammlungen in Deutschland, sondern auch für die Auslöschung der kulturellen Leistung im kollektiven Gedächtnis der Arbeiterbewegung. Indem die Nationalsozialisten Fuchs' Bücher verboten und verbrannten und sein Archiv und seine Sammlung zerschlugen, vernichteten sie die Grundlage seiner

Arbeit und damit ihn als Autor und Forscher. Hätten er und Margarete das Museum eröffnet, wäre Eduard Fuchs' Werk nach 1945 sicherlich nicht fast vollständig in Vergessenheit geraten.

»CAUSA KIRCHNER« – WER VERKAUFTE WANN, WO UND FÜR WIE VIEL?

Berliner Straßenszene von Ernst Ludwig Kirchner

Im Jahr 2004, fünf Jahre nach der Umsetzung der Washingtoner Prinzipien in der Bundesrepublik Deutschland, flatterte der Direktorin des Brücke-Museums im Berlin-Dahlem eine ungewöhnliche Anfrage auf den Schreibtisch. Die Rechtsanwälte einer britischen Staatsbürgerin verlangten Auskunft über die Herkunft eines der Hauptbilder des Museums: der *Berliner Straßenszene* (1913) von Ernst Ludwig Kirchner. Sie äußerten den Verdacht, bei dem expressionistischen Meisterwerk handle es sich um ein im »Dritten Reich« geraubtes Gemälde aus der ehemaligen Kunstsammlung des jüdischen Industriellen, Sammlers und Mäzens Alfred Hess aus Erfurt.

Bis zu diesem Zeitpunkt hatte sich in dem kleinen Museum, das den Gründern und Werken der avantgardistischen Künstlergruppe »Brücke« gewidmet ist, niemand für die vollständige Herkunfts- und Eigentumsgeschichte des Bildes interessiert. Keiner der Beteiligten ahnte, welches Konfliktpotenzial die Ergebnisse der folgenden Erforschung der Provenienz in sich bargen – und dass der Schlusspunkt der für das Museum schmerzlichen Auseinandersetzung zwei Jahre später im fernen New York gesetzt würde.

Den Stein ins Rollen brachte die Enkelin, Hess-Erbin und Journalistin Anita Halpin. Ihre Biografie und ihre politische Haltung stehen in starkem Kontrast zum Bürgertum im vornehmen Bezirk Dahlem, wo traditionell die Wohlhabenden zu Hause sind. Besonders aus ihrer Mitte rekrutieren sich die Unterstützer und Freunde des Brücke-Museums. Dass die Nachfahrin der Hess-Familie zugleich Gewerkschafterin, kommunistische Aktivistin und

Die Herkunft der *Berliner Straßenszene* barg ungeahntes Konfliktpotenzial.

Vorsitzende der Kommunistischen Partei Großbritanniens (2000) ist, wird zwar in den Rückgabeverhandlungen keine Rolle spielen, doch diese biografische Facette der Tochter eines deutschen Emigranten dürfte in der einstigen Mauerstadt mit ihrer Geschichte als Bollwerk des Westens gegen den Kommunismus zumindest für Stirnrunzeln gesorgt haben.

Eine der bedeutendsten Sammlungen expressionistischer Kunst

Anita Halpin wurde 1943 in London-Hampstead geboren, sie ist die Tochter des deutsch-britischen Kunsthistorikers Hans Hess (1908–1975), des einzigen Sohns des Kunstsammlerehepaars Alfred und Thekla Hess.

Der jüdische Schuhfabrikant Alfred Hess (1879–1931) und seine Frau Thekla, geb. Pauson (1884–1968), Tochter einer wohlhabenden fränkischen Korbmacherfamilie, bauten von 1918 bis 1931 ihre Sammlung deutscher expressionistischer Kunst in Erfurt auf. Sie umfasste fast 4300 Werke (80 Gemälde, 200 Zeichnungen und Aquarelle, 4000 Grafiken). Sie besaßen zahlreiche Werke von Ernst Ludwig Kirchner, darunter die *Berliner Straßenszene*. Ihre stattliche Villa beherbergte nicht nur die vielen modernen Kunstwerke, sie zählte gleichzeitig auch viele Künstler und Intellektuelle zu ihren Gästen und galt Kunstbegeisterten als Mekka expressionistischer Kunst.

Die Hess'sche Schuhfabrik war der zweitgrößte Schuhhersteller in Deutschland. Sie führte lange die Branche an. In der Weltwirtschaftskrise 1929 geriet sie in eine finanzielle Schieflage, konnte aber gerettet werden. Die Finanzverhältnisse der Familie Hess in diesen Jahren waren kompliziert und selbst für einen Wirtschaftshistoriker nicht leicht zu durchschauen. Deshalb gab Halpin ein Gutachten über das Schicksal der Erfurter Schuhfabrik und die historische Entwicklung der Familienaktiengesellschaft vor und nach 1933 in Auftrag. Dessen Ergebnisse fanden jedoch keine ungeteilte Zustimmung.

Als Alfred Hess 1931 sehr plötzlich im Alter von 52 Jahren während einer Gallenoperation verstarb, war sein Nachlass überschuldet und daher das Erbe für Frau und Sohn eine Belastung. Die Witwe schlug wegen der Überschuldung die Erbschaft an immobilen Vermögen für sich aus, weshalb Hans Hess eigentlicher Erbe wurde. Seine Mutter musste die 1917 erworbene Villa und Kunstwerke aus der Sammlung verkaufen.

Hans Hess, ein ausgebildeter Werbefachmann und Leiter der Reklameabteilung der väterlichen Fabrik, wechselte wegen der Krise 1931 nach Berlin in die Zeitschriftenpropaganda des Ullstein Verlags. In der Reichshauptstadt wurde er Mieter von Elisabeth Hauptmann, der Schriftstellerin, Mitarbeiterin und Geliebten Bertolt Brechts. Nach der Machtübernahme durchsuchten die Nationalsozialisten Hauptmanns Wohnung und verhafteten sie. Hans Hess wich auf verschiedene Wohnungen in Charlottenburg und Wilmersdorf aus. Seine Situation wurde jedoch prekär, als er durch die »Gleichschaltung« des Ullstein Verlags aus »rassischen Gründen« im Juni 1933 entlassen wurde und ohne geregeltes Einkommen dastand. Der 25-Jährige entschied, Deutschland zu verlassen, und ging am 11. Juni nach Frankreich. Er wohnte bis mindestens Dezember 1935 in Paris und bestritt seinen Lebensunterhalt mit Gelegenheitsarbeiten. Im darauffolgenden Jahr emigrierte er nach England und schlug sich in London als Reklameagent, Angestellter im offiziellen englischen Flüchtlingskomitee usw. durch. Nach seiner von 1940 bis 1942 dauernden Internierung in Kanada als »Enemy Alien« (»feindlicher Ausländer«) kehrte er 1943 nach England zurück und verdingte sich in der Landwirtschaft. Seine reguläre Beschäftigung von Januar 1944 bis August 1947 als Mitarbeiter in der Leicester Museum and Art Gallery sicherte ihm ein regelmäßiges, langsam ansteigendes Einkommen, stellte aber zunächst keine ausreichende Lebensgrundlage für die Versorgung seiner Familie dar. Erst ab Herbst 1946, nachdem er zum stellvertretenden Artdirektor der Galerie ernannt worden war, konnte er sich ein kleines Häuschen anmieten und mit Ehefrau Lillie Ester, geb. Williams, Tochter Anita und Mutter Thekla Hess bescheiden darin wohnen. Nach wie vor befand er sich in wirtschaftlicher Not. Ein Zugriff auf sein Vermögen in Erfurt, einem Ort in der damals sowjetischen besetzten Zone, war nicht mehr möglich. So mussten von den zur freien Verfügung stehenden, nach England geretteten Restbeständen der Kunstsammlung einzelne Werke verkauft werden.

Wegen der angespannten Finanzsituation hatte die Familie bereits 1927 damit begonnen, wertvolle Bilder zu veräußern. Thekla Hess führte das nach dem Tod ihres Mannes fort. Sie war in ihren Geburtsort Lichtenfels in Franken zurückgezogen und hatte die Sammlung zum großen Teil mitgenommen. Das verbliebene Vermögen ermöglichte ihr auch im »Dritten Reich« noch Reisen in die Schweiz, ins heutige Israel und nach Ungarn. 1939 emigrierte sie zu ihrem Sohn nach England, der sich dort für die Flüchtlinge engagierte, er betätigte sich im »German Jewish Refugee Aid Committee«, gab die Zeitschrift *Inside Nazi Germany* mit heraus und wurde 1939 Mitbegründer des »Freien Deutschen Kulturbunds in Großbritannien«, der sich zwar als überparteiliche Organisation sah, aber auch Verbindungen zur KPD unterhielt, die in Deutschland nach ihrem Verbot aus dem Untergrund Widerstand gegen die NS-Diktatur leistete.

Hess war Marxist und schrieb nach dem Krieg für die von der Kommunistischen Partei Großbritanniens herausgegebene Zeitschrift *Marxism Today*. Die von ihm 1963 publizierte George-Grosz-Monografie erschien 1982 in deutscher Übersetzung in der DDR.

Hess hatte ab 1927 Kunstgeschichte an der Universität Genf und an der Sorbonne in Paris studiert, konnte das Studium wegen der Erfordernisse des Familienunternehmens aber nicht beenden. Dreißig Jahre später holte er seinen akademischen Abschluss mit der Arbeit über Grosz nach.

Es war ihr Vater, durch den Anita Halpin schon früh mit Fragen der Restitution von NS-Raubkunst in Berührung kam und aus nächster Nähe die Frustration miterlebte, die Hans Hess' Bemühungen begleiteten, Kunstwerke aus der verschwundenen Sammlung seiner Eltern wiederzufinden und zurückzubekommen. Etwas Wiedergutmachung erfuhr er lediglich nach einem lang andauernden und zermürbenden Rückerstattungs- und Entschädigungsverfahren in Deutschland, in dem ihm die BRD 1963 eine Pauschalsumme für die Eigentums- und Vermögensschäden zahlte, die das NS-Regime ihm und seiner Familie zugefügt hatte. Doch eine Entschädigung für die einmalige Sammlung war das nicht.

Fast 30 Jahre nach dem Tod des Vaters nahm die Tochter die Suche nach der Kunstsammlung wieder auf. Durch die Washingtoner Prinzipien und die digitale Revolution, das Internet, waren die Bedingungen günstiger geworden. Auf Restitutionsverfahren spezialisierte Rechtsanwälte unterstützten Halpin bei ihrem Unterfangen. Um das Jahr 2004 begann die Suche nach »[der] wohl beste[n] Sammlung der deutschen Expressionisten [...], die es je gegeben hat« (Edwin Redslob, 1972). Die ersten Ergebnisse waren vielversprechend, in verschiedenen deutschen Kunstmuseen wurde man fündig. Doch es gab auch Schwierigkeiten. Die Ermittlung der Entziehungsumstände – zum Teil auch der Werkidentität – erwies sich als kompliziert, und wegen des langen Zeitraums, der inzwischen verstrichen war, ließen sie sich nicht mehr lückenlos aufklären. Die Ermittlungsergebnisse riefen daher bei den beklagten Museen Widerspruch hervor, es kam zu langwierigen Auseinandersetzungen, die teilweise bis heute andauern.

Bei der *Berliner Straßenszene* bestand kein Zweifel, dass sie aus der Sammlung Hess stammt. Unklar waren die Umstände des Eigentumstransfers.

Die ungeklärten Umstände der Veräußerung in Köln

Am Beispiel des Gemäldes *Berliner Straßenszene* aus dem Brücke-Museum lassen sich die Schwierigkeiten der Provenienzermittlung und die sich daraus ergebenden Fragen für die Sammlung Hess veranschaulichen. Andere Restitutionsfälle aus derselben Sammlung (Berlin, Düren, Duisburg, Hannover, Ludwigshafen, Wuppertal) waren bzw. sind ebenfalls von diesen Fragen betroffen.

Das Brücke-Museum kaufte das Gemälde 1980 für 1,9 Millionen DM von der Witwe des Direktors des Städelschen Kunstinstituts in Frankfurt am Main, Ernst Holzinger. Holzinger hatte es 1948 von den Erben des Frankfurter Kunstsammlers Carl Hagemann geschenkt bekommen und als Dauerleihgabe in das von ihm geleitete Museum gegeben. Hagemann selbst hatte das Bild nach der Einführung der Nürnberger Rassengesetze am 15. September 1935 erworben. Die Umstände dieser Erwerbung sind unklar. Es wird vermutet, der Direktor des Kölner Kunstvereins, Walter Klug, habe ihm das Bild verkauft. Doch wie war das Bild nach Köln gekommen?

Unter dem Eindruck zunehmender antisemitischer Repressionen brachte Thekla Hess gleich zu Beginn der NS-Zeit einen wesentlichen Teil der Sammlung in die Schweiz. Auf diesem Wege wurden 50 Ölgemälde, mehrere Dutzend Aquarelle und ein Gobelin zu Ausstellungszwecken ausgeführt. Darunter war das Gemälde *Berliner Straßenszene.* Es wurde mit anderen Sammlungsstücken vom 7. bis zum 29. Oktober 1933 in der Kunsthalle Basel gezeigt. Anschließend übernahm das Kunsthaus Zürich diesen Teil der Sammlung Hess, stellte daraus vom 21. Juni bis zum 15. Juli 1934 Werke aus, darunter die *Berliner Straßenszene*, und lagerte anschließend alles im Museumsdepot ein.

Den Museumsakten des Kunsthauses Zürich ist zu entnehmen, dass auf Thekla Hess' Veranlassung zwischen Februar 1935 und September 1936 21 Gemälde und drei Aquarelle nach Deutschland zurückgesendet wurden; einige an den Kunstverein Köln, einige an die Galerie Justin Thannhauser in Berlin und einige an das Angermuseum in Erfurt. Wegen der »Großen Marc Gedächtnis-Ausstellung« in der Kölner Kunsthalle im September 1936 veranlasste sie, dass das Kunsthaus Zürich acht Kunstwerke an den Kölnischen Kunstverein schickte. Darunter befand sich die *Berliner Straßenszene.* Ende 1936/Anfang 1937 erwarb schließlich Carl Hagemann das Bild für 3000 Reichsmark über den Direktor des Kölner Kunstvereins.

Im März 1937 ließ Thekla Hess den in Zürich deponierten Sammlungsbestand nach Deutschland zum Kölnischen Kunstverein bringen. Darunter waren 29 Gemälde, eines von Kirchner. Acht Bilder blieben in der Schweiz zurück. Später versicherte Thekla

Hess an Eides statt, sie habe unter dem Druck der Gestapo gehandelt und sei zu diesem Transport nach Köln gezwungen worden.

Thekla Hess hatte schon in der Schweiz versucht, Käufer für ihre Bilder zu finden, war dabei aber offenbar erfolglos geblieben. Sie war daran interessiert, vielleicht auch wegen ihrer finanziellen Situation gezwungen, Kunstwerke zu veräußern. Doch bei dem Verkauf des Kirchner-Gemäldes ist unklar, ob sie diesen selbst in Auftrag gab. Ebenso wenig ist bekannt, ob sie und/oder ihr Sohn überhaupt in den Genuss des Geldes kam und wenn, ob die vollständige Summe des Kaufpreises angewiesen wurde. Leider sind keine Geschäftsunterlagen erhalten, die über diese Kunsttransaktion Auskunft geben könnten.

Den nach dem Zweiten Weltkrieg von den Alliierten erlassenen Rückerstattungsbestimmungen gemäß lag kein NS-verfolgungsbedingter Entzug von Kultur- und Kunstgütern vor, wenn nachgewiesen war, dass 1. der:die Käufer:in einen verkehrsüblichen Preis gezahlt hatte, dass 2. er:sie den ungeschmälerten Kaufpreis erhalten hatte und dieser nicht, wie in der späteren Verfolgungspraxis der Nationalsozialisten üblich, auf ein Sperrkonto angewiesen wurde, zu dem das Opfer keinen Zugang hatte, und dass 3. der:die Verkäufer:in das Rechtsgeschäft, d. h. in diesem Fall den Verkauf des Gemäldes, auch ohne die NS-Herrschaft eingewilligt hätte. Alle drei Punkte konnten im Fall der Transaktion von Kirchners *Berliner Straßenszene* weder geklärt werden, noch waren das Land Berlin und das Brücke-Museum in der Lage, den Nachweis zu erbringen, dass das Gemälde Thekla und Hans Hess nicht unter NS-verfolgungsbedingten Umständen entzogen worden war, also keine Raubkunst darstellt. Deshalb entschied der Berliner Senat, das Gemälde an Anita Halpin zu restituieren. Die hatte den Rückkauf des Gemäldes für den Preis von 15 Millionen Euro in Aussicht gestellt, doch die Stadt und das Museum waren nicht in der Lage, das Geld dafür aufzubringen und private Sponsoren sprangen nicht bei.

Nachdem das Bild zu Halpin nach London gebracht worden war, entschied die Hess-Erbin, es im Auktionshaus Christie's in

New York versteigern zu lassen. Am 8. November 2006 kam es unter den Hammer und hängt seitdem im New Yorker Privatmuseum Neue Galerie, das von den Kunstsammlern Ronald Lauder und Serge Sabarsky gegründet wurde.

Kritik an der Rückgabeentscheidung

Die Rückgabeentscheidung stieß auf viel Kritik und löste heftige Diskussionen in der Öffentlichkeit aus. Die Kritiker bezweifelten, dass Thekla Hess unter dem Verfolgungsdruck hatte verkaufen müssen. Es gibt die Ansicht, dass die Ursachen für die finanziellen Probleme der Familie Hess bis in die Weltwirtschaftskrise des Jahres 1929 zurückreichten und deshalb der Verkauf des Kirchner-Gemäldes im Jahr 1936 nicht zwingend mit der Judenverfolgung in Verbindung stand. Nach Ansicht einiger Kritiker hätte das Land das Kunstwerk nicht herausgeben dürfen. Politiker bis hin zum Regierenden Bürgermeister, die mit dem Restitutionsverfahren zu tun hatten, sahen sich mit Strafanzeigen wegen Untreue konfrontiert. Die Berliner Staatsanwaltschaft wies aber alle Anzeigen ab und leitete kein Ermittlungsverfahren ein, für sie gab es an der Rückgabe nichts zu beanstanden.

Seitdem hat es Rückgaben anderer deutscher Museen an Halpin gegeben. Das Sprengel Museum Hannover gab 2012 Franz Marcs Gemälde *Katze hinter einem Baum* (1910) zurück. 2016 entschied das Wilhelm-Hack-Museum in Ludwigshafen, Kirchners Gemälde *Urteil des Paris* (1913) zu restituieren. 2019 restituierte das Leopold-Hoesch-Museum in Düren Heinrich Campendonks *Bild mit Tieren* (1917) und kaufte es anschließend zurück. Weitere Fälle in anderen Museen harren noch der Entscheidung.

Ernst Holzinger, dem die *Berliner Straßenszene* geschenkt und von dessen Witwe sie nach Berlin verkauft worden war, galt lange Zeit als »Retter« der modernen Kunst, weil er sich für ihren Erhalt eingesetzt hatte. Einige Jahre nach der »Causa Kirchner« korrigierte der Journalist Stefan Koldehoff dieses Urteil. Er hatte herausgefunden, dass Holzinger dem NS-Kunstraub und der Plünderung jüdischer Sammlungen weit weniger ferngestanden hatte, als behauptet worden war. Vor dem Hintergrund dieses Verschweigens und Ignorierens wird deshalb in der »Causa Kirchner« auch ein Beispiel der Versäumnisse des Kunsthandels und der Ankaufspraxis der Museen seit dem Zusammenbruch des Faschismus gesehen.

Ein bemerkenswerter Zufall

Der Berliner Restitutionsfall endete 2006 mit einer bemerkenswerten Koinzidenz. Denn nach der vom Land Berlin angeordneten und umstrittenen Rückgabe wurde das Gemälde auf derselben Auktion bei Christie's in New York versteigert, auf der auch das Gemälde *Adele Bloch-Bauer I* von Gustav Klimt zum Verkauf stand. Die »Goldene Adele«, wie das berühmte Gemälde auch heißt, war fast zur selben Zeit Streitobjekt in einem der spektakulärsten Restitutionsfälle, der die Republik Österreich aufwühlte. Beide Bilder stammten aus jüdischen Kunstsammlungen, die im Zuge der nationalsozialistischen Verfolgung »verloren gegangen« waren. Beide Bilder erreichten Höchstpreise bei ihrem Verkauf: Mit geschätzten 135 Millionen Dollar wurde der *Klimt* das damals teuerste Gemälde der Welt; der *Kirchner* erzielte mit umgerechnet 30 Millionen Euro den höchsten Preis, der bis dahin für ein Werk des Malers gezahlt worden war. In beiden Fällen verliefen die Verhandlungen über die Rückgabe alles andere als problem- und lautlos, in ihnen spiegelt sich der (damals) schwierige Umgang mit diesen Raubkunstfällen in den beiden Ländern wider. Und in beiden Fällen waren es Frauen, die für ihr Recht stritten. Aber anders als bei der »Causa Kirchner« hat der Fall Klimt, der von einem ungeheuren internationalen Medienrummel begleitet wurde und für die österreichische Provenienzforschung einschneidend war, zumindest in dem Hollywood-Streifen *Die Frau in Gold* (2015) eine Art versöhnliches Happy End.

EINE »BITTE«, DIE EINE ENTEIGNUNG RECHTFERTIGT

Adele Bloch Bauer I von Gustav Klimt

Der Fall Klimt basiert eigentlich auf zwei Geschichten über zwei starke Frauen. Da ist die Geschichte des Wiener Sammlerehepaars Adele und Ferdinand Bloch-Bauer und die Geschichte ihrer Nichte Maria Altmann. Ohne den Nationalsozialismus hätte es keinen Raubkunstfall »Goldene Adele« gegeben und ohne Maria Altmann keinen Fall Klimt. Er steht für die Komplexität der rechtlichen Problematik, die die Enteignung der sechs Klimt-Gemälde von Adele und Ferdinand Bloch-Bauer und damit den Fall Klimt auszeichnet.

Wäre es nur *Diebstahl* oder *Raub* gewesen, hätte der Fall wohl nicht jene Bedeutung erlangt, die er am Ende hatte, selbst wenn man die Bedeutung der Klimt'schen Kunstwerke einbezieht. Die deutsche Kunsthistorikerin und Verlegerin Elisabeth Sandmann veröffentlichte 2015 ein Büchlein über diese Geschichte mit dem griffigen Titel *Der gestohlene Klimt*. Er suggeriert einen klaren Fall von Diebstahl. Doch was hier als so eindeutig dargestellt wird, beschäftigte Politik, Justiz und Öffentlichkeit über Jahre und stellte einen verwickelten Rechtsfall dar, mit dem sich Juristen in Österreich und in den USA auseinandersetzten. Am Ende wurde er nicht, wie von der Klägerin zunächst gedacht, von einem US-amerikanischen Gericht entschieden, sondern von einer österreichischen Schiedskommission, deren Entscheidung im Vorhinein nicht absehbar und deren Anrufung daher ein Wagnis war. Der Fall Klimt veranschaulicht, wie schwer sich die Republik Österreich noch bis Anfang der 2000er Jahre mit ihrer NS-Vergangenheit tat

Die »Goldene Adele« sorgte für den spektakulärsten Restitutionsfall Österreichs.

und dass es einer mutigen alten Emigrantin und ihrer engagierten Helfer bedurfte, um in der Sache der enteigneten Klimt-Gemälde, aber auch über diese hinaus, einen Prozess des nationalen Umdenkens einzuleiten. Klimts Gemälde der Adele Bloch-Bauer vor goldenem Grund wurde schon gleich nach seiner Entstehung als »Idol in einem goldenen Schrein« gerühmt und zählt bis heute zu den Hauptwerken des Wiener Malers. Durch die rechtliche Auseinandersetzung der Republik Österreich mit der Erbin von Adele und Ferdinand Bloch-Bauer wurde das Gemälde aber auch zu einem

Symbol für die Verfolgungs- und Ausraubungspraxis der österreichischen Nationalsozialisten nach dem »Anschluss« Österreichs an das Deutsche Reich 1938 und die zum Teil zynisch anmutende Rechtfertigungsstrategie und Taktiererei, mit der Österreich in der Nachkriegszeit legitime Ansprüche jüdischer Opfer abwehrte und die Rückgabe der geraubten Kunst- und Kulturschätze jahrzehntelang verhinderte.

Adele und Ferdinand Bloch-Bauer

Adele (1881–1925) und Ferdinand Bloch-Bauer (1864–1945) gehörten zum wohlhabenden Wiener Bürgertum. Adeles Vater, Moritz Bauer, war Generaldirektor des Wiener Bankvereins und Präsident der Orientbahnen. Er und seine Frau Jeanette Bauer, geb. Honig stammten aus Bayern. Für ihre Tochter wählten sie als Bräutigam den Großindustriellen Ferdinand Bloch aus, der aus Böhmen stammte und doppelt so alt war wie sie. Es war keine Liebesheirat, doch das Paar lernte sich schätzen und teilte gemeinsame Interessen. Adeles Schwester Therese heiratete Ferdinands Bruder Gustav, d. h., die Schwestern Bauer heirateten die Brüder Bloch. Während Ferdinand die väterliche Zuckerfabrik übernahm und dem Unternehmen Österreichische Zuckerindustrie AG vorstand, arbeitete Gustav als Rechtsanwalt in Wien. Adele und Ferdinand hatten keine Kinder (Adele hatte zwei Fehlgeburten und ein Kind, das als Säugling starb), die Familie von Gustav und Therese dagegen fünf: drei Jungen und zwei Mädchen. Das jüngste Kind, die Tochter Marie, kam als Nachzüglerin 1915 zur Welt.

Beide Paare nahmen rege am gesellschaftlichen Leben teil, liebten Kunst und Kultur, gaben selbst Salons und sammelten Kunstwerke und andere schöne Dinge des Lebens. Ihre Häuser waren Treffpunkte für Künstler, Musiker, Intellektuelle sowie für die einflussreichen Persönlichkeiten aus Politik und Wirtschaft. Als assimilierte Juden war die Religion nicht mehr maßgebend in ihrem Alltag, man beging die jüdischen wie die christlichen Feste und heiratete in der Synagoge.

Im Gegensatz zu ihrer angepassten Schwester entwickelte Adele einen unabhängigen Geist. Sie trat als Frau in einer ihr Geschlecht diskriminierenden und unterdrückenden Gesellschaft ungewohnt selbstbewusst auf und hielt wenig von Konventionen. Da Frauen das Studium an der Hochschule verwehrt war, erwarb sie einen großen Teil ihres Wissens im Selbststudium und strebte nach dem Ideal einer klassischen Bildung. Auch drängte es sie zum politischen Engagement, sie sympathisierte mit aufgeklärten liberalen und sozialdemokratischen Ideen und fühlte sich wohl auch der Frauenemanzipationsbewegung verbunden.

Die Begeisterung des Ehepaars für die bildenden Künste fand ihren Niederschlag in einer wertvollen Kunstsammlung, in der die österreichischen Meister des 19. und 20. Jahrhunderts den Ton angaben. Ferdinand und Adele Bloch-Bauer sammelten das Wiener Biedermeier, Werke von dessen wichtigsten Vertretern wie Ferdinand Georg Waldmüller, Rudolf von Alt und anderen und Arbeiten der zeitgenössischen Avantgarde, der österreichischen Impressionisten wie Gustav Klimt (1862–1918), der der Mitbegründer der Wiener Secession und deren Präsident war. Dessen sechs Gemälde, vier Landschaften und zwei Porträts von Adele Bloch-Bauer, waren ein besonderer Schatz in ihrer Sammlung. Der Maler-Star der österreichischen Kunstszene porträtierte zahlreiche Frauen der Wiener Gesellschaft, doch nur eine, Adele Bloch-Bauer, malte er zweimal. Wahrscheinlich hatten sich die beiden schon vor Adeles Hochzeit kennengelernt und eine besondere Verbindung zueinander entwickelt.

Ferdinand Bloch-Bauer beauftragte den Künstler 1903 zum ersten Mal mit dem Bildnis seiner Frau und Klimt stellte es nach langen und ungewöhnlich sorgfältigen Vorbereitungen 1907 fertig. Fünf Jahre später entstand das zweite Porträt: *Adele Bloch-Bauer II.*

Die vier Landschaftsgemälde waren *Buchenwald/Birkenwald* (1903), *Schloss Kammer am Attersee III* (1910), *Apfelbaum I* (1912) und *Häuser von Unterach am Attersee* (um 1916). Klimt war ein sehr geschätzter und teurer Künstler, der nicht an jeden verkaufen musste. Die sechs herausragenden Bilder zu erwerben erforderte daher einiges Geschick des Sammlerehepaars und viel Geld des Zuckerfabrikanten.

Nach ihrem Umzug in ein Stadtpalais in der Nähe der Wiener Hofburg 1919 wurden die Klimt-Bilder in Adeles Appartement aufgehängt. Dort diente das Ensemble dem Andenken des Künstlers. Zugang zu diesem Gedenkzimmer hatten nur ausgewählte Gäste. Als Adele Bloch-Bauer 1925 überraschend im Alter von 44 Jahren an einer Enzephalitis verstarb, wurde das Zimmer für den Witwer zu einem Gedenkraum an seine Frau.

Das Testament

Zwei Jahre vor ihrem Tod verfasste Adele Bloch-Bauer ihr Testament. Darin wird ihr Mann als Universalerbe eingesetzt, ihr Schwager Gustav Bloch-Bauer als Bevollmächtigter und Testamentsvollstrecker. Ausdrücklich geht sie auf die Klimt-Bilder ein und äußert den Wunsch: »Meine Porträts und die vier Landschaften von Gustav Klimt bitte ich meinen Ehegatten nach seinem Tod der österreichischen Galerie in Wien (…) zu hinterlassen.« Diese testamentarische Bitte bildete den Hintergrund für den bis heute wohl bekanntesten Rechtsfall in der Kunst- und Restitutionsgeschichte Österreichs, da sie die Frage aufwarf, ob der Wille der Erblasserin als verpflichtende Anordnung interpretiert werden muss. Und wie verhielt es sich mit dem Possessivpronomen *meine* Porträts? War Adele Bloch-Bauer überhaupt die Eigentümerin ihrer beiden Bildnisse, wo doch ihr Mann 1926 durch einen Rechtsanwalt hatte festhalten lassen, dass die von seiner Frau im Testament genannten Bilder »nicht Eigentum der Erblasserin, sondern des erblasserischen Witwers« seien. Dieses Faktum hatte Adele Bloch-Bauer selbst bereits 1903 in einem Brief kundgetan: »Mein Mann hat sich dann entschlossen, mich von Klimt porträtieren zu lassen, der aber erst im Winter an's Werk schreiten kann.«

Als Adele Bloch-Bauer ihren letzten Willen aufsetzte, konnte sie nicht ahnen, welche Verhältnisse einmal in Österreich herrschen würden und natürlich ist es außerordentlich fraglich, ob sie einer von einer faschistischen Regierung »gleichgeschalteten« Österreichischen Galerie mit einem Nationalsozialisten an der Spitze, der an der »Arisierung« vieler jüdischer Sammlung maßgeblich beteiligt war, »ihre« Bilder vermacht hätte, also jenen Leuten, die den Juden Verderben und Tod bringen sollten, die sie demütigten, verfolgten und vernichteten. Doch gerade über die Auslegung und Beurteilung dieser testamentarischen Bitte wurde jahrelang erbittert gestritten.

Ferdinand Bloch-Bauer nahm mit dem Machtantritt der Nationalsozialisten in Österreich nach dem »Anschluss« 1938 sofort Zuflucht auf seinem tschechischen Landgut Jungfern Breschan. Dort war er jedoch wegen des Münchner Abkommens 1938 ebenfalls nicht sicher, weshalb er über Paris in die Schweiz emigrierte und am Zürichsee in einem Luxushotel Quartier beziehen musste. Hierzu zwangen die Schweizer Behörden begüterte jüdische Flüchtlinge, um ihre Luxusherbergen dauerhaft auszulasten, die durch die Weltwirtschaftskrise und die nach 1933 ausbleibenden jüdischen Gäste in eine Krise geraten waren. Die Schweiz erkannte Ferdinand Bloch-Bauer nicht als politischen Flüchtling an, sie »tolerierte« lediglich seinen Aufenthalt.

Machtlos musste der aus dem Exil mitansehen, wie die Nationalsozialisten sein Hab und Gut an sich rissen. Sie enteigneten sein Betriebsvermögen, seine Sammlungen, darunter eine sehr wertvolle Porzellansammlung. Sein Wiener Palais riss sich die Deutsche Reichsbahn unter den Nagel. Sein Schloss Jungfern Breschan ging als »Geschenk« des tschechischen Staats an den Reichsprotektor von Böhmen.

Mithilfe eines pseudolegalen Tricks eigneten sich die Behörden sein Vermögen an. Sie beschuldigten den Zuckerindustriellen der Hinterziehung, Verheimlichung, Gefährdung der Körperschafts-, Einkommens-, Vermögens-, Krisen- und Sicherheitssteuer für den Zeitraum von 1927 bis 1937 und verurteilten ihn zu einer Strafzahlung von 700 000 Reichsmark (ca. 3 Millionen Euro). Bei dieser

Summe blieb es aber nicht, sie erhöhte sich bis 1940 auf 1,43 Millionen Reichsmark. Ferdinand Bloch-Bauer verlor die Verfügungsgewalt über sein Vermögen. Seine Kunstsammlung wurde gepfändet. Ein regimetreuer Rechtsanwalt, der auch Obersturmführer der SS war, wurde mit der Verwaltung des enteigneten Vermögens beauftragt und sorgte für die vollständige Ausplünderung. Museumsdirektoren und Kuratoren nahmen die Kunstsammlung in Augenschein und meldeten Interesse an den zu ihren Häusern passenden Werken an. Gerechtfertigt wurde der Raubzug mit dem Schutz des nationalen Kunsterbes, für den man angeblich verantwortlich war und das man im Lande behalten wolle. Aber auch führende Nationalsozialisten wie Adolf Hitler und Hermann Göring bedienten sich.

An den Klimt-Bildern, die nicht NS-geschmackskonform waren, war man anfangs nicht interessiert. Von ihnen gelangten zwei durch einen Tausch in die Österreichische Galerie (*Adele Bloch-Bauer I* und *Apfelbaum I*). Die »Goldene Adele« benannte man um in »Damenbildnis vor Goldhintergrund«, offensichtlich wollte man den Namen der Dargestellten und die vormalige Eigentümerschaft negieren. Später kam auch das Gemälde *Adele Bloch-Bauer II* durch Ankauf hinzu.

Am Ende war die Kunstsammlung von Adele und Ferdinand Bloch-Bauer vollständig liquidiert, sodass Ferdinand Bloch-Bauer dem von ihm in den besseren Jahren unterstützten Maler Oskar Kokoschka verbittert schrieb: »Nicht ein Andenken ist mir geblieben.«

Noch vor seinem Tod im November 1945 leitete Ferdinand Bloch-Bauer die ersten Schritte ein, um sein Vermögen vom österreichischen Staat zurückzuerhalten. Es wurde ein mühsames und demütigendes Verfahren, das von seinen Erben fortgesetzt wurde. Jahrelang kämpften sie um die Rückgabe der enteigneten Kunstwerke, die sie in österreichischen Museen wiedergefunden hatten. Die Erben in Kanada, die die Reste der Sammlung wiederhaben wollten, ließen sich schließlich auf eine folgenschwere Entscheidung ein. Da für die Ausfuhr von Kunstwerken eine Bewilligung notwendig war, wollte das Bundesdenkmalamt diese nur unter der Bedingung erteilen, dass sich die Erben bereit erklärten, die sechs Klimt-Gemälde der Österreichischen Galerie zuzusprechen. Das war nichts anderes als eine Erpressung durch die österreichischen Behörden. Doch den Erben blieb nichts anderes übrig als einzuwilligen, wenn sie überhaupt einen Teil der Kunstwerke zurückbekommen wollten. Die Folge dieser Entscheidung war, dass Jahrzehnte später im Rechtsstreit über die Restitution der »Klimts« die österreichische Seite das Argument ins Feld führte, die Erben hätten ja selbst für den Verbleib der Bilder in Österreich gestimmt. Dass sie sich nur unter dem Druck der Behörden darauf eingelassen hatten, fand in dieser Argumentation keine Berücksichtigung.

Maria Altmann

Die Washingtoner Prinzipien, die die Republik Österreich unterzeichnet hatte, veränderten die Bedingungen für die Rückgabeforderungen der Opfer. Österreich bekam 1998 ein Kunstrückgabegesetz, dessen Ziel es sein sollte, die nötigen Voraussetzungen zur Lösung ungeklärter Vermögensverluste zu schaffen und nach 1945 getroffene und zu Lasten der Opfer durchgeführte Vergleiche neu zu verhandeln. Adele und Ferdinand Bloch-Bauers Nichte Maria Altmann (1916–2011), das jüngste Kind von Gustav und Therese Bloch-Bauer und zu diesem Zeitpunkt bereits 82 Jahre alt, ergriff vor dem Hintergrund der neuen Rahmenbedingungen die Gelegenheit, für sich und die Erben den Fall neu aufzurollen und die Rückgabe der Klimt-Bilder vom österreichischen Staat zu verlangen. Unterstützt wurde sie dabei von dem österreichischen Journalisten und Kunstraubexperten Hubertus Czernin und dem jungen US-amerikanischen Rechtsanwalt E. Randol Schoenberg, einem Enkel des Komponisten Arnold Schönberg. Randol war in dem Verfahren Maria Altmanns Rechtsbeistand.

Wie nicht anders zu erwarten war, lehnte Österreich Altmanns Antrag auf die Rückgabe der Bilder ab mit dem Hinweis auf das

Testament Adele Bloch-Bauers und der Zustimmung der Erben nach dem Krieg für den Verbleib der Klimt-Bilder in Österreich. War Maria Altmann zu Beginn des Verfahrens noch offen für einen Vergleich gewesen, so änderte sich das bald durch das konfrontative Verhalten der österreichischen Vertreter in den Folgejahren. Sie nahm davon Abstand und setzte nun ganz auf die Durchsetzung ihrer Interessen und der der anderen Erben.

Maria Altmann war selbst eine Verfolgte des NS-Regimes. Sie hatte mit ihrem Mann, dem Sänger Fritz Altmann, im wahrsten Sinne des Wortes in letzter Sekunde auf einer abenteuerlichen Flucht ihr Land verlassen und war über die Niederlande nach England geflohen, um von dort aus in die USA zu emigrieren. Die Flucht ermöglicht hatte Fritz Altmanns Bruder Bernhard, ein erfolgreicher Fabrikant, der bereits selbst im Pariser Exil weilte. 1937 hatten Maria und Fritz Altmann in der Wiener Synagoge geheiratet, doch nur wenig später verflüchtigten sich alle ihre Träume und Wünsche und sie mussten erfahren, was es bedeutete, als Jude und Jüdin im »angeschlossenen« Österreich zu leben.

Maria Altmann war zwar in wohlbehüteten bürgerlichen Verhältnissen aufgewachsen und hatte eine solide Ausbildung erhalten, aber sie war nicht verhätschelt worden. Sie entwickelte genügend Selbstbewusstsein und Selbstständigkeit, um sich auch in schwierigsten Verhältnissen behaupten zu können. Das bewies sie auch in ihrem »zweiten Leben« in den USA, wo sie sich trotz ihres Flüchtlingsschicksals sozial und ökonomisch durchzusetzte. Sie führte in Los Angeles ein Geschäft für Textilien.

Sie war zwar noch ein junges Mädchen gewesen, als ihre Tante Adele verstarb, doch die ungewöhnliche Frau blieb ihr ein Leben lang in Erinnerung. Daher focht Maria Altmann ihren zähen und unerschrockenen Kampf für Gerechtigkeit auch in Verehrung und im Gedenken an Adele und Ferdinand Bloch-Bauer aus und gönnte es dem österreichischen Staat nicht, dass das Verfahren durch ihren eigenen Tod vorzeitig beendet wurde. Sie wollte bis zum Sieg in diesem Rechtsstreit durchhalten.

Im März 2000 kam es in Wien zu einer zivilgerichtlichen Herausgabeklage. Weil die aber unfinanzierbar war – es hätten 1,75 Millionen Euro Gerichtskostenvorschuss bezahlt werden müssen, Geld, das Maria Altmann nicht hatte –, reichte sie im August 2000 in Los Angeles Klage gegen Österreich ein. Nach vierjährigen Verhandlungen wurde vom US Supreme Court entschieden, dass die Klage gegen den souveränen Staat Österreich in den USA zulässig war. Ein einmaliges Urteil in der internationalen Rechtsgeschichte. Nun hätte Maria Altmann die Österreichische Republik in den USA verklagen können, doch auf das Abenteuer eines solchen Präzedenzfalles wollte sich die Klägerin nicht einlassen. Für die inzwischen hochbetagte Altmann war unklar, ob sie die Entscheidung in einem vielleicht Jahre andauernden Verfahren noch erleben würde. Um in einem beschleunigten Verfahren zu einer Entscheidung zu gelangen, ließ sie sich mit Zustimmung der übrigen Erben auf ein außergerichtliches Schiedsverfahren in Österreich ein, dessen Urteil unanfechtbar war. Drei Rechtswissenschaftler bildeten das Schiedsgericht und verhandelten die Angelegenheit. Anfang 2006 fällten sie dann einstimmig ihre Entscheidung: Österreich musste die Bilder auf der Grundlage des Kunstrückgabegesetzes an die Erben restituieren. Der Beschluss war eine Sensation und in dieser Eindeutigkeit von der österreichischen Öffentlichkeit nicht erwartet worden. Für die Rückgabegegner kam er einem Schock gleich. Maria Altmanns Courage, Zähigkeit und Wagemut hatten sich am Ende ausgezahlt. Ihr und ihrer Familie widerfuhr endlich und sehr spät Gerechtigkeit. Das Schiedsgericht war der Argumentation des österreichischen Staates nicht gefolgt, es stellte fest, dass aus Adele Bloch-Bauers testamentarischer Bitte keineswegs ein Eigentumsanspruch der Republik Österreich abgeleitet werden könne. Damit war der Fall Klimt fast zu seinem Ende gekommen. Es folgte noch der Transport der Gemälde in die USA, wo Maria Altmann sie in New York versteigern ließ. War die »Goldene Adele« im vergangenen Jahrhundert für Jahrzehnte ein Publikumsmagnet des Belvedere in Wien gewesen, so ist sie es im neuen Jahrtausend in der Neuen Galerie in New York.

NICHT NUR DER GRÖSSTE KUNSTRAUB, SONDERN DER GRÖSSTE AUTORAUB DER GESCHICHTE

Das Auto der Familie Rosenfeld

Kurz nach dem Pogrom vom 9./10. November 1938 erschienen in der Stuttgarter Hölderlinstraße 57 zwei Männer von der Gestapo vor dem Haus des jüdischen Tabakgroßhändlers Max Rosenfeld (1867–1943). Während der sogenannten Reichskristallnacht wurden reiche jüdische Männer im Rahmen von Massenverhaftungen festgenommen und unter anderen ins Konzentrationslager Dachau eingesperrt. Auf diese Weise wollten die Nationalsozialisten Druck auf sie und ihre Familien ausüben, damit sie Deutschland verlassen. Max Rosenfeld, 71 Jahre alt und gesundheitlich angeschlagen, lag krank im Bett, umsorgt von seinem Sohn Paul Rosenfeld (1906–1987) und seiner Schwiegertochter. Sie hatten ihm während der Pogromnacht beigestanden.

Die Gestapo-Männer kamen gegen 11 Uhr vormittags. Sie hatten den Auftrag, Max Rosenfelds Sohn Paul zu verhaften und mitzunehmen. Nachdem sie ihn nicht in seiner Wohnung angetroffen hatten, begaben sie sich zur Wohnadresse seines Vaters. Dort fanden sie ihn schließlich. Paul Rosenfeld wies darauf hin, dass seine Frau und er gerade die Visa zur Auswanderung in die USA bewilligt bekommen hätten und kurz davor stünden, das Land zu verlassen. Die Gestapo-Männer interessierte das nicht, sie beharrten auf seiner Festnahme. Grete Rosenfeld, Pauls Ehefrau, brach in Tränen aus. Die Gestapo-Männer ließen erst von der Festnahme ab, als Paul Rosenfeld sich bereit erklärte, den Polizisten sein neues Mercedes Cabriolet zu überlassen. Diese versicherten im Gegenzug, ihn bis zu seiner Ausreise nicht mehr zu behelligen. Paul Rosenfeld musste in

Bei den Nachforschungen zuerst für den geraubten Mercedes gehalten, dann als ein BMW identifiziert: das vermeintliche Auto der Familie Rosenfeld

die Erpressung einwilligen und übergab die Autoschlüssel. Einer der Gestapo-Männer fuhr mit Grete Rosenfeld zur Wohnung des Ehepaars in die Gustav-Seigle-Straße, um die Fahrzeugpapiere zu holen.

Tatsächlich konnten Paul und Grete Rosenfeld Anfang Dezember 1938 Deutschland verlassen. Bereits im September hatten sie ihre nur wenige Monate alte Tochter Martha mithilfe ihrer in Amsterdam lebenden Tante Leonie Dentz-Süssmann (1875–1968) in die Niederlande, in ein Amsterdamer Diakonissenhaus, schmuggeln lassen. Dort holten sie ihre Tochter nun ab, bestiegen in Rotterdam einen niederländischen Dampfer und emigrierten in die Vereinigten Staaten von Amerika. In New York musste die kleine Familie neu beginnen – ohne Auto.

Max Rosenfeld flüchtete im letzten Augenblick, Anfang August 1939, in die Niederlande, nach Amsterdam, wo er Opfer der deutschen Besatzung wurde. Am 18. März 1943 starb er im Hospital des Konzentrations- und Durchgangslagers Westerbork.

Max Rosenfeld war ein bedeutender Kunstsammler und Mäzen gewesen, seine 1912 fertiggestellte Jugendstilvilla war bekannt als »Villa Stuck« in Stuttgart. Wie in so vielen anderen Fällen kam auch seine Kunstsammlung NS-verfolgungsbedingt »abhanden«.

Die eidesstattliche Erklärung

Der Fall Paul und Max Rosenfeld zeigt, dass die Nationalsozialisten nicht nur Kunstwerke raubten, sondern auch wertvolle Autos. In dem von Paul Ronald nach dem Krieg gestellten Wiedergutmachungsantrag – er hatte sich in Ronald umbenannt – wurde der Wert des beschlagnahmten Personenkraftwagens mit 4500 Reichsmark beziffert. In einer eidesstattlichen Erklärung vom 5. Februar 1957 nahm Paul Ronald ausführlich Stellung zu der Geschichte des ihm weggenommenen Personenkraftwagens: »Derselbe wurde mir unter den nachstehend geschilderten Umständen entzogen, die sich aus begreiflichen Gründen mit absoluter Schärfe in meinem Gedächtnis eingeprägt haben: Am 13. oder 14. November 1938 – wenige Tage nach den Massenverhaftungen der jüdischen Bürger Deutschlands – befand ich mich mit meiner Frau im Hause meines verstorbenen Vaters Max Rosenfeld, der Hölderlinstr. 57 in Stuttgart wohnte. Mein Vater lag krank zu Bett und wir befanden uns bei ihm, um ihm in jenen bangen Stunden nahe zu sein. Etwa um 11 Uhr vormittags erschienen zwei uniformierte SS Leute, die nach mir fragten. Es stellte sich heraus, dass sie mich zuvor in meiner eigenen Wohnung gesucht hatten und von dort nach dem Haus meines Vaters verwiesen worden waren. Sie erklärten meiner Frau und mir, die sie in der Vorhalle empfing, dass sie mich auf der Stelle zu verhaften und mitzunehmen hätten. Während meine Frau in Tränen ausbrach, erklärte ich wahrheitsgemäß, dass ich bereits in wenigen Tagen auf das amerikanische Konsulat geladen sei, um daselbst mein Visum zur Auswanderung nach den Vereinigten Staaten in Empfang zu nehmen. Zunächst wurde mir erklärt, dass dieser Umstand nichts an der Notwendigkeit meiner Verhaftung ändere. Auf mein weiteres Drängen aber bedeutete mir einer der beiden

SS Männer, dass er mich allein zu sprechen wünsche. Ich führte ihn daraufhin in ein anderes Zimmer, wo er mir ohne Umschweife sagte, dass ich nichts für meine Person zu befürchten habe, wenn ich auf der Stelle meinen vor dem Haus stehenden Kraftwagen ihm übergebe, da dieser von der Gestapo bestens gebraucht werden könne. Er fügte ausdrücklich hinzu, dass er nicht etwa selbst den Wagen zu besitzen wünsche, ihn vielmehr seiner Behörde übergeben wolle. Auf meine Frage, ob er mir in der Tat Sicherheit für meine Person gewähren könne, erklärte er wörtlich wie folgt: ›Man wird Sie selbstverständlich unbelästigt lassen. Sollten Sie aber dennoch irgendwelche Schwierigkeiten haben, so verständigen Sie sogleich die oberste Stelle der Gestapo, indem Sie sich auf mich berufen. Mein Name ist Ratzenberger.‹ Auf diese Erklärung übergab ich Herrn Ratzenberger ohne Zögern die Schlüssel zu meinem Wagen. Meine Frau fuhr mit ihm nach unserer Wohnung, wo sie ihm die Kraftwagenpapiere aushändigte. Ich blieb in der Tat unbelästigt und wanderte kurze Zeit später nach den Vereinigten Staaten aus.«

So ungewöhnlich diese Geschichte klingt, sie war kein Einzelfall. Einer der bedeutendsten Musikpädagogen der Weimarer Republik, der Stuttgarter Jude Karl Adler (1890–1973), erzählte 1966, der Stuttgarter Gestapo-Mann Walter Baach, verantwortlich für »weltanschauliche Fragen, Juden und Freimaurer«, habe sich in einem Fall für die Herausgabe eines Wagens an seinen jüdischen Eigentümer eingesetzt, der diesem unter Druck weggenommen worden war. Adler war 1939 in die USA geflohen.

Im von Deutschland 1938 besetzten Österreich bot sich ein ähnliches Bild. Als Maria Altmann, die Nichte von Adele Bloch-Bauer, wenige Wochen nach dem Einmarsch der Deutschen in Wien von der Gestapo Besuch erhielt, interessierten sich die Geheimpolizisten nicht nur für ihren wertvollen Schmuck, sondern auch für das neue Auto, das ihr Schwager, ein vermögender Textilindustrieller, dem Paar zur Hochzeit geschenkt hatte. Das Auto weggenommen wurde auch dem berühmten Psychoanalytiker Sigmund Freud. Er besaß 1938 einen hochmodernen Steyr 50 mit dem Kennzeichen

A 3523. Die Gestapo beschlagnahmte es. Freuds Tochter Anna versuchte vergeblich, den Pkw zurückzuerlangen. Es wird angenommen, dass die Gestapo den schicken Wagen als Dienstfahrzeug einsetzte.

Das sind nur vier Beispiele des von den Nationalsozialisten durchgeführten größten Autoraubs der Geschichte. Autos waren schon damals ein Statussymbol der Reichen. In den 1930er Jahren schmückte sich insbesondere die bürgerliche Oberschicht mit ihnen. Das weckte Neid und Begehrlichkeiten. Ende 1938 wurde Juden durch die »Verordnung des Reichsführers SS und Chefs der Deutschen Polizei« vom 3. Dezember 1938 das Führen von Fahrzeugen verboten. Autos wurden beschlagnahmt auf der Grundlage der Verordnung, dass Juden Staats- und Volksfeinde seien. Der Besitz eines Pkw erschwere oder verunmögliche gar die »staatspolizeiliche Überwachung«, so die vorgeschobene Begründung des antisemitischen Regimes.

Wo sind die Autos heute, die die Nazis den Juden raubten?

Im Jahr 2017 erwischten zwei Zeitungsartikel über den Autoraub das Deutsche Technikmuseum (DTM) in Berlin kalt. Der politische Korrespondent Peter Carstens von der *Frankfurter Allgemeinen Zeitung* griff erstmals das Thema auf und fragte, wo die Autos seien, die die Nazis den Juden raubten. Er wollte wissen, ob die Oldtimer in deutschen Technikmuseen stünden. Bei seiner Recherche war er auf Schweigen und Ablehnung gestoßen. Über die Herkunft ihrer Fahrzeuge konnten die Museen keine Auskunft geben. In den Privatmuseen sah es nicht besser aus. Zum Erstaunen des Journalisten hatte sich bisher niemand für den Verbleib der gestohlenen Autos interessiert, obwohl diese heute zum Teil Millionenwerte darstellen. Carsten schrieb, dass in zahlreichen staatlichen und privaten Oldtimer-Sammlungen Hunderte klassische Autos ausgestellt oder gelagert würden, »bei denen sich noch nie jemand gründlich um die Provenienz gekümmert hat«. Das galt auch für das DTM.

Auf öffentlichen und politischen Druck hin – der Berliner Kultursenator schaltete sich ein und versprach »eine rasche Überprüfung« des Sachverhalts – führte das Museum eine Untersuchung seines historisches Kraftfahrzeugbestands durch. Mit der Provenienzforschung beauftragt wurde das Berliner Unternehmen Facts & Files. Er kam zu dem Ergebnis, dass bei 92 Fahrzeugen ein NS-verfolgungsbedingter Entzug nicht ausgeschlossen werden konnte. Diese wurden 2020 als Fundmeldungen in die digitale Lost-Art-Datenbank des Deutschen Zentrums Kulturgutverluste in Magdeburg eingestellt. Bei 92 Autos konnte also der Verdacht nicht ausgeschlossen werden, dass sie auf eine ähnliche oder die gleiche Weise wie bei den Rosenfelds, den Freuds oder den Altmanns entzogen worden waren.

Mit dieser Untersuchung des NS-Autoraubs kam in der deutschen Technikmuseumslandschaft ein Stein ins Rollen. Es führte dazu, dass seitdem nicht nur das DTM systematisch die Herkunftsgeschichte seiner Bestände erforscht, sondern auch Technikmuseen in anderen Teilen Deutschlands diese Aufgabe in Angriff genommen haben.

Die Schwierigkeit, die Herkunft eines seriell gefertigten Objekts zu ermitteln

Die Deutschen waren bis dahin auf diesem Forschungsfeld Nachzügler gewesen. Dagegen beschäftigt sich das Technische Museum in Wien schon seit 1998 mit dem NS-Raubgut in seiner Sammlung. Dabei war von vornherein klar, dass nicht nur historische Kraftfahrzeuge die Provenienzforschung tangieren, sondern das gesamte Spektrum von Maschinen, technischen Geräten sowie technischen Sammlungen, d.h. eine Vielzahl und Vielfalt technischer Museumsobjekte. Denn das NS-Regime hatte neben Kunstwerken und Automobilen den zumeist jüdischen Verfolgten auch Rundfunkgeräte, Schreibmaschinen, Schaltplattenspieler, Fahrräder, Fotoapparate, technische Modelle, Spielzeug, Produktionsmaschinen, ganze Firmeninventare und -archive usw. abgenommen.

So wird im 2018 als Stiftung neu gegründeten Deutschen Optischen Museum, das aus dem vormaligen, 1922 eingerichteten Optischen Museum in Jena hervorging, neben den technischen Apparaten auch die unrechtmäßige Aneignung von Kunst- und Kulturobjekten in den Fokus genommen, und das nicht nur für den Zeitraum von 1933 bis 1945, sondern auch für die SED-Diktatur sowie die Kolonialzeit. Dessen ungeachtet bildet die NS-Zeit einen Schwerpunkt, denn allein in diesen zwölf Jahren kamen durch Ankäufe, Schenkungen und Tausch rund 1500 Objekte in die Sammlung. Darunter sind Brillen, Fernrohre, Mikroskope, Sonnenuhren sowie knapp über 1100 Guckkastenbilder. Zu den Einlieferern gehörten Privatsammler, Optiker, Wissenschaftler und Kunsthändler. Obwohl die Sammlungseingänge im Fall des Optischen Museums Jena recht gut überliefert sind, weil die Angebotskorrespondenz und der Briefwechsel zwischen Museumsleitung und Anbietern weitgehend erhalten ist, geben die Dokumente dennoch nur wenig Auskunft über die früheren Eigentümer der Objekte und die Umstände, unter denen sie veräußert oder weggegeben wurden (oder weggegeben werden mussten). Auch ist leicht nachzuvollziehen, vor welchen Schwierigkeiten die Provenienzforscher:innen stehen, wenn sie zum Beispiel ein in den 1930er Jahren erworbenes und nicht näher beschriebenes Mikroskop unter mehreren Hundert anderen Instrumenten in der Mikroskop-Sammlung identifizieren sollen. Das ist ein generelles Problem der in der Regel seriell hergestellten technischen Apparate und Maschinen. Hier steht die Herkunftsforschung vor Schwierigkeiten, die sie mit verschiedensten Identifizierungsmethoden zu lösen versucht. Bei der Ermittlung des ersten Käufers kann zum Beispiel die vom Hersteller vergebene Seriennummer helfen. Sie wird mit den Auftrags- oder Lieferbüchern der Produzenten abgeglichen. Auf diesem Weg kann – im Idealfall – die Herkunft von Kraftfahrzeugen, Motoren, Druckerpressen und vielen anderen Maschinen geklärt werden, natürlich immer vorausgesetzt, dass entsprechende Geschäftsunterlagen erhalten sind.

Bei dem Mercedes Cabriolet der Familie Rosenfeld aus Stuttgart erweist sich diese Recherche jedoch als sehr schwierig. Nimmt man an, das Fahrzeug sei tatsächlich nach seiner Beschlagnahmung von der Gestapo, also einer staatlichen Behörde, genutzt worden und es habe den Zweiten Weltkrieg unbeschadet überstanden, so könnte es sich heute als Oldtimer vielleicht in einer öffentlichen oder privaten Sammlung historischer Kraftfahrzeuge oder in Privatbesitz befinden. Um dieses Auto aber finden und eindeutig identifizieren zu können, müsste man wissen, um welches Mercedes-Modell es sich handelte, wann es von Paul Rosenfeld gekauft wurde und welche Fahrgestellnummer es hat. Wann das Mercedes Cabrio erworben wurde, ließe sich eventuell in den zum Teil erhaltenen Auftragsbüchern aus der entsprechenden Zeit ermitteln, die im Archiv des Unternehmens Mercedes-Benz aufbewahrt werden. Darin sind auch die Fahrgestellnummern, die Motor- und Aufbaunummern sowie das Auslieferungsdatum und der Auslieferungsort der Fahrzeuge dokumentiert. Das Archiv muss seine Suche jedoch mit der Fahrgestellnummer beginnen, weil es ohne diese nicht den entsprechenden Auftrag zum Fahrzeug recherchieren kann. Des Weiteren darf es nur dem aktuellen Eigentümer eines Fahrzeugs Auskunft geben. In Fall Rosenfeld kennen wir jedoch die Fahrgestellnummer nicht. Auch den Nachfahren von Paul Georg Rosenfeld/Ronald in den USA, die die Geschichte des Autoraubs bis heute lebhaft erinnern, ist diese Fabrikatsnummer nicht bekannt. Wie kann unter diesen Umständen nach dem Auto gesucht werden?

Dann wäre da noch das Aussehen des Wagens. Mercedes-Benz produzierte in den 1920er und 1930er Jahre nicht bestimmte Cabriolet-Modelle, sondern jeder seiner Pkw konnte mit einem zu öffnenden Verdeck angeboten werden. Hochpreisige Modelle wurden nicht selten von einem Karosserie-Betrieb individuell mit einem Aufbau versehen. Das bedeutet, das Erscheinungsbild von Paul Rosenfelds Wagen kann sehr individuell gewesen sein. Um die Frage des Aussehens klären zu können, bräuchte es ein Bild des Wagens, zum Beispiel ein historisches Foto, mit dem man die heute noch existierenden alten Mercedes Cabriolets vergleichen könnte. Liegt Bildmaterial von einem Fahrzeug tatsächlich vor, bietet das Mercedes-Benz-Archiv durchaus seine Hilfe bei der Identifikation des Wagens an. Tatsächlich findet sich in den alten Fotoalben der Familie Rosenfeld/Ronald das Bild eines Wagens, das auf einer Fahrt in den Bergen aufgenommen wurde. Doch dieses Bild zeigt kein Mercedes Cabriolet, sondern einen BMW 315 Kabriolett viersitzig oder ein BMW 319 Kabriolett viersitzig. Durch das Kennzeichen kann festgestellt werden, wo der PKW zugelassen war. »IIIC-2004« mit der Nummer zwischen 2000 und 3000 gehörte zum Oberamt Böblingen, also genau zu dem Ort, wo Paul Rosenfeld als technischer Leiter der Mechanischen Trikotweberei Ludwig Maier & Co. AG arbeitete, d.h. im Unternehmen des Großvaters mütterlicherseits. Gut vorstellbar, dass der Wagen in Zusammenhang mit dem Unternehmen stand, denn es ist kaum anzunehmen, dass Paul Rosenfeld/Ronald bei seinem Antrag zur Wiedergutmachung der Beschlagnahmung seines Autos ein Mercedes Cabriolet mit einem BMW verwechselte. Er schrieb ausdrücklich: »Automobil Mercedes Cabriolet, ohne Entschädigung im November 1938 beschlagnahmt RM 4.500.-.«

Laut Aussage eines Mitarbeiters des BMW-Archivs in München war die angegebene Schadenssumme realistisch, denn der BMW 315 als Cabriolet kostete 4400 Reichsmark, der BMW 319 4800 Reichsmark. Das Mercedes Cabriolet war sogar noch wesentlich teurer gewesen. Leider lässt sich heute nicht mehr feststellen, welches Fahrzeug Paul Rosenfeld (oder seiner Firma oder einer anderen befreundeten oder nahestehenden Person?) geliefert wurde. Denn die Auslieferungsbücher listen nur den BMW-Händler, von dem das Auto kam, nicht aber den Namen des Kunden auf. Auch das Archiv hat keine Unterlagen über den Endabnehmer.

Statt des gesuchten Mercedes fand der Autor einen BMW und stand dann vor der Frage, ob Paul Rosenfeld mehrere Autos fuhr oder sich bei seinem Wiedergutmachungsantrag tatsächlich in der Automarke geirrt haben könnte. Wie immer diese Fragen auch zu beantworten sind, es konnte anschaulich gemacht werden, dass die Provenienzrecherche nach einem von den Nationalsozialisten beschlagnahmten Wagen sehr kompliziert, aufwendig und alles andere als erfolgversprechend ist. Eher ist das Scheitern der Suche nach einem historischen Automobil wahrscheinlich, wenn, wie im Fall des Cabrios von Rosenberg, sowohl die Automarke unklar ist als auch die Fahrgestellnummer als entscheidendes Suchkriterium fehlt und keine Chance besteht, diese Nummer auf andere Weise als über das Firmenarchiv des Herstellers, in diesem Fall entweder Mercedes Benz oder BMW, zu ermitteln.

3000 »arisierte« Autos in Österreich

Bei der Eigentümerermittlung der in der NS-Zeit erworbenen Autos standen auch die Provenienzforscher:innen des Technischen Museums Wien vor einer Herausforderung. Um diese Frage zu beantworten, war es notwendig, die Kfz-Besitzer Österreichs in den 1930er und 1940er Jahren zu ermitteln und in einer digitalen Datenbank zu erfassen. Durch den Abgleich mit den im eigenen Sammlungsbestand historischer Autos erhobenen Daten wurde es möglich, 75 Prozent der Kraftfahrzeuge zu erfassen. Für das Jahr 1938 waren das 33 625 Pkw und 15 365 Lkw. Von diesen Kraftfahrzeugen waren 50 Prozent in Wien angemeldet, 20 Prozent hatten jüdische Eigentümer. Ein weiteres Ergebnis der Untersuchung war: Mindestens 3000 Autos wurden »arisiert«, also beschlagnahmt. Der österreichische Historiker und Provenienzforscher Christian Klösch, der das Forschungsprojekt leitete, bezeichnete es als den größten Autoraub der Geschichte Österreichs. Die Dimension dieses Raubs an technischen Kulturgütern drückte er mit den Worten aus: »Man stelle sich vor: Heute würden 20 Prozent aller Autos geraubt – was für ein Aufschrei würde durch die Bevölkerung gehen.«

EINE FOLGENREICHE UMBENENNUNG

Ostsee von Karl Schmidt-Rottluff

Die Geschichte des Gemäldes *Ostsee* ist voller Tragik und Rätsel. Die bewegte Küsten-Darstellung, die über einen sehr langen Zeitraum *Schiffe am Strand* hieß, wurde 1922 von Karl Schmidt-Rottluff gemalt, dem Mitbegründer der Künstlergruppe »Brücke«. Es gehörte dem millionenschweren jüdischen Textilkaufmann und Großsammler Hugo Benario, der in Berlin-Dahlem in einer Villa wohnte und im »Dritten Reich« aus rassischen Gründen verfolgt wurde. Nach einem Prozess wegen angeblichen Devisenvergehens und der Verurteilung starb er 1937 in Berlin. Seine Sammlung moderner Gemälde ging »verloren« und das Bild *Ostsee* wurde unter mysteriösen Umständen Eigentum des Berliner Lebkuchenfabrikanten und Kunstsammlers Dr. Paul Max Wiegmann. Nach dessen Tod verkaufte es seine Verlobte in der Nachkriegszeit über einen Düsseldorfer Kunsthändler an das Leopold-Hoesch-Museum & Papiermuseum Düren. Dort gehört es zu den Meisterwerken der Sammlung.

Bereits Anfang der Nullerjahre fahndete man nach *Ostsee*, doch wegen des geänderten Bildtitels wurde es nicht gefunden. Die Provenienzforschung kam ihm dann auf die Spur.

Die vergessenen Sammler

Bis 2017 war Hugo Benario (1875–1937) vergessen. Niemand kannte mehr ihn und seine Sammlung. Dieses deutsche Sammlerschicksal aus der ersten Hälfte des 20. Jahrhunderts ist eher typisch als selten, besonders wenn es wie im Fall Benario einen jüdischen

Ostsee war Sammlungsstück eines millionenschweren jüdischen Textilkaufmanns und Großsammlers aus Berlin.

Hintergrund hat. Über viele dieser Sammler ist heute nichts oder nur sehr wenig bekannt. Ihre Biografien stellen die Provenienzforschung vor eine Herausforderung, wenn sie die Herkunft von Kunstwerken rekonstruieren will. Zwar wurden in den vergangenen zwei Jahrzehnten zahlreiche Sammlerbiografien aufgearbeitet, doch gemessen an ihrer Vielzahl kennt die Kunstgeschichte immer noch nur wenige. Das dokumentiert auch der Fall Benario. Als 2015 das Leopold-Hoesch-Museum in Düren mit der Erforschung seiner Biografie begann, weil sich im Museum ein expressionistisches Gemälde aus seiner einstigen Sammlung befindet, war der Sammler in der Forschung ein unbeschriebenes Blatt.

Hugo Benario wurde 1875 in Marktbreit in Unterfranken geboren. Sein sechs Jahre älterer Bruder Leo Benario (1869–1933) war in München ein bekannter Rechtsanwalt. Dessen Tochter Olga Benario-Prestes (1908–1942), eine Kommunistin und Widerstandskämpferin, wurde 1942 in der Tötungsanstalt Bernburg umgebracht. In der DDR benannte man Straßen und Schulen nach ihr, sodass der Name Benario in Ostdeutschland bis heute eine gewisse Bekanntheit hat.

Im Jahr 1905 heiratete Hugo Benario Toni Vogelsdorff, die 1886 in Berlin zur Welt gekommen war. Durch die Ehe wurde er zum Mitinhaber der Berliner Firma M. Borchardt Nachf., die den An- und Verkauf von Seidenstoffen betrieb. Das Paar hatte zwei Kinder: Rolf (1906–1985) und Ruth (1910–1995). Ende der 1920er Jahre verließ der Sohn Deutschland und ging ins heutige Israel, wo er eine Farm betrieb und später in Tel Aviv lebte. Die Tochter ging 1932 in die Sowjetunion, später in die DDR.

Hugo Benario zählte vielleicht zu den größten Kunstsammlern Berlins. Als 1927 ein Teil seiner Sammlung versteigert wurde, umfasste dieser allein 628 Objekte. Der Erlös war beträchtlich. Die kostbare Stoffsammlung war darin noch nicht enthalten. Die Sammlung war breit angelegt, sie umfasste mittelalterliche Plastiken und Gemälde, Teppiche, Mobiliar, Kunstgewerbestücke, ostasiatische und ägyptische Kunst, Malerei und Plastik des 19. und 20. Jahrhunderts. Nach dem Verkauf der alten Kunst konzentrierte sich Benario auf die zeitgenössische Moderne.

Bis zu seinem wirtschaftlichen Bankrott 1927 war Benario Millionär gewesen. Die vielen Kunstwerke schmückten seine Villa. Darüber war im Auktionskatalog zu lesen: »Sein schönes Heim hat trotzdem nie den Eindruck der Überfülle gemacht; es war eine Wohnung im besten Sinne des Wortes, wo man sich allmählich des Reichtums an Kunstwerken ganz bewusst wurde: unmerklich und unaufdringlich schufen sie die Atmosphäre des Ganzen, die nicht antiquarische Gelehrsamkeit widerspiegelte, noch viel weniger repräsentativen Prunk. Im Mittelpunkt stand der Besitzer selbst, dessen leidenschaftlicher Spürsinn in allen Epochen und Stilen nicht nach großen Namen, sondern nach Werken starken künstlerischen

Ausdrucks suchte.« Benarios Haus war offen für Künstler und Intellektuelle, es hatte etwas von einer Künstlerherberge. Der österreichische Maler Oskar Kokoschka war ein Freund der Familie. Er malte die Tochter Ruth. Der Kontakt zwischen ihm und Ruth Benario überdauerte die Wirren der Zeit, sie gratulierte ihm zu seinem 75. Geburtstag, nachdem sie sich in den 1950er Jahren in der DDR niedergelassen hatte.

Wann Hugo Benario mit dem Sammeln begann, ist nicht bekannt. Es hat sich allerdings das Geschäftsbuch der Berliner Galerie Paul Cassirer erhalten, in dem die An- und Verkäufe Benarios für den Zeitraum von 1918 bis 1925 nachgewiesen sind. In dieser Zeit erwarb er Arbeiten von Ernst Ludwig Kirchner, Kokoschka, Schmidt-Rottluff, Wilhelm Lehmbruck, Jules Pascin, Hans Purrmann, Max Pechstein, Georg Kolbe, Kees van Dongen u. v. a. Während zuvor die Sammlung alter Kunst den Schwerpunkt gebildet hatte, lag er nach 1927 auf Werken der modernen Malerei und Plastik.

Für Benarios Sammlung mittelalterlicher Kunst waren besonders deutsche und französische Bildwerke der Romanik und Gotik kennzeichnend. Es waren vor allem Bildwerke aus Franken, Bayern, dem Rheinland und Schwaben, ergänzt durch Arbeiten aus Frankreich, Spanien, Lothringen und den Niederlanden. Hinzu kamen 29 mittelalterliche Gemälde, die der süddeutschen, mittelrheinischen und elsässischen Schule des 16. Jahrhunderts und der niederländischen Malerei des 17. Jahrhunderts zugerechnet wurden. Es waren weiterhin italienische und österreichische Künstler des 15. Jahrhunderts vertreten.

Zu diesen Kunstwerken gesellten sich zahlreiche Werke der ostasiatischen und ägyptischen Kunst, Mobiliar verschiedener Epochen und kunstgewerbliche Objekte sowie Kleinkunst aus dem 14. bis 18. Jahrhundert. All diese Preziosen wurden zusammen mit Gemälden von Jean-Baptiste Camille Corot, Paul Signac und Kokoschka präsentiert. Der Kunsthistoriker Wolfgang Fritz Volbach bemerkte zu diesem Nebeneinander von Altem und Neuem: »Diese Zusammenstellung mittelalterlicher Plastik und neuzeitlicher

Malerei hinterlässt einen harmonischen Eindruck; woraus man sieht, dass Kunstwerke, die von demselben künstlerischen Wollen getragen einem einheitlichen geistigen Streben entspringen, vereint werden können.«

Auf den historischen Fotografien von zwei Zimmern der Villa Benario ist die zeittypische Mischung von Epochenstilen deutlich erkennbar. Die Verbindung von Gotik und Expressionismus entsprach der damaligen Vorstellung, beide Stile seien Ausdruck »deutschen Kunstwollens« und daher über die Zeitläufte hinaus des gleichen Geistes Kind. Den Expressionismus sah man in der Tradition »deutscher Gotik«.

Benarios Spürsinn für Kunstwerke paarte sich nicht mit einem sicheren Instinkt für das Geschäftliche. Er war kein guter Kaufmann, was zur Folge hatte, dass er neben Teilen seiner Kunstsammlung die Villa verkaufen musste und im Jahr 1929, in der Weltwirtschaftskrise, auch seine Firma aufgelöst wurde. Benario musste nun die Vertretung in- und ausländischer Seidenfabriken übernehmen.

Das Ungarische Nationalarchiv in Budapest beherbergt seine Korrespondenz mit dem Textilunternehmen Samuel Goldberger & Söhne A. G., für das er als Auslandsvertreter tätig war. Es handelt sich um den Briefwechsel der Jahre 1932 bis 1936. In der Korrespondenz mit L. F. Goldberger & Söhne Akt.-Ges. mit Sitz in Budapest spiegelt sich Benarios ökonomische Lage. In einem Brief vom 14. Februar 1936 teilt Generaldirektor Dr. Leo von Buday-Goldberger ihm mit, dass er bereit sei, seine Schulden bei der Firma Goldberger zu stunden »in der Hoffnung, dass Sie wieder einmal bessere Zeiten haben und vielleicht dann daran gehen können, selbe abzutragen«. Benarios Erkundigung, ob es die Möglichkeit einer entlohnten Tätigkeit bei Goldberger gebe, wurde verneint.

Der Brief illustriert, unter welchem Druck Benario stand. Er konnte seine Ausstände nicht begleichen und suchte nach einer neuen Tätigkeit, die seine Lage verbessern sollte. Am 27. Februar 1936 antwortete Benario auf das Schreiben und bedankte sich für »die generöse Erledigung« seiner Schuld: »Ich bleibe selbstverständlich bemüht, wenn es mir möglich ist, dieselbe noch abzulösen. Momentan allerdings fällt es mir unter den gegebenen Verhältnissen sehr, sehr schwer.«

Benarios Schwierigkeiten spiegeln sich auch in der Wohnadresse im September 1936 wider. In dieser Zeit wohnten er und Toni Benario in einer Parterrewohnung im Gartenhaus. Dabei handelte es sich um ein Quergebäude, d. h. ein Berliner Hinterhaus. Es gehörte zur rückseitigen Hofbebauung, die parallel zum Vorderhaus errichtet wurde und häufig einen Anschluss an einen Seitenflügel bildet. Die Benarios wohnten nicht mehr in einem repräsentativen Vorderhaus, sondern in einer billigeren Wohnung im Hinterhaus.

Die Situation im »Dritten Reich«

Zu all diesen Problemen kam noch ein Devisenstrafverfahren hinzu, das von den Nationalsozialisten gegen Hugo Benario angestrengt worden war. Es muss davon ausgegangen werden, dass den herzkranken Kaufmann dieser Prozess gesundheitlich schwer mitnahm und zu seinem frühen Tod im Alter von 61 Jahren beitrug.

Das Strafverfahren wurde 1935 eingeleitet gegen, wie es offiziell hieß, den »Kaufmann und ehemaligen Geschäftsinhaber der Firma M. Borchardt Nachf.«. Benarios angebliches Devisenvergehen bezog sich auf die Jahre 1932 bis 1934. Bereits seit September 1934 gab es darüber verschiedene Berichte und Verhörprotokolle. Das Urteil wurde im März 1936 gesprochen, das Schöffengericht Berlin verhängte eine Haftstrafe von sechs Monaten und eine Geldstrafe von 6000 Reichsmark. Es ist unklar, ob Benario tatsächlich seine Haft im Gefängnis verbüßte. Zu seiner Entlastung gab er im Verfahren an, dass »infolge krankhafter Alterserscheinungen seine geistige Leistungsfähigkeit stark herabgemindert« sei. Nach einem Gutachten des ärztlichen Sachverständigen des Gerichts wurden »Alterserscheinungen wie Arterienverkalkung und Herzbeschwerden« festgestellt. Im Urteil ist davon die Rede, dass der Angeklagte »ein schwer leidender älterer Mann« sei.

Nach heutigem Forschungsstand waren die Devisenstrafverfahren ein Mittel zur Einziehung und Verwertung jüdischen Vermögens, ein Verfolgungsinstrument und legalisierter Raub. Auch bei Benario war das Verfahren ein Instrument der Verfolgung. In welchem Umfang er »ausgeraubt« wurde, lässt sich wegen fehlender Dokumente nicht mehr feststellen. Es verwundert jedoch nicht, dass er wegen der starken Belastungen 1937 einem Herzinfarkt erlag.

Das Kunsthaus Zürich

Um die fortdauernden Finanzsorgen in den Griff zu bekommen, musste Benario immer wieder Werke aus der ihm verbliebenen Kunstsammlung verkaufen. Dem Kunsthaus Zürich bot er 1933 verschiedene moderne Gemälde an, darunter *Ostsee*. An diesem waren die Schweizer nicht interessiert, doch sie kauften ihm das Gemälde *Liebespaar mit Katze* von Kokoschka ab.

Im Kunsthaus Zürich findet sich der entscheidende Beweis dafür, dass Benario der Eigentümer von *Ostsee* war und dass das Gemälde *Schiffe am Strand* im Leopold-Hoesch-Museum und *Ostsee* ein und dasselbe Bild sind. Die Bildrückseite lieferte für diese Erkenntnis wichtige Hinweise, denn auf dem Keilrahmen steht eine Bezeichnung des Künstlers: »Schmidt-Rottluff ›Ostsee‹ (223*)«. Dort befindet sich auch das Fragment eines alten Galerieetiketts, auf dem ebenfalls der alte Bildtitel *Ostsee* steht. Nach dem Ankauf durch das Leopold-Hoesch-Museum war das Gemälde umbenannt worden – was Folgen hatte.

In der Literatur und in Ausstellungen war das Bild nach seinem Einzug ins Dürener Museum nur noch unter *Schiffe am Strand* bekannt. Der vom Künstler vergebene Bildtitel geriet in Vergessenheit, dadurch wurden aus dem einen Bild zwei. Der Kunsthistoriker Will Grohmann, der Mitte der 1950er Jahre die erste Monografie

---

* Die Abkürzung steht für das Jahr (1922) und das dritte Bild, das der Künstler 1922 malte.

über Karl Schmidt-Rottluff verfasste und ein Werkverzeichnis der Gemälde anlegte, ging davon aus, es handele sich bei *Ostsee* und *Schiffe am Strand* um zwei verschiedene Bilder. 1928 war das Gemälde in der Berliner Nationalgalerie mit dem Titel *Ostsee* ausgestellt worden, doch gab es im Ausstellungskatalog keine Abbildung. Grohmann wusste daher nicht, dass die in seinem Werkverzeichnis aufgeführten beiden Gemälde ein und dasselbe Bild sind.

Durch den Fund einer Akte im Archiv des Kunsthauses Zürich konnte der Irrtum aufgeklärt werden. Hugo Benario hatte seiner Verkaufsofferte von 1933 ein kleines Schwarz-Weiß-Foto des Gemäldes beigefügt. Mit diesem Foto konnten die *Schiffe am Strand* eindeutig als *Ostsee* identifiziert werden. Im Kunsthaus Zürich lag der Beweis, dass Benario bis mindestens Ende Januar 1933 Eigentümer des Bildes gewesen war und versucht hatte, es zu verkaufen. Doch sein neuer Eigentümer wurde dann ein Berliner Sammler, der zugleich Lebkuchenfabrikant in Kremmen bei Berlin war.

Der Lebkuchenfabrikant

Paul Max Wiegmann, 1891 in Kremmen geboren und im April 1945 in Russland gestorben, war Kunstsammler und lebte in Kremmen und Berlin. Er war eines von drei Kindern des in Neuruppin geborenen Bäckermeisters und Fabrikanten Carl Maximilian Wiegmann (1853–?). Bereits Paul Wiegmanns Urgroßvater war Bäckermeister in Kremmen gewesen. Carl Wiegmann baute sein Unternehmen zu einer erfolgreichen Honig- und Lebkuchenfabrik aus, die in alle Welt exportierte, sogar bis nach Australien.

Paul Wiegmann sammelte moderne, vorwiegend deutsche Kunst. In den 1930er Jahren erwarb er die Werke für seine Sammlung aus unterschiedlichen, darunter auch problematischen Quellen: aus Museumsbestand, aus »Verwertungsbeständen« sogenannter entarteter Kunst, aus aufgelösten Sammlungen. Ab 1934 war er ein guter Kunde des Berliner Kunsthändlers Ferdinand Möller. Er hatte eine Verlobte, die Annie Marnitz hieß. Wegen des Fehlens von Nachfahren wurde der Betrieb der Lebkuchenfabrik nach seinem Tod eingestellt. Marnitz erbte seinen Kunstbesitz. Im Jahr 1952 verkaufte sie mithilfe der Vermittlung des Düsseldorfer Galeristen Wilhelm Grosshennig dem Leopold-Hoesch-Museum das Gemälde *Ostsee*.

Wiegmann hatte es zu einem unbekannten Zeitpunkt zwischen 1933 und 1939 gekauft. Bei Möller erwarb er zahlreiche Gemälde, darunter Bilder von Franz Marc, Emil Nolde, August Macke und Kirchner. Möller war im »Dritten Reich« nicht irgendwer, er vertrat als Galerist das Werk von Schmidt-Rottluff und gehörte zu den vier Kunsthändlern Hitlers, die für die Verwertung der beschlagnahmten Werke der modernen Kunst zuständig waren (Karl Buchholz, Hildebrand Gurlitt, Bernhard A. Böhmer und Möller). Daher stellt sich die Frage, ob Wiegmann das Gemälde *Ostsee/Schiffe am Strand* ebenfalls von Möller hatte. Das fragmentarische alte Etikett auf der Bildrückseite, das der Galerie Möller zugeordnet werden kann, macht diese These wahrscheinlich.

Die Rückgabe und der Rückkauf

Für das Gemälde gab es bis zur Erforschung seiner Provenienz kein Restitutionsgesuch der Nachfahren und Erben nach Hugo und Toni Benario. Die hatten schon vor Jahren nach vergeblichen Versuchen die Bemühungen eingestellt, die verlorene Kunstsammlung wiederzufinden. Das Leopold-Hoesch-Museum untersuchte die Verlustumstände von *Ostsee* proaktiv. Und die Erkenntnisse führten dazu, dass sich das Museum und die Stadt Düren entschieden, das Bild an die Familie Benario zurückzugeben, weil nicht nur festgestellt werden konnte, dass das Gemälde Eigentum des jüdischen Berliner Kaufmanns und Sammlers Hugo Benario und seiner jüdischen Frau Toni Benario gewesen war, sondern auch nachgewiesen wurde, dass beide zur Gruppe der rassisch Verfolgten des NS-Regimes gehörten. Viele Indizien weisen darauf hin, dass mit der Machtübernahme der Nationalsozialisten sich die gesellschaftliche und wirtschaftliche Situation des Ehepaars Benario durch die Verfolgung dramatisch verschlechterte und diese am

Ende gezwungen waren, ihre Kunstsammlung zu verkaufen. Eine dieser Verfolgungsmaßnahmen war der Prozess gegen Hugo Benario, der seinen frühen Tod nach sich zog. Danach verschlimmerte sich die Situation der Witwe Toni Benario weiter, da das Regime ganz allgemein seine Verfolgungsmaßnahmen gegen die Juden in Deutschland verschärfte und die Ausplünderung jüdischer Vermögen immer skrupelloser betrieb. Das Gemälde *Ostsee* muss in der Zeit von Februar 1933 bis Juni 1939 den Eigentümer gewechselt haben, sehr wahrscheinlich wurde es entweder von Hugo Benario noch bis 1936 verkauft oder dann von Toni Benario in der verbleibenden Zeit von Januar 1937 bis zu ihrer Ausreise aus Deutschland im Juni 1939. Die Verhältnisse in dieser Zeit ermöglichten den Benarios keinen normalen Verkauf des Bildes mehr. Darüber hinaus wurde 1952 die Herkunft des Bildes von der Verkäuferin Annie Marnitz und dem ihr zur Seite stehenden Düsseldorfer Kunsthändler Grosshenning, der selbst im NS-Kunstraub verwickelt gewesen war, verschleiert. Auch das Leopold-Hoesch-Museum konnte keinen Nachweis erbringen, dass das Bild seinem Eigentümer Hugo Benario nicht verfolgungsbedingt entzogen wurde und auf einem rechtmäßigen Wege Eigentum des Sammlers Paul Wiegmann geworden war. So wurde im Jahr 2018 das Bild an die Erben nach Toni Benario restituiert und anschließend vom Leopold-Hoesch-Museum & Papiermuseum Düren mithilfe der Kulturstiftung der Länder und weiteren Unterstützern erworben.

EINE »VERSCHWUNDENE« MILLIONENSAMMLUNG

Die Sammlung Moritz Horkheimer

Eines der ungelösten Rätsel der Provenienzforschung in Stuttgart ist der Verbleib der Kunstsammlung Horkheimer. Sie gehörte dem jüdischen Fabrikanten, Mäzen und Kunstsammler Moses genannt Moritz Horkheimer (1858–1945) und seiner Frau Babette, geb. Lauchheimer (1869–1946). Die »viele Millionen repräsentierende Sammlung«, so der Sohn Max (1895–1973), war nach dem »Dritten Reich« wie vom Erdboden verschwunden. Max Horkheimer, das einzige Kind und der Erbe, kapitulierte Mitte der 1960er Jahre nach erfolgloser Suche. Der berühmte Sozialphilosoph hatte noch im US-amerikanischen Exil 1947 einen Antrag auf Wiedergutmachung für sich und seine Eltern gestellt, doch nach seiner Rückkehr nach Deutschland 1949 fehlte ihm als Professor der Universität in Frankfurt am Main die Zeit, nach den Kunstwerken zu suchen. Es schob es auf bis zu seiner Emeritierung 1962. Dann versuchte er, Licht ins Dunkel des verschwundenen Kunstschatzes zu bringen. Das Ergebnis fiel allerdings deprimierend aus. Bis auf ein Gemälde, das bereits 1948 gefunden worden war, ließ sich kein weiteres Kunstwerk mehr ermitteln. Und das einzige Fundstück hatte die neue Eigentümerin nicht hergeben wollen, weil sie es seriös und zu einem angemessenen Preis im Stuttgarter Kunsthandel erworben habe. Am Ende stellte Max Horkheimer die Suche ergebnislos ein. Der Fall Moritz Horkheimer ist typisch für die im »Dritten Reich« verschwundenen Kunstsammlungen jüdischer Sammler in Stuttgart.

Im Jahr 2018 wurde im Kunstmuseum Stuttgart ein Bild entdeckt, das zur Sammlung Horkheimer gehört hatte. Unter unge-

2013 mit falschem Bildtitel versteigert: Der Titel des Gemäldes *Zwei Rassen* von Christian Adam Landenberger wurde zu *Haremsszene*.

klärten Umständen war es 1933 von Horkheimer an das NS-Kunstreferat der Stadt verkauft worden. Das Gemälde soll eines von mehreren »wertvollen« Kunstwerken gewesen sein, die die Stadt von Horkheimer kaufte. Doch trotz intensiver Suche wurde bis heute nur das eine Bild gefunden. Es handelt sich um das Gemälde *Schwäbisches Dorf* (1927) von Theodor Werner.

Der Ankauf von Werners Gemälde belegt, dass die Stadtverwaltung gleich zu Beginn des »Dritten Reichs« über die Sammlung Horkheimer Bescheid wusste. Vielleicht trug die Sammlung sogar mit zur Rettung der Horkheimers bei und garantierte ihre Ausreise in die Schweiz im Juli 1939. Diesen Eindruck vermittelte 1981 zumindest eine Stuttgarter Zeitung in ihrer Ratekolumne »Gewusst wo in Stuttgart«, die Moritz Horkheimers Biografie zum Gegenstand hatte und in der behauptet wurde, er habe ein solches Ansehen genossen, dass »er vom Nationalsozialismus unbehelligt bis 1939 in dieser Stadt leben und dann in die Schweiz auswandern konnte«. Diese Einschätzung hält den historischen Tatsachen nicht stand, aber vielleicht birgt sie dennoch ein Quäntchen Wahrheit. Denn Moritz Horkheimer war eine Persönlichkeit, Zuffenhausen hatte ihn zum Ehrenbürger ernannt. 1931 wurde Zuffenhausen von Stuttgart eingemeindet, womit Horkheimer auch ein Ehrenbürger Stuttgarts wurde.

Vater und Sohn und die Kunstsammlung

Bis heute ist über die jüdischen Kunstsammlungen in Stuttgart wenig bekannt. Etwas mehr wissen wir über den Sammler Moritz Horkheimer. Er wurde am 15. August 1858 in Untergimpern in Baden geboren. Seine Frau Babette Lauchheimer kam am 16. Mai 1869 zur Welt, sie war zehn Jahre jünger und starb ein Jahr nach ihm 1946 in Bern. Moritz Horkheimer hatte seine Geschäftstätigkeit als Lumpensammler begonnen und sich dann zum erfolgreichen Unternehmer und mehrfachen Millionär hochgearbeitet.

Die Lumpenhandlung eröffnete er 1885 in Stuttgart. Kurz darauf betrieb er auch den Handel mit Spitzen- und Damenkleiderstoffresten. 1898 wurde die Lumpenhandlung mit Woll- und Baumwollabfällen eingestellt. Horkheimer gründete in Zuffenhausen ein Kunstbaumwollwerk, in dem Lumpen zu Kunstbaumwolle weiterverarbeitet wurden. 1921 wurde sein Unternehmen in die Aktiengesellschaft Kunstbaumwollwerke Zuffenhausen AG umgewandelt. Im Verlauf der 1920er Jahren zog er sich aus dem Unternehmen zurück. Wegen seines stifterischen und mäzenatischen Engagements wurden ihm Orden und der Titel des Kommerzienrates verliehen.

Die Familie Horkheimer wohnte ab 1912 in einer repräsentativen Villa im Stuttgarter Zentrum. Moritz Horkheimer hatte das dreigeschossige Haus in der Azenbergstraße 35 errichten lassen. Hier umgab er sich mit seiner Kunstsammlung, die vor allem Werke der »schwäbischen« Impressionisten Christian Landenberger, Robert von Haug, Hermann Pleuer, Otto Reiniger und Christian Speyer enthielt, mit denen der Sammler zum Teil persönlich bekannt war.

Im Speisezimmer hing ein großformatiges Reitergemälde von Speyer. Das Schlafzimmer zierten eine 1901 entstandene Pastellzeichnung von Pablo Picasso, zu deren Ankauf Max Horkheimer seinen Vater bewegt hatte, und ein Gemälde von Franz von Stuck, das den Frühling darstellte. Im Musikzimmer hingen unter anderen ein betendes Mädchen auf einer Kirchenempore von Landenberger und eine Landschaft des Tachensees von Reiniger. Im Herrenzimmer gab es eine Frühlingsallegorie von Landenberger und die Darstellung eines Fischermädchens von Josef Kerschensteiner.

Das Zimmer des Sohnes schmückten moderne Arbeiten, ein gerahmtes Plakat von Oskar Kokoschka, das für die Berliner Galerie »Der Sturm« entstanden war, ein Bild von Marc Chagall, Arbeiten expressionistischer Künstler. Max Horkheimer erwarb vor und nach dem Ersten Weltkrieg Werke von Paul Klee und Franz Marc. 1936 schickten die Eltern Max Horkheimer einige Kunstwerke ins US-amerikanische Exil, Werke von Carl Spitzweg, Alfred Kubin und Paula Modersohn-Becker.

Die Künstler, die Moritz Horkheimer am meisten schätzte – Carlos Grethe, Haug, Landenberger, Speyer –, waren Maler, die als Professoren an der Kunstakademie der Bildenden Künste in Stuttgart lehrten und zu den angesehensten Künstlern der württembergischen Landeshauptstadt gehörten. Der Bürger, Kunstförderer und Wohltäter Horkheimer war wie viele Deutsche überzeugter Patriot und die heimischen, d. h. die schwäbischen, Künstler lagen ihm besonders am Herzen. Mit dem französischen Impressionismus konnte er weniger anfangen. Er fand in seine Sammlung keinen Eingang. Dennoch gab es darin einige moderne Kunstwerke, weil sich Moritz Horkheimer am Rande für den beginnenden Expressionismus interessierte. Sein Sohn war daran nicht ganz unschuldig, denn wie viele seiner Altersgenossen begeisterte er sich für die Avantgarde und kaufte in kleinem Umfang selbst Kunstwerke. Später schrieb er darüber: »Dass eine moderne Abteilung hinzugefügt wurde, hing nicht zuletzt damit zusammen, dass ich als einziges Kind seit etwa 1910 mich leidenschaftlich für bildende Kunst und Literatur interessierte und meine Eltern meine Neigung gerne unterstützten. So wurde auch die schöne blasse Pastellzeichnung aus der frühen Periode von Picasso gekauft.«

Gut möglich, dass Theodor Werners Gemälde *Schwäbisches Dorf* wegen der Vorlieben des Sohnes erworben wurde. Denn auch Werner hatte eine starke Verbindung zu den Vertretern der modernen Kunst in Paris.

Moritz Horkheimer und seiner Frau Babette fiel die Entscheidung sehr schwer, nach dem Aufstieg der Nationalsozialisten das Land zu verlassen. Trotz mehrfacher Aufforderung entschieden sie sich dagegen, ihrem Sohn in die USA zu folgen. Erst nach dem Novemberpogrom 1938 rangen sie sich dazu durch, in die Schweiz zu emigrieren. Ihnen musste inzwischen klar geworden sein, dass sie in großer Gefahr waren. Am 3. Juli 1939, keine neun Monate nach der »Reichskristallnacht«, wanderte das Ehepaar Horkheimer in die Schweiz aus und ließ die Dinge, die ihnen noch geblieben waren, zurück. Max Horkheimer nahm nach dem Krieg an, dass die Kunstsammlung zwar »verloren« gegangen, aber keineswegs vollständig zerstört worden war.

Die Verfolgung und der Verlust der Sammlung

Die erste einschneidende Etappe in der Verfolgung von Moritz und Babette Horkheimer war der Zwangsverkauf ihrer Villa 1935. Sie mussten ihr Haus unter Wert an die Ehefrau eines Stuttgarter Fabrikanten verkaufen. 1938 wurde die Villa dann mit hohem Gewinn an den württembergischen Fiskus, das Finanzministerium – Bauabteilung und Staatsrentamt – verkauft. Die Horkheimers zogen in eine vornehm ausgestattete Sechs-Zimmer-Wohnung in der Reinsburgstraße 30. Wegen der räumlichen Verkleinerung trennten sie sich von 40 bis 50 Bildern. Nur die meistgeschätzten Werke nahmen sie mit. Angesichts der Vielzahl der Bilder dürften sie aber keine angemessenen Preise erzielt haben. Höchstwahrscheinlich bot Moritz Horkheimer sie den wichtigsten Kunsthändlern der Stadt an. Das waren das Kunsthaus Schaller und die Kunsthändler Hartmann und Greiner.

1939 folgten als sogenannte Sühnemaßnahmen weitere Zwangsabgaben, die auf den Finanztod der jüdischen Bevölkerung abzielten. Moritz Horkheimer brachte 7,4 Kilo Silber und Schmuck – darunter ein wertvolles Brillant-Ohrenschrauben-Gehänge – ins Städtische Pfandhaus, für das ihm nur der Materialwert überwiesen wurde. Doch in den Genuss des Geldes kam er nicht, weil es wegen einer Sicherheitsanordnung vom 15. September 1938 mit seinem gesamten Vermögen auf einem Sperrkonto lag, auf das er keinen Zugriff hatte.

Des Weiteren mussten bezahlt werden: eine Reichsfluchtsteuer in Höhe von 10 700 Reichsmark, beglichen aus dem Verkaufserlös wertvoller Möbel, Porzellane und eines Gemäldes; 18 000 Reichsmark Judenvermögensabgabe, 2750 Reichsmark Auswandererabgabe usw. Die Erfüllung der Zwangsabgaben war aber nicht der einzige Grund, warum weitere Stücke der verbliebenen Kunstsammlung ab April 1939 verkauft wurden. Dabei hatte Moritz Horkheimer keine freie Hand. Die Reichskammer der bildenden Künste prüfte seine Sammlung auf nationales Kulturgut, das Deutschland nicht verlassen durfte. Damit war der Weg versperrt, Kunstwerke im Ausland zu verkaufen. Die lokalen Händler konnten somit die Preise diktieren. An einem Beispiel wird das drastisch deutlich: Horkheimer musste das Gemälde *Zwei Rassen I* von Landenberger dem Kunsthändler Greiner für 250 Reichsmark verkaufen, obwohl er den Wert auf 6500 Reichsmark geschätzt hatte. Greiner bot das

Bild dann in seinem Schaufenster für 2000 Reichsmark an und verkaufte es schließlich für 900 Reichsmark. Darüber kann man in der Wiedergutmachungsakte von Max Horkheimer lesen: »Professor Landenberger ist ein sehr bekannter Württembergischer Maler und der verstorbene Kommerzienrat Horkheimer besaß eine Gemäldesammlung, in der mehrere Landenberger vorhanden waren. Der Wert des Bildes ›Schwarz-Weiss‹ [*Zwei Rassen I*] wurde von ihm zur Zeit des Notverkaufes auf etwa M. 6.500.– geschätzt. Beweis: Herr Joseph Amend hat zur damaligen Zeit einen Teil der Geschäfte abgewickelt, die im Zusammenhange mit der Auswanderung erforderlich waren. Ein weiterer Beweis für den besonderen Wert des Bildes ist darin gegeben, da die Firma Otto Greiner, Kunsthandlung in Stuttgart, das Bild im Jahre 1939 für M 2.000.- ausgestellt hatte.« Greiner erzielte allein bei diesem einen Bild einen Gewinn von 360 Prozent.

Angesichts ihrer Notlage war Moritz Horkheimer erpressbar. Er musste nehmen, was kam. Spielräume hatte er nicht. Alle Kunstwerke, die im verbleibenden Zeitraum von Januar bis zur Ausreise in die Schweiz verkauft werden mussten, wurden höchstwahrscheinlich weit unter Wert veräußert.

Darüber hinaus ging ein Teil der Bilder an Richard Bronnold, den Geschäftsführer der Reichskammer der bildenden Künste in Württemberg. Dieser vermeldete am 1. Juni 1939 dem Oberfinanzpräsidenten über die Sammlung Horkheimer: »Bei Nachprüfung der Kunstgegenstände habe ich verschiedene Gemälde festgestellt, die für Württemberg speziell von kulturhistorischem Interesse sind. Herr Horkheimer hat die Gemälde, die für eine Mitnahme ins Ausland nicht in Betracht kamen, inzwischen an verschiedene Stuttgarter Händler verkauft. Gegen [die] Mitnahme [der] noch im Besitz von Herrn Horkheimer befindlichen Kunstgegenstände habe ich keine Bedenken.«

Bronnold kaufte ebenfalls bei Horkheimer Gemälde und Teppiche. Er war selbst Kunst- und Antiquitätenhändler, betrieb seit 1919 zusammen mit seinem Bruder eine Kunsthandlung für Gemälde und antike Teppiche. Durch seine Funktion als Kunstsachverständiger der Reichskulturkammer in Stuttgart war es ihm möglich, günstige Kaufgelegenheiten frühzeitig zu erkennen.

Die letzte Etappe der »Enteignung« der Horkheimers von ihrem Eigentum war ihre Auswanderung und der damit verbundene Umzug. Das Ehepaar überquerte mit fast nichts die schweizerische Grenze. An Wertsachen führte Moritz Horkheimer nur seinen Ausweis und die Ehrenbürgerurkunde mit sich. Ein kleiner Teil der Wohnungseinrichtung wurde nach Bern gebracht, ein Teil war zuvor verschleudert worden und ein weiterer Teil von der Stuttgarter Spedition Weber eingelagert. 1942 beschlagnahmte die Stuttgarter Gestapo das Depot, zwei Jahre später wurde es bei einem Luftangriff zerstört. In den Wiedergutmachungsakten heißt es dazu: »Es kann für festgestellt erachtet werden, daß das von der Firma Weber eingelagerte Mobiliar nach Verschärfung der Judenverfolgung nicht mehr in die Schweiz transportiert werden durfte und die Firma Weber es nicht wagen konnte, das jüdische Gut aus dem gefährdeten Stadtgebiet zu verlagern.«

Doch was geschah mit den restlichen Bildern?

An ihre vollständige Vernichtung wollte Max Horkheimer nicht glauben, denn es gab Aussagen von Freunden der Eltern, denen zufolge sie noch existieren. Dazu Horkheimer: »Zu Beginn der fünfziger Jahre waren einige Menschen aus Stuttgart bei mir und haben mich darauf hingewiesen, dass die Bilder noch vorhanden seien.«

Weil Max Horkheimer nicht lockerließ, beauftragte das Stuttgarter Wiedergutmachungsamt die Kriminalpolizei mit der Überprüfung der Angelegenheit. Ein Kriminaloberkommissar stellte Nachforschungen an, förderte jedoch nur wenig Erhellendes zutage: »Bei den bei Spediteur Albert Weber, 63 Jahre alt, wohnh. Stuttgart-W[est], Seidenstr. 51, nach den in Verlust geratenen Bildern des Moritz Horkheimer durchgeführten Ermittlungen wurde bekannt, daß dieselben in der Wohnung verblieben und später von Parteiangehörigen abgeholt worden seien. Weber konnte sich an die einzelnen Bilder entsinnen, als er beauftragt war, Möbel und sonstigen Hausrat in der Wohnung des Horkheimer abzuholen. Wer die Bilder abgeholt hat und wohin sie gekommen sind, konnte Weber nicht sagen. Weitere Ermittlungen waren ergebnislos.« Der Bericht verkomplizierte die Sachlage, nun kamen Parteigenossen ins Spiel, die angeblich die Bilder aus der Wohnung der Horkheimers geholt und an einen unbekannten Ort verbracht hatten.

Letztendlich ist festzustellen, dass es mehrere Stationen des Eigentumsverlustes gab, durch die die Horkheimers sukzessive ihres Besitzes und Vermögens beraubt wurden. Darunter fiel auch die Kunstsammlung. Sie ging nicht einfach »verloren«, das Ehepaar Horkheimer war vielmehr gezwungen, sich von den Bildern zu trennen, um ausreisen zu können. Überdies stahlen vielleicht Parteigenossen der NSDAP Bilder aus der verwaisten Wohnung.

Im Verfolgungsprozess werden die verschiedenen Akteure sichtbar, die von dem Kunstraub profitierten: Kunsthändler und Kunstsachverständige, die Reichskammer der bildenden Künste, die Gestapo, die Partei, das Oberfinanzamt. Die Stadt warf vielleicht selbst ein Auge auf die Sammlung. Nicht nur stand sie mit den Kunsthändlern im regen Austausch, die Sammlung war ihr auch gut bekannt, wie Max Horkheimer schrieb: »Dass sie [seine Eltern, KA] ein höchst ansehnliches Vermögen, vor allem eine grosse Kunstsammlung, besessen hatten, hat einmal jeder alte Stuttgarter gewusst.« Es gab also zahlreiche Akteure, die sich hatten bereichern können. Ganz oben standen die Kunsthändler.

Identifizierte Kunstwerke, die nach 1945 in den Kunsthandel gelangten

Neben dem Bild von Werner konnten zwei weitere Gemälde aus der Sammlung Horkheimer in jüngster Zeit wiedergefunden werden. Es sind die Gemälde *Frühling* und *Zwei Rassen I* von Landenberger.

Frühling wurde 1990 dem damaligen Direktor der Galerie der Stadt Stuttgart, Karl-Johann Schmidt, von einem Holzkaufmann aus Burtenbach angeboten. Dieser fügte ein Foto bei, auf dem sich eindeutig das Gemälde aus der Sammlung Horkheimer identifizieren lässt. Die Galerie der Stadt Stuttgart hatte aber kein Interesse an dem Bild. Auch war ihr damals die Provenienz Moritz Horkheimer nicht bekannt. 2011 tauchte *Frühling* erneut im Kunsthandel auf, das Gemälde wurde im Auktionshaus Nagel in Stuttgart unter dem Titel *Mädchen mit Blumenstrauß als Allegorie des Frühlings* verkauft.

Nach dem Zweiten Weltkrieg fand Max Horkheimer das Gemälde *Zwei Rassen I* (damals *Schwarz-Weiß*) wieder. Die damalige Eigentümerin lehnte eine Rückgabe ab. In dieser Rückerstattungscausa wird das Bild zweimal beschrieben: 1. »nackter Neger mit nacktem weissen Mädchen«; 2. »Es handelt sich um eine auf einer Liege ruhende weiße Frau, auf deren Ruhestätte ein Neger sitzt«.

Weil in Landenbergers Werkverzeichnis nur zwei schwarze Männerakte Landenbergers Œuvre aufgeführt sind und die erste Fassung von *Zwei Rassen* als verschollen galt, kann es sich bei *Schwarz-Weiß* nur um *Zwei Rassen I* handeln, das von Moritz Horkheimer zu einem unbekannten Zeitpunkt erworben wurde. Wahrscheinlich ließ die damalige Eigentümerin oder ihre Erben das Bild 1961 im Stuttgarter Auktionshaus Hermann Combé versteigern. Welchen Titel es da hatte, ist unbekannt. Erworben wurde es von dem Arzt Gustav Rau, der seine Kunstsammlung dem Kinderhilfswerk der Vereinten Nationen (UNICEF) vermachte. Dieses führte das Bild unter *Mann und Frau in einem Interieur* und dem englischen Titel *A Harem Scene*. UNICEF ließ das Bild 2013 im Auktionshaus Lempertz in Köln versteigern, wo es als *Haremsszene* an einen Privatsammler ging.

Als *Zwei Rassen I* bei Lempertz verkauft wurde, ging man von einer unbedenklichen Herkunft aus. An die Sammlung Moritz Horkheimer dachte niemand. Was Max Horkheimer 1966 resignierend gegenüber dem Amtsgericht Stuttgart feststellte, hatte zu diesem Zeitpunkt nichts von seiner Gültigkeit verloren: »Ich bin durch den Nationalsozialismus des Erbes meines Vaters beraubt und so muss es wohl bleiben.«

DIE »WENDE« – RAUBKUNST MEETS KULTURMANAGEMENT

Die Labung von Hans von Marées

Auf manche Raubkunstfälle stößt die Provenienzforschung zufällig, so zum Beispiel im Museum Wiesbaden, als es von 2009 bis 2014 systematisch die Herkunft von Gemälden untersuchte, die im »Dritten Reich« erworben wurden. Bei der Durchsicht eines alten Katalogs des Berliner Auktionshauses Paul Graupe stach der Provenienzforscherin Miriam Olivia Merz das Gemälde *Die Labung* (1880) von Hans von Marées (1837–1887) ins Auge, eines der Hauptwerke des Museums in seiner Gemäldesammlung des 19. Jahrhunderts. Es hatte einmal dem jüdischen Industriellen Max Silberberg (1878–nach 1942) aus Breslau gehört, der deutsche und französische Kunst des 19. und 20. Jahrhunderts sammelte. Das Gemälde *Die Labung* war eigentlich nicht Untersuchungsgegenstand des Wiesbadener Projektes, weil es erst 1980 als Schenkung eines Wiesbadener Ehepaars ins Museum gelangt war. Aber weil es bei diesem Bild sehr konkrete Hinweise auf einen NS-verfolgungsbedingten Entzug gab, wurde die Herkunft auch dieses Gemäldes untersucht. Dass dann gerade dieser Raubkunstfall großes öffentliches Interesse im In- und Ausland auf sich zog, lag weniger an den Eigentumsverhältnissen als an der Werbekampagne, mit der das Museum auf seinen Fund aufmerksam machte und um Spenden bat, damit das von ihm an die Erben restituierte Bild zurückgekauft werden konnte. Diese Aktion trug den Titel »Wiesbaden schafft die Wende!« und wurde selbst von der Presse in Israel und den USA besprochen.

Das Museum Wiesbaden nutzte Techniken des Kulturmanagements. An sich war daran nichts Ungewöhnliches, deutsche Mu-

Das Gemälde *Die Labung* von Hans von Marées wurde zum Anlass eines ungewöhnlichen Spendenaufrufs.

seen hatten schon früher, besonders seit den 2000er Jahren, als die Welle der Public Private Partnerships übers Land rollte, in den Werkzeugkasten des Managements von Kultur- und Non-Profit-Organisationen gegriffen. Neu war, dass die Marketingtechniken für den sensiblen Bereich der Provenienzforschung und Restitution genutzt wurden. Man kann es rückblickend ein Experiment nennen, dessen Ausgang ungewiss war. Am Ende waren alle zufrieden und feierten die Aktion als »großen Erfolg«. Doch bei einer genauen Analyse fällt das Ergebnis zwiespältig aus, zumindest ist es ambivalent, denn trotz des überwältigenden Medienechos wurde das Spendenziel um Längen verfehlt, was in der Begeisterung aber völlig unterging. Zudem waren letztlich vier statt der anfangs vorgesehenen drei Institutionen notwendig, um den Rückkauf zu finanzieren. War also dieses Zusammengehen von Provenienzforschung und Kulturmanagement überzeugend? Wer profitierte? Das

Museum? Die Provenienzforschung? Die Werbeagentur? Oder der Museumsdirektor als Spiritus Rector der Aktion im Zusammenspiel mit der Politik? Provenienzforschung meets Kulturmanagement – eine Win-win-Situation?

Das Forschungsprojekt

Beinahe fünfeinhalb Jahre erforschte das Museum Wiesbaden die Herkunft eines Teils der Gemälde, die Hermann Voss, der damalige Direktor der Städtischen Kunstsammlung am Nassauischen Landesmuseum in Wiesbaden (nach dem Krieg nur noch Museum Wiesbaden), zwischen 1935 und 1945 erworben hatte. Von 211 Bildern konnten 140 untersucht werden. Das Forschungsprojekt war notwendig geworden, weil Voss im »Dritten Reich« als Sonderbeauftragter des geplanten Führermuseums in Linz und in der nationalsozialistischen Kunst- und Kulturpolitik ab März 1943 eine zentrale Rolle gespielt hatte. Mit seiner Ernennung zum Sonderbeauftragten war er zugleich Direktor der Staatlichen Gemäldegalerie Dresden.

Der Aufbau der Wiesbadener Gemäldesammlung fiel in Voss' Direktorat (1935–1945). Weil er kein Interesse an moderner Kunst hatte, verkaufte er viele Werke der sogenannten Entarteten Kunst aus seinem Museum. Mit Schwerpunkt auf der Kunst des 19. Jahrhunderts brachte er sein Haus auf Linie mit der NS-Kunstdoktrin und empfahl sich zugleich den Nationalsozialisten als regimekonformer Kunsthistoriker. Was Wunder, dass er als Sachverständiger den Wert beschlagnahmter jüdischer Kunstsammlungen schätzte und seinem Museum wichtige Werke zu günstigen Konditionen über das Vorkaufsrecht sicherte.

Voss kam als Sonderbeauftragter für Linz bei Kunstankäufen eine außerordentliche Bedeutung zu, er verfügte über große Geldmengen, mit denen er Kunstwerke in Deutschland und in dem von der Wehrmacht besetzten Ausland kaufte. Seine Verbindungen zu Kunsthändlern, Kunsthistorikern, Sammlern im In- und Ausland und zu Auktionshäusern wie zum Beispiel das Dorotheum in Wien waren exzellent. Sein bester Einkäufer auf dem französischen Kunstmarkt war der Kunsthistoriker, ehemalige Museumsdirektor, Kunsthändler und Galerist Hildebrand Gurlitt. Durch seine herausgehobene Rolle und seine engen Verbindungen zum NS-Machtapparat wurde er zu einer der wichtigsten Figuren im System des nationalsozialistischen Kunstraubs.

Natürlich war man nicht erst 2009 zu diesen Erkenntnissen gelangt, also vor der Entscheidung des Museums Wiesbaden, die Vergangenheit seiner Sammlung zu untersuchen. Tatsächlich war einiges über Voss' Kollaboration mit dem NS-Regime auch schon vorher bekannt gewesen. Aber bis 2009 war das Interesse daran verhalten, man hatte auch nicht die finanziellen und personellen Ressourcen, dieses Kapitel der eigenen Museumsgeschichte genauer unter die Lupe zu nehmen.

Der Impuls hierfür kam 2009 vermutlich von der Gründung der Arbeitsstelle für Provenienzforschung in Berlin. Diese neu ins Leben gerufene Institution war am Institut für Museumsforschung der Staatlichen Museen zu Berlin, Stiftung Preußischer Kulturbesitz, angesiedelt und sollte die sich nur langsam in den Museen durchsetzende Provenienzforschung vorantreiben, indem sie die öffentlichen Museen bei der Suche nach Raubkunst finanziell unterstützte. Die Mittel dafür kamen vom Beauftragten der Bundesregierung für Kultur und Medien. Erst nach dieser Gründung und mit der Bereitstellung von Geldern für die Provenienzforschungsprojekte begannen Museen wie das in Wiesbaden mit der systematischen Erforschung der Herkunft ihrer Sammlungen. In Wiesbaden sollte nun herausgefunden werden, wo Voss die Kunstwerke erworben hatte und wie sich ihre vormaligen Eigentümer von ihnen getrennt hatten oder zwangsweise von ihnen getrennt wurden.

Voss war nie Mitglied der NSDAP gewesen. Das wirkte sich für ihn in der Nachkriegszeit positiv aus, denn zu Beginn der Entnazifizierung der Deutschen durch die Amerikaner erschien er unverdächtig zu sein. Und selbst als mehr über seine Tätigkeit als Sonderbeauftragter bekannt wurde und die US-Behörden eine Untersuchung einleiteten, gelang es ihm mit Glück, glimpflich davonzukommen und ab 1949 fast nahtlos an seine Karriere anzuknüpfen.

Das Museum Wiesbaden hatte nach dem Krieg noch in anderer Weise mit dem NS-Kunstraub zu tun. Es war eine von mehreren Sammelstellen für NS-verfolgungsbedingte Kunst- und Kulturgüter in Deutschland. Wegen dieser komplexen Vergangenheit sah sich das Museum Wiesbaden verpflichtet, im fortgeschrittenen neuen Jahrtausend endlich seine eigene Sammlungsgeschichte aufzuarbeiten und Verantwortung für die Handlungen von Hermann Voss zu übernehmen, der es verstanden hatte, die Herkunft seiner Erwerbungen entweder zu verschleiern oder ganz im Dunkeln zu belassen. Es erstaunt nicht, dass das Museum Wiesbaden trotz der intensiven Forschung die Herkunft eines großen Teils der Erwerbungen im »Dritten Reich« nicht aufzuklären vermochte. Von den 140 Gemälden wurde bei 20 ein NS-verfolgungsbedingter Entzug nicht ausgeschlossen. Bei vier Gemälden konnte er belegt werden, sie wurden restituiert. Das alles erschien wenig spektakulär. Anders verhielt es sich mit dem eher zufälligen Raubkunstfund *Die Labung* von Hans von Marées. Der inspirierte den Direktor des Museums dazu, eine Kampagne zu starten, über die die Presse titelte: »Wiesbaden sammelt für Nazi-Raubkunst«.

Die Labung und die Sammlung Max Silberberg

Der Industrielle Max Silberberg führte erfolgreich ein Unternehmen in Breslau, das für die Stahlindustrie Magnesiterzeugnisse produzierte. Er war Mäzen und bedeutender Kunstsammler, saß im Kuratorium des Schlesischen Museums der bildenden Künste und im Vorstand der Gesellschaft der Kunstfreunde, die sich für das Museum einsetzten. Durch seine systematische Enteignung verlor Silberberg alle seine Kunstwerke. Indem die Nationalsozialisten die Magnesit-Industrie »arisierten«, drängten sie Silberberg aus seinem Führungsposten und rissen sich seine Aktien unter den

Nagel. 1934 war Silberberg gezwungen, seine Kunstsammlung weit unter Wert auf mehreren »Juden-Auktionen« zu verkaufen. Notwendig wurde das auch, weil die SS sich seine Villa aneignete und er gezwungen war, in eine kleine Wohnung umzuziehen, in die er den größten Teil seiner Sammlung nicht mitnehmen konnte. In vier Auktionen kam seine Sammlung unter den Hammer, darunter das Berliner Auktionshaus Graupe, wo 50 Werke versteigert wurden. Eines davon war *Die Labung*.

Der jüdische Kunsthändler Paul Graupe (1881–1953) betrieb vor 1937 eines der wichtigsten internationalen Auktionshäuser in Deutschland. Infolge der Machtübernahme der Nationalsozialisten mussten viele Privatsammler ihren Besitz versteigern lassen, um das Geld für ihre Flucht aus Deutschland aufbringen zu können. Graupe war für die Notverkäufe eine der ersten Adressen, weshalb er viele Kunstwerke aus jüdischem Besitz im Angebot hatte.

Graupe war für die Nationalsozialisten ein »Volljude«, der in der Reichskulturkammer nichts zu suchen hatte, sie entzogen ihm daher 1935 die Mitgliedschaft. Eigentlich hätte er nun nicht weiter im Kunsthandel arbeiten dürfen. Aber Graupe war international bekannt und sein Geschäft brachte Devisen ins Land, die die Nationalsozialisten brauchten. So konnte er auch ohne Reichskammermitgliedschaft weitermachen. 1937 war dann aber Schluss. Graupe verkaufte im Geheimen sein Unternehmen und floh nach Paris. Zwei Jahre später emigrierte der Kunsthändler in die USA und war in New York noch bis 1947 erfolgreich tätig.

Max Silberberg und seine Frau Johanna entkamen nicht der Verfolgung, sie wurden 1942 erst ins Konzentrationslager Theresienstadt deportiert, dann weiter nach Auschwitz, wo sie schließlich ermordet wurden. Ihrem Sohn Alfred und seiner Ehefrau Gerta gelang die Flucht nach Großbritannien. Dort ist heute der Sitz des Gerta Silberberg Discretionary Trust, der 1989 gegründet wurde und nach der Erbin und Schwiegertochter Max Silberbergs benannt ist. Das Gründungsjahr war sicher kein Zufall. 1989, dem Jahr des Mauerfalls und der deutschen Wiedervereinigung, entschied die deutsche Regierung, dass Kunstwerke, die zwangsweise in »Juden-Auktionen« verkauft wurden, Raubkunst sind.

Die Labung und seine Bedeutung für die Sammlung des Museums Wiesbaden

Das Bild stellt in einer freien Interpretation die Begrüßung des schiffbrüchigen Odysseus durch die Königstochter Nausikaa in einer arkadischen Landschaft dar. Die Farben haben eine intensive Strahlkraft und die Bildoberfläche wirkt durch die eigentümliche Maltechnik des Künstlers fast plastisch, reliefartig. Marées schenkte das Bild einem Freund. Max Silberberg kaufte es 1925 auf einer Versteigerung, die von den bekannten Kunsthändlern Paul Cassirer und Hugo Helbing geleitet wurde. Im Auktionskatalog hatte das Werk die Nummer 104. Ein Etikett von der Auktion mit dieser Nummer befindet sich noch heute auf der Bildrückseite.

Marées' Werk steht für den künstlerischen Aufbruch in Deutschland. *Die Labung* gilt in der Sammlung des Museums Wiesbaden als »Scharnierbild«, es schlägt die Brücke von der traditionellen Malerei des 19. zur modernen Kunst des 20. Jahrhunderts. Sein Verlust hätte eine große Lücke gerissen. Deshalb wollte der Direktor des Museums, Alexander Klar, es unbedingt von den Erben zurückkaufen. Die waren dazu auch bereit und machten ein günstiges Angebot. Was noch fehlte, war ein Teil des Geldes, das den Ankauf des Gemäldes finanzieren sollte. Klar entschloss sich, einen ungewöhnlichen Weg einzuschlagen, um die fehlende Summe zusammenzubringen.

Die Kampagne

Er beauftragte die Wiesbadener Kreativagentur Q damit, eine Kampagne zu konzipieren. Die sollte den Restitutionsfall in der hessischen Landeshauptstadt und über die Grenzen des Bundeslandes hinaus bekannt machen und zu Spenden aufrufen. Die Idee der Agentur war so einfach wie überzeugend: Das Museum dreht in einer symbolischen Aktion das Gemälde *Die Labung* in seiner Dauerausstellung um und zeigt so lange die Rückseite, bis genügend Spenden eingesammelt sind, um das Bild zurückkaufen zu können. Ist das Ziel erreicht, wird das Gemälde wieder umgedreht – gewendet. Dann hätte Wiesbaden die Wende geschafft. Damit war der Slogan der Kampagne geboren: »Wiesbaden schafft die Wende!«

Innerhalb von sieben Wochen sollten Spenden in Höhe von 93 000 Euro eingesammelt werden. Das war ein Drittel des Kaufpreises, der bei rund 200 000 Euro lag, und der Kosten für die Kampagne. Die anderen beiden Drittel wollten die Kulturstiftung der Länder und der Verein »Freunde des Museums Wiesbaden« aufbringen. Allein hätte das Museum das Bild niemals bezahlen können.

Die Verantwortlichen der Kampagne hatten unterschiedlich gelagerte Ziele. Dem Direktor Alexander Klar schwebte eine beispielgebende Aktion vor. Dem hessischen Landeskulturminister Boris Rhein, der die Aktion unterstützte, war es wichtig, auf das von den Nationalsozialisten verübte Unrecht hinzuweisen, es sollte ein Beitrag gegen das Vergessen der NS-Verbrechen geleistet werden. Und Thilo von Debschitz, Geschäftsführer von »Q«, erklärte: »Wir wollen nicht nur ein Bild, sondern auch Unrecht wenden.« Es sollte der Blick darauf gelenkt werden, wie viel unrechtmäßig erworbene Kunst noch in deutschen Museen lagert. Es werde zum Abschluss der Aktion nicht nur ein Bild umgedreht, sondern auch NS-Unrecht in Recht gewendet, so von Debschitz. Ihm war der Appell an Gemeinsinn und Gerechtigkeitsempfinden ebenso wichtig.

Die Botschaft der Kampagne und den Spendenaufruf trugen Anzeigen, Flyer, Fassadenbanner, Fußbodenkleber, Wende-Kartenspiele, Beklebung von Litfaßsäulen und Stadtbussen, Postkarten, Taschen und andere Werbemedien in die Stadt und ins Land. Die lokale Presse berichtete kontinuierlich und sorgte dafür, dass die Aktion auch außerhalb der Landesgrenzen wahrgenommen wurde.

Trotz des Kraftaktes war das Ergebnis eher ernüchternd. Die erzielten Spenden in Höhe von 35 000 Euro machten nur ein Drittel der benötigten Summe aus. Zu der von Klar ausgegebenen Summe fehlten noch 58 000 Euro. Trotzdem feierte das Museum seine Aktion als Erfolg, weil es die »Wende« geschafft hatte. Das Gemälde konnte zurückgekauft und umgedreht werden dank der Hilfe der Hessischen Kulturstiftung, die als weiterer Geldgeber für den Fehlbetrag einsprang. Auch wenn nicht genügend Spenden eingenommen wurden, waren alle Beteiligten zufrieden – besonders mit dem nationalen und internationalen Medienecho.

War diese »Wende« also ein Erfolg? Das ist schwer zu beurteilen, weil sich der Wert solcher Kampagnen nicht allein am finanziellen Resultat des Fundraisings bemisst, sondern auch an der Außenwirkung und dem damit für die Sache und das Thema geschaffenen Bewusstsein. Aus der Presseberichterstattung konnte man den Eindruck gewinnen, es gehe primär ums Geld. Aus der wirtschaftlichen Perspektive war die Fundraising-Kampagne jedoch kein »großer Erfolg«. Aufwand und Ergebnis standen in keinem guten Verhältnis.

Dennoch erbrachte die Kampagne einen bemerkenswerten symbolischen »Mehrwert«. Museum und Land dokumentierten, wie ernst es ihnen mit der »Wiedergutmachung« des in der Vergangenheit begangenen Unrechts war. Auch die Politik goutierte die Anstrengungen, weil sie Deutschland nach außen in ein vorteilhaftes Licht setzten. Diesen Erfolg wollte – und konnte – man nicht dadurch gefährden, dass nun nicht auch noch der letzte Schritt gegangen wurde: den Rückkauf zu vollziehen, indem das noch fehlende Geld beigesteuert wurde.

Ob die »Wende«-Kampagne allerdings ein Vorbild ist, mag dahingestellt sein. Ebenso fraglich ist, ob dieses Marketinginstrument dazu geeignet ist, auf nachhaltige Art und Weise die Provenienzforschung im Allgemeinen und die Restitution von Kunstwerken im Besonderen ins Bewusstsein der bürgerlichen Öffentlichkeit zu rücken. Sicher kann es als Erfolg gewertet werden, dass in- und ausländische Medien über die Aktion berichteten, und vielleicht ist der erwirtschaftete Medienwert tatsächlich um ein Vielfaches höher als das investierte Geld, weil man eine solche Reichweite, wie sie die »Wende«-Kampagne erzielte, sonst nur mit einem hohen sechsstelligen Betrag erkaufen kann. Doch ob der symbolische Gehalt dieser Form der Kommunikation tatsächlich unbezahlbar ist, wie von Debschitz meint, bedarf wohl der weiteren Untersuchung. Immerhin wurde die Aktion der Kreativagentur Q für den Deutschen PR-Preis nominiert.

Spendenkampagnen stellen Museen vor Herausforderungen, denn sie haben nur in seltenen Fällen einen eigenen Fundraiser. Das musste auch das Ludwig-Hack-Museum in Ludwigshafen 2017 feststellen, als es für den Rückkauf seines Gemäldes *Urteil des Paris/Badende auf Fehmarn* von Ernst Ludwig Kirchner um Spenden warb. Das Bild hatte ehemals zur Kunstsammlung Hess gehört und war als Raubkunst identifiziert worden.

Museum und Erbin fanden zu einer gerechten und fairen Lösung. Das Bild sollte für einen zweistelligen Millionenbetrag, der unter dem Marktwert lag, zurückgekauft werden. Im Frühjahr 2016 startete die Spendenkampagne »Erna soll bleiben«. Am Ende reichte es auch hier nicht ganz und wieder war die öffentliche Hand gefordert. Obwohl bei dieser Kampagne die Latte höher lag und es um weitaus mehr Geld ging, erreichte sie nicht das Medienecho wie in Wiesbaden. Sicher trugen diese Kampagnen dazu bei, den Blick der Bevölkerung für das Thema Raubkunst zu schärfen. Doch hinsichtlich der Spendenbereitschaft nutzen sie sich auf Dauer auch ab. So betrachtet schafft Kulturmanagement hier allein keine Wende.

RAUBKUNST ALS SPEKULATIONSOBJEKT DES KUNSTHANDELS?

Ein Nachmittag im Tuileriengarten von Adolph Menzel

Besonders im ersten Jahrzehnt des neuen Jahrtausends, in dem sich die Provenienzforschung nur langsam durchsetzte und als Forschungsdisziplin sowohl in den Museen und als auch an den Universitäten gewisse Anlaufschwierigkeiten hatte, war nicht selten sogar in Fachkreisen die Kritik zu vernehmen, spezialisierte Rechtsanwaltskanzleien und Kunsthändler würden systematisch nach Raubkunst fahnden, um mit ihr gewinnbringend zu spekulieren. Sie standen im Verdacht, in erster Linie aus egoistischem wirtschaftlichem Interesse Raubkunst ausfindig zu machen und diese dann bei Erfolg im Auftrag der Erben zurückzufordern, um sie verkaufen zu können. Hier habe sich ein neuer lukrativer Markt des Kunsthandels auf Kosten der Museen aufgetan, so die Kritik. Hinzu kam, dass in dieser frühen Phase große Unsicherheit unter den Verantwortlichen in Museen, öffentlichen Verwaltungen und in der Politik herrschte. Angesichts des unter moralischen Aspekten hochsensiblen Themas wollte niemand Fehler machen und öffentliche Kritik auf sich ziehen. Es gab unklare, komplizierte Fälle, in denen sich die verschiedenen Akteure nicht auf eine Rückgabe einigen konnten. Schließlich war es dann in einigen Fällen die Politik, genauer die Landesregierungen, die aus juristischen Gründen und gegen den Willen der betroffenen Museumsleitungen die Rückgabe verfügten, was wiederum zu mehr Ärger und Verunsicherung führte, weil die Entscheidungen umstritten waren.

Fiel das Menzel-Gemälde der Spekulationssucht des Handels zum Opfer?

Ein solcher Fall ist die Rückgabe des Gemäldes *Ein Nachmittag in den Tuilerien* (1867) von Adolph Menzel im Jahr 2005. Die Dresdner Gemäldegalerie musste ihr zweitbedeutendstes Werk, das sie von dem Künstler besaß, und zugleich eines ihrer wichtigsten Gemälde aus der Sammlung des 19. Jahrhunderts restituieren. Und zwar gegen den Willen ihrer Direktion und im Widerspruch zur Einschätzung der Provenienzforschung der Staatlichen Kunstsammlungen Dresden. Wegen der Rückgabeentscheidung fühlte sich die Gemäldegalerie nicht richtig von der sächsischen Landesregierung vertreten und überdies von dem Kunsthändler betrogen, der federführend den An- und Verkauf des Gemäldes betrieben hatte. Das Recht wäre nach allen Kriterien auf ihrer Seite gewesen, stellte resigniert der Provenienzforscher Gilbert Lupfer von den Staatlichen Kunstsammlungen fest. Aber die Regierung habe sich aus politischen Gründen so entschieden. Noch kritischer fiel das Urteil des auf schwierige Restitutionsfälle spezialisierten Berliner Juristen Peter Raue aus. Für ihn war Menzels *Tuileriengarten* eindeutig zu einem Spekulationsobjekt des Kunsthandels geworden, er meldete Zweifel an, ob die Landesregierung ausreichend die Frage des jüdischen Notverkaufs geprüft habe.

Was war hier geschehen? Wie war es möglich, dass die Bewertungen über die Rechtmäßigkeit dieses Rückgabefalles derart weit auseinanderlagen? Und warum fühlten sich deutsche Museen in ihrer Einschätzung bestätigt, bei der Kunstrestitution gehe es nahezu ausschließlich um wirtschaftliche Interessen? Ihrer Meinung nach belegte das gerade der Dresdner Fall, denn erneut ließe sich an ihm studieren, wie Anwälte Raubkunst ausfindig machen, diese für die Erben einklagen und sie dann nach der Rückgabe auf dem internationalen Kunstmarkt mit großen Gewinnspannen verkaufen. Raubkunst als Spekulationsobjekt. Doch trifft das auf die Rückgabe von Menzels *Tuileriengarten* zu?

Der Fall

Wie so oft fangen die Schwierigkeiten schon damit an, korrekt wiederzugeben, wie sich der Verkauf des Gemäldes seinerzeit zugetragen hat. Unisono berichteten 2005 die Printmedien, aber auch die Fachliteratur, die Berliner Jüdin Estella Meyer habe als Eigentümerin des Menzel-Gemäldes dieses 1935 für 25 000 Reichsmark an die Dresdner Kunstsammlungen verkauft. 1942 sei sie von den Nationalsozialisten deportiert und umgebracht worden. Weiter hieß es, das Bild sei nicht zu einem angemessenen Preis angekauft worden und das Dresdner Museum könne nicht nachweisen, dass Estella Meyer das Bild aus freien Stücken veräußert habe. Deshalb habe die sächsische Landesregierung entschieden, das Gemälde an die Erben zurückzugeben.

Gräbt man etwas tiefer, stellt man fest, dass die Jewish Claims Conference (JCC) bereits 1999 vermögensrechtliche Rückübertragungsansprüche gestellt hatte. Es ermittelte daraufhin das Bundesamt zur Regelung offener Vermögensfragen in der Angelegenheit und ordnete 2005 die Rückübertragung an, weil die Dresdner Kunstsammlungen den Beweis schuldig blieben, dass Estella Meyer den »Menzel« freiwillig und zu einem damals marktüblichen Preis veräußert hatte. Offensichtlich folgte die sächsische Landesregierung, in diesem Fall die Kunstministerin Barbara Ludwig (SPD), dieser Entscheidung und ordnete die Rückgabe des Bildes an. Warum das Bundesamt für offene Vermögensfragen zu einem anderen Ergebnis gelangte als der Provenienzforscher der Staatlichen Kunstsammlungen, erfahren wir aus der Presse nicht. Die Ergebnisse müssen aber sehr konträr ausgefallen sein, da die Behauptung im Raum stand, die Regierung habe aus »politischen Gründen« gegen das Museum entschieden. Vielleicht interpretierte der Provenienzforscher folgende Erkenntnisse anders als das Bundesamt. Man hatte nämlich herausgefunden, dass es bereits vor 1933 Verkaufsabsichten der Familie von Estella Meyer gegeben haben soll. Diese reichten in das Jahr 1932 zurück. Der Berliner *Tagesspiegel* wusste zu berichten, dass es dem Schweizer Großsammler von Kunst des 19. Jahrhunderts, Oskar Reinhart, angeboten wurde, er aber kein Interesse an einer Erwerbung hatte. Auch sei der Verkauf an das New Yorker Metropolitan Museum im Frühjahr 1933 gescheitert, weil dieses nur 5000 Dollar zahlen wollte, weniger als die Hälfte der von der Familie gewünschten Verkaufssumme. 1934 zeigte Dresden Interesse an dem Bild und der mit den Verhandlungen betraute Kunsthändler Fritz Nathan konnte es 1935 schließlich an das Museum für 25 000 Reichsmark verkaufen. Für den Käufer war das kein geringer Preis, Museumsdirektor Hans Posse brachte nur mit Mühe die Summe zusammen. Zur Höhe des Preises stellt der *Tagesspiegel* fest: »(…) eine Summe, mit der Estella Meyers Sohn Reinhold angesichts des mit der Weltwirtschaft zusammengebrochenen Kunstmarktes zufrieden war.«

Weil die Familie sich schon vor dem Machtantritt der Nationalsozialisten um einen Verkauf des Bildes im In- und Ausland bemüht hatte, so vielleicht die Schlussfolgerungen der Dresdner Provenienzforscher, könne in diesem Fall nicht von einem jüdischen Zwangsverkauf im Jahr 1935 gesprochen werden. Das Bundesamt für offene Vermögensfragen und die Kunstministerin sahen das anders. Für sie war der Fall klar.

Die Erben nach Estella Meyer hätten das Bild wohl an die Staatlichen Kunstsammlungen verkauft, wenn man ihnen dafür ca. drei Millionen Euro gezahlt hätte. Da sich das Museum und das Land dazu aber außerstande sahen, wurde es an den amerikanischen Kunstsammler und Kunsthändler österreichisch-jüdischer Herkunft Alfred Bader für 2,8 Millionen Euro verkauft. Der 81-Jährige, selbst ein Opfer des NS-Regimes, dessen Familie im Holocaust ermordet wurde, versicherte den Dresdner Kunstsammlungen, ihnen bleibe das Bild als Leihgabe erhalten. Den Medien teilte er mit: »Es erfüllt mich mit Freude, dass gerade ich auf dem Hintergrund meines persönlichen Lebensweges als ehemals verfolgter Jude den Nachkommen meiner jüdischen Mitmenschen zu einer finanziellen Entschädigung verhelfen und zugleich doch auch dafür Sorge tragen kann, dass dieses bedeutende Gemälde von Adolph Menzel sowohl in Dresden wie auch in einem anderen Museum zu sehen ist.«

Nur kurze Zeit später verkaufte er das Bild der National Gallery in London, die schon seit Langem nach einem bedeutenden Werk Menzels gesucht hatte. Die legten dafür 4,7 Millionen Euro auf den Tisch und das Gemälde ging nach London. Bader machte einen satten Gewinn von 1,9 Millionen Euro. Nach dem Coup war keine Rede mehr davon, den *Tuileriengarten* dauerhaft als Leihgabe in der Dresdner Gemäldegalerie zu zeigen. Das war der Grund, warum sich das Dresdner Museum betrogen fühlte und die Rede von dem Kunstwerk als einem eindeutigen Spekulationsobjekt war.

Am Ende ging es bei der Auseinandersetzung um diese Rückgabe nur noch um den Kunsthändler und die Frage, ob hier Raubkunst der Spekulationssucht des Handels zum Opfer gefallen sei. Über die einstmalige Eigentümerfamilie und Estella Meyer erfuhr man dagegen seltsamerweise fast nichts. Lag das daran, dass man über sie zu diesem Zeitpunkt nicht viel wusste oder hielt man die vorhandenen Erkenntnisse für zu unbedeutend?

Das Kunstsammlerpaar Richard Moritz und Estella Meyer

2011 wurde für Estella Meyer in Berlin-Nikolassee ein Stolperstein verlegt. Zur Vorbereitung dieser Erinnerungsaktion war zu ihrer Biografie geforscht worden. Estella Meyer, geb. Goldschmidt war am 1. April 1870 als Tochter des Industriellen Ruben Max Goldschmidt und seiner Frau Delia, geb. Simmonds in Berlin zur Welt gekommen. Sie heiratete 1885 den Literaturwissenschaftler und Privatgelehrten Richard Moritz Meyer (1860–1914), den Sohn einer jüdischen Berliner Bankiersfamilie. Ab 1894 wohnte das junge Paar in einem Stadtpalais in Berlin, in dessen Erdgeschoss die Bank der Familie Meyer untergebracht war. Das Paar bekam drei Söhne: Fritz (1893), Konrad (1895) und Reinhold (1898). Die Meyers führten einen angesehenen literarischen Salon und unterhielten Kontakte zu zahlreichen bekannten Persönlichkeiten wie Stefan George, Thomas Mann, Gerhart Hauptmann, Stefan Zweig, Marie von Bunsen, Ricarda Huch, Else Lasker-Schüler u. v. m.

Doch schwere Schicksalsschläge überschatteten bald das Glück der Familie. Der Sohn Fritz kam 1911 bei einem Unfall ums Leben. Richard Moritz Meyer erlag 1914 im Alter von 54 Jahren einem Gehirnschlag. Dann wurde auch noch der Sohn Konrad als Soldat im Ersten Weltkrieg getötet. Für Estella Meyer war das zu viel, sie litt unter Depressionen und begab sich Mitte der 1920er Jahre in das Sanatorium »Waldhaus« in Nikolassee. Im Sommer 1936 zwang sie das Deutsche Reich, ihr Anwesen in der Voßstraße zu verkaufen. Man brauchte das Grundstück für den Bau der Neuen Reichskanzlei. Weit unter Wert musste die Familie Meyer ihr Haus verkaufen, auch konnte sie offenbar nur wenige Einrichtungsgegenstände mitnehmen.

Durch den Tod ihres Ehemanns war Estella Meyer die Alleinerbin eines geschätzten Vermögens von 3,9 Millionen Reichsmark geworden. Das beinhaltete das Haus, eine sehr wertvolle Bibliothek und die Kunstsammlung. Richard Max und Estella Meyer hatten nicht nur Kunstwerke aus dem Besitz ihrer Eltern geerbt, sondern selbst aktiv gesammelt und in Auftrag gegeben. Menzels *Ein Nachmittag im Tuileriengarten* war von Richards Vater erworben worden. Die Sammlung der Meyers umfasste Arbeiten der bekanntesten Künstler:innen ihrer Zeit: Werke von Max Klinger, Franz von Stuck, Franz von Lenbach, dem Berliner Malerehepaar Lepsius, Max Liebermann, Max Slevogt, Walter Leistikow und Ferdinand Hodler.

Estella Meyers schlechter Gesundheitszustand ab Mitte der 1920er Jahre und der Zwangsverkauf ihrer Villa wirft Fragen auf: 1. Mussten Werke aus der Kunstsammlung verkauft werden, weil die Familie sie nicht mehr in ihrem Haus lassen konnte? (Der Verkauf des »Menzel« fand unmittelbar vor dem Zwangsverkauf ihres Hauses statt.) 2. War die im Sanatorium lebende Witwe noch in der Lage, sich selbstständig und eigenverantwortlich um ihre geschäftlichen Angelegenheiten zu kümmern oder hatte diese Aufgabe ihr Sohn Reinhold übernehmen müssen?

Über Reinhold Meyer, gestorben 1965 im hessischen Marburg, wird erzählt, er sei mit dem Kaufpreis des Menzel-Gemäldes zufrieden gewesen und habe sich darüber erfreut gezeigt, das Bild in einem angesehenen Museum zu wissen. Das ließe sich dahingehend interpretieren, dass er und nicht seine Mutter das Bild verkaufte.

Reinhold Meyer war Germanist, Volkskundler, Buchhändler und Antiquar. Nach dem Tod des Vaters hatte er mit der Katalogisierung der schier unglaublich großen Bibliothek begonnen. Sie diente ihm als Grundstock für sein Antiquariat, das er zusammen mit einem Partner in der Voßstraße 16 betrieb. Dabei unterstützte ihn der jüdisch-deutsche Literaturwissenschaftler Prof. Dr. Otto Pniower. Durch die Verfolgung und Vertreibung der Familie kam es im »Dritten Reich« jedoch zu großen Verlusten im Bibliotheksbestand.

Im »Dritten Reich« wurde die Heilanstalt, in der Estella Meyer behandelt wurde, von den Nationalsozialisten beschlagnahmt und die Patient:innen, unter ihnen Estella Meyer, in die Nervenheilanstalt Dr. Wieners in Bernau verlegt. Von dort wurde sie 1942 mit allen anderen jüdischen Patient:innen abgeholt und an einen unbekannten Ort gebracht. Reinhold Meyer bekam die Nachricht, seine Mutter sei in Cholm bei Lublin am 20. Juli 1942 an Ruhr gestorben. Aus Gründen der Verteidigung im Kriege hätten die Bewohner der Anstalt verlegt werden müssen. Tatsächlich waren sie aber wohl Opfer der Euthanasiepolitik des NS-Regimes. Die Angaben über Ort und Datum von Estella Meyers Tod waren erfunden, sie sollten die Tötung im Rahmen der Aktion Vernichtung »unwerten« Lebens verschleiern.

Was immer auch das Motiv der Familie für den geplanten Verkauf von Menzels *Tuileriengarten* vor 1933 gewesen sein mag, spätestens mit der Machtübernahme des NS-Regimes gehörten die Meyers zu den Opfern der aus rassischen Gründen Verfolgten und manches spricht dafür, dass die Gründe für die Veräußerung des Gemäldes davon nicht losgelöst betrachtet werden können.

Die Rechtslage

Bleibt die Frage, ob das Bild 2005 zu einem Spekulationsobjekt des Kunsthandels geworden war. Der Berliner Jurist und Raubkunstexperte Gunnar Schnabel teilt diese Auffassung nicht. Im nüchternen Rechtsdeutsch führte er 2007 in der von ihm mitverfassten Publikation *Nazi Looted Art. Handbuch Kunstrestitution weltweit* dazu aus: »Zivilrechtlich ist der Verkauf des Gemäldes 1935 nicht mehr angreifbar. Er erfolgte durch die damalige Eigentümerin, also die Berechtigte. Dass sie zu einer Personengruppe gehörte, die vom NS-Regime kollektiv verfolgt wurde und das Verkaufsgeschäft zumindest mitursächlich darauf beruhte, ist zivilrechtlich irrelevant.« Bezieht man Estella und Reinhold Meyers Lebenssituation im »Dritten Reich« ein, wird nachvollziehbar, warum der einzige Überlebende der Familie, Reinhold Meyer, nach 1945 nicht die von Schnabel angeführten notwendigen Schritte einleitete: »Die Dresdner Kunstsammlungen wurde 1935 Eigentümer des Gemäldes. Soweit der Verkauf wegen besonderem, persönlichem Druck durch Drohung oder Nötigung erfolgte, hätten die Erben unverzüglich nach Kriegsende den damaligen Kaufvertrag anfechten und die Rückübereignung des Gemäldes verlangen müssen. Dazu kam es offensichtlich nicht, so dass nachträglich zivilrechtlich die Rückabwicklung des Kaufes unterblieb.«

Reinhold Meyer hätte das Bild selbst bei einer Rückforderung unmittelbar nach dem Krieg nicht zurückerhalten, weil sich das Gemälde erst in der sowjetisch besetzten Zone und dann auf dem Territorium der DDR befand, in der die Rückübertragungsbestimmungen der Westalliierten keine Gültigkeit hatten. Das von der BRD erlassene Rückerstattungsrecht galt nicht für Vermögenswerte in der DDR. Erst 1990 änderte sich die Rechtslage, ein gesetzlicher Rückübertragungsanspruch für die Alteigentümer wurde möglich, »wenn der Eigentumsverlust NS-verfolgungsbedingt im Sinne des alliierten Rückerstattungsrecht eingetreten war«, so Schnabel.

Die Tochter des 1965 verstorbenen Reinhold Meyer stellte bis 1993 bei den zuständigen deutschen Behörden keinen fristgemäßen Antrag auf Rückübertragung des Gemäldes. Auch die JCC wurde in diesem Sinne bis 1993 nicht tätig. Das tat sie erst 1999.

Schnabel nimmt an, dass die Rückübertragung an die Meyer-Erben wohl auf einer vorherigen Abtretung der JCC-Ansprüche an die Erben beruhte, »die bewirkte, dass diese ohne fristgemäßen Antrag auf Rückübertragung nach dem Vermögensgesetz das Eigentum übertragen erhielten. (...) Nach §1Abs. 6 Vermögensgesetz wird ein verfolgungsbedingter Vermögensverlust vermutet, wenn der Alteigentümer zu einer Personengruppe gehörte, die vom NS-Regime kollektiv verfolgt wurde.« Das traf auf Estella Meyer und ihren Sohn Reinhold zu. Die Staatlichen Kunstsammlungen Dresden konnten die gesetzliche Vermutung des verfolgungsbedingten

Vermögensverlustes nicht widerlegen. Aus diesen Gründen musste das Bundesamt für offene Vermögensfragen die Rückübertragung des Menzel-Gemäldes anordnen. Es erkannte etwas an, was gegebenenfalls auch gerichtlich hätte durchgesetzt werden können.

Deshalb, so Schnabel, habe es sich in diesem Fall auch nicht um eine »freiwillige« Rückgabe auf der Grundlage der Washingtoner Prinzipien gehandelt, sondern um einen nach dem Vermögensgesetz durch das Bundesamt für offene Vermögensfragen verfügten Rückübertragungsanspruch. Dass die Erben nach Estella und Reinhold Meyer nach der Rückübertragung den *Tuileriengarten* veräußerten und der Händler es mit Gewinn weiterverkaufte, mag für die Staatlichen Kunstsammlungen Dresden bedauerlich gewesen sein, doch ändert das nichts an der Rechtsgrundlage der Rückgabe. Das eine hat mit dem anderen nichts zu tun, daher trifft es nicht zu, dass in diesem Fall Raubkunst zum Spekulationsobjekt gemacht wurde.

MAL »NS-RAUBKUNST«, MAL NICHT?

Nähschule im Waisenhaus Amsterdam von Max Liebermann und *Thunersee mit Stockhornkette* von Ferdinand Hodler

Zwei Museen, zwei Bilder, zwei entgegengesetzte Reaktionen auf die Rückgabeforderung. Die Fälle des Bündner Kunstmuseums in Chur und des Kunstmuseums St. Gallen sind ungewöhnlich. In beiden hat die Hauptrolle dieselbe Erbin eines jüdischen Industriellen aus Breslau, der im Holocaust ermordet wurde. Sie forderte von den beiden Schweizer Museen jeweils ein Bild zurück. Das eine Gemälde war als testamentarisch verfügtes Legat einer Bankierswitwe ins Bündner Kunstmuseum gekommen, das andere mit sieben weiteren Bildern ins Kunstmuseum St. Gallen als Dauerleihgabe eines ehemaligen St. Gallener Regierungsrats und Kunstsammlers. Beide Ölgemälde gehörten einmal zu der Kunstsammlung des Breslauers Max Silberberg, eines der reichsten jüdischen Bürger der schlesischen Stadt. 1999 stellte dessen Erbin erstmals für eines der beiden Bilder eine Restitutionsforderung, zwei Jahre später folgte die für das andere. Im ersten Fall reagierte das Bündner Kunstmuseum schnell und restituierte; im zweiten zogen sich die Auseinandersetzungen mit dem Kunstmuseum St. Gallen über zwei Jahrzehnte hin. Im Oktober 2023 gab das Museum schließlich bekannt, die Stifter hätten sich mit den Nachkommen des einstigen Besitzers geeinigt und das Gemälde könne im Kunstmuseum verbleiben.

Wie kann es sein, dass man im einen Fall auf NS-Raubkunst erkannte und sich im anderen Fall mit der Entscheidung sehr schwertat? Wie lässt sich das erklären? Die Sachlage ist komplizierter, als sie auf dem ersten Blick erscheint. Die unterschiedlichen Entscheidungen spiegeln einerseits die Schweizer Verhältnisse wider, an-

Die beiden Gemälde *Nähschule im Waisenhaus Amsterdam* von Max Liebermann und *Thunersee mit Stockhornkette* von Ferdinand Hodler gehörten zur Sammlung des Breslauer Industriellen Max Silberberg.

dererseits können sie nicht losgelöst von den Kunstwerken, ihrer Geschichte und der Art und Weise ihrer Erwerbung verstanden werden.

Bei dem einen Kunstwerk handelt es sich um ein sommerhelles Bild. Dargestellt sind Mädchen mit leuchtend weißen Hauben und Schürzen, die konzentriert einer Näharbeit nachgehen. In einem Saal in enge Schulbänke gezwängt, malt das Licht Sonnenflecken auf ihre Gesichter, auf die Kleidung, die Möbel, die Wände. Es fällt durch drei große Fenster in den stillen Raum. 1876, während eines Sommeraufenthalts in Holland, malte der deutsche Impressionist Max Liebermann (1847–1935) dieses Bild mit dem Titel *Nähschule im Waisenhaus Amsterdam*. Liebermann gehörte zu den Hauptvertretern des Naturalismus, ehe er sich dem französischen Impressionismus zuwandte. Er war einer der Lieblingsmaler der Gesellschaft im wilhelminischen Kaiserreich, zugleich Starporträtist und Mitglied im illustren Club der sogenannten Malerfürsten. Sein Haus und Atelier in Berlin befanden sich in bester Lage, am Pariser Platz gleich neben dem Brandenburger Tor. Im Sommer residierte er in seiner Villa am Wannsee.

Die *Nähschule im Waisenhaus* ist ein Beispiel für Liebermanns Hinwendung zur impressionistischen Malerei. Im Verlauf der 1870er Jahre hellte sich seine Farbpalette auf, Licht und Atmosphäre erhielten in seinen Bildern immer größere Bedeutung. Die *Nähschule im Waisenhaus* war Teil einer Werkgruppe von Bildern, die auch zu den Arbeitsdarstellungen von Mädchen und Frauen gezählt werden kann, die Liebermann oft in seiner naturalistischen Werkphase behandelte. Um die holländischen Mädchen im Waisenhaus studieren zu dürfen, hatte der Künstler eine Sondergenehmigung der Heimleitung einholen müssen.

Das zweite Gemälde, um das es hier geht, ist eine majestätische Berglandschaft, blaue Berge vor gelbem Himmel, im See gespiegelt. Die künstlerische Form ist radikal verknappt und vereinfacht, mutet modern an. *Thunersee mit Stockhornkette*, so der Titel des Bildes, wurde von dem Berner Künstler Ferdinand Hodler um 1913 gemalt und gehört zu einer berühmten Serie, die diesem Motiv gewidmet ist. Der aktuelle Wert des Gemäldes wird auf einen einstelligen Millionenbetrag geschätzt. Hodler (1853–1918), ein herausragender Vertreter des Symbolismus und Jugendstils, zählt zu den bekanntesten Schweizer Malern des 19. Jahrhunderts.

Wie kamen die Gemälde ins Museum?

Die Schenkung des Liebermann-Gemäldes kam für das Bündner Kunstmuseum einigermaßen überraschend, weil die Stifterin Marianne Krüger-Jöhr in Zürich gelebt hatte und daher ein Legat aus ihrem Nachlass an das Kunsthaus, dem Züricher Kunstmuseum, eigentlich naheliegender gewesen wäre. Ihr Mann, der Bankier Adolf Jöhr, hatte das Bild 1934 vom Berliner Kunsthändler Bruno Cassirer für 16 000 Reichsmark gekauft.

Die Leihgabe des Landschaftsgemäldes von Hodler verdankte das Kunstmuseum St. Gallen einer bekannten Persönlichkeit der Stadt, dem Alt-Regierungsrat und Kunstsammler Simon Frick (1914–2011). Er hatte mit seiner Frau zusammen das Bild 1985 auf einer Auktion in Bern gekauft und stellte es mit den sieben anderen Gemälden dem Museum zur Verfügung unter der Auflage, die Werke der Öffentlichkeit dauerhaft zugänglich zu machen.

Über die dunkle Herkunft beider Bilder wussten alle Beteiligten aus verschiedenen Gründen nicht Bescheid. Erst die Restitutionsforderungen brachten diese ans Licht und sorgten dafür, dass die beiden Museen Stellung beziehen mussten.

Die schnelle Entscheidung

Beide Gemälde hatten früher zu der berühmten Kunstsammlung des jüdischen Industriellen Max Silberberg aus Breslau gehört. Von ihm und seinem Leben ist bereits im Kapitel »Die Wende« die Rede gewesen.

Die Schweiz gehört zu den Unterzeichnerstaaten der Washingtoner Prinzipien. Sie hat sich verpflichtet, in ihren Bundesmuseen nach NS-verfolgungsbedingt entzogenen Kulturgütern zu suchen und die von den Nationalsozialisten verursachten Vermögensverluste auszugleichen. 1999, also bald nach der Unterzeichnung des Vertrags durch die Schweiz, erhob Gerta Silberberg-Bartnitzki, die nach dem Tod ihres Mannes die Alleinerbin der Silbermanns geworden war, Anspruch auf das Liebermann-Gemälde und forderte es über ihre Anwälte zurück.

Die Stiftung Bündner Kunstsammlungen zögerte nicht. Sehr zügig und unbürokratisch beschloss sie die Rückgabe des Gemäldes an die Erbin im Oktober 1999. Die Schweizer Medien und die Öffentlichkeit bewerteten die Restitution positiv, sahen darin ein vorbildliches Vorgehen. Auch von der Politik kam Lob. Ein Jahr später, im Oktober 2000, wurde das Bild in einer Auktion bei Sotheby's London für 539 884 Euro versteigert.

An und für sich wäre das Bündner Kunstmuseum zu der Rückgabe nicht verpflichtet gewesen. Trotzdem entschloss es sich dazu. Warum? Warum hätten die Bündner den »Liebermann« nicht zurückgeben müssen und taten es dann doch?

Die Gründe

Die Autoren eines deutschen Handbuchs über weltweite Kunstrestitution, Gunnar Schnabel und Monika Tatzkow, stellten zur Rechtslage der Rückgabe fest, der Verkauf des Gemäldes 1934 habe zu einem, wie es im nüchternen Juristendeutsch heißt, »wirksamen Eigentumserwerb« des Bankiers Jöhr geführt. Max Silbergs wirtschaftliche Probleme, bedingt durch seine Verfolgung, begründe nach deutschem Zivilrecht allein »keine Unwirksamkeit des Eigentumsüberganges des Bildes«. Deshalb gebe es heute auch keine zivilrechtlichen Rückgabemöglichkeiten mehr, so die beiden Autoren. Und sie führten weiter aus, dass die nach 1945 erlassenen Rückerstattungsbestimmungen für das Gebiet des Deutschen Reiches keinen Rückgabeanspruch begründen würden, weil sich das Liebermann-Gemälde nicht mehr im Geltungsbereich dieser Bestimmungen befunden habe. Das Gleiche treffe auch für das von der BRD in den 1950er Jahren erlassene Rückerstattungsrecht zu.

Auch sei es für die Silberberg-Erbin auf der Grundlage der in der Schweiz ab 1945 erlassenen Rückerstattungsbestimmungen nicht möglich gewesen, öffentlich-rechtliche Rückgabeansprüche anzumelden. Denn, so Schnabel und Tatzkow, das Schweizer Rückerstattungsrecht beschränkt den Schädigungszeitraum auf den Zweiten Weltkrieg und schließt Vermögensverluste des Zeitraums vom 30. Januar 1933 bis zum 1. September 1939 generell aus. Das Gemälde wurde aber nicht im Krieg zwangsverkauft, sondern 1934.

Zu bedenken ist zudem, dass sich in den Washingtoner Prinzipien nur *Staaten* verpflichten, die von den Nationalsozialisten verursachten Vermögensverluste zu kompensieren. Der »Liebermann« gehörte aber keinem Schweizer Bundesmuseum, sondern einer Stiftung, sodass die Schweizer Regierung keine Rückgabe auf der Grundlage der Washingtoner Prinzipien anordnen konnte.

Wenn aber die rechtliche Grundlage gegen die Restitution sprach, warum willigte das Bündner Museum dennoch unverzüglich ein? Die Stiftung Bündner Kunstsammlungen entschied deshalb rasch und unbürokratisch, weil sie sich moralisch zu der Rückgabe verpflichtet fühlte. Dem Museum fiel die Entscheidung auch deshalb nicht schwer, weil das Bild bis auf einige Wochen nach dem Erwerb, in denen es in der Sammlung zu sehen war, nur selten ausgestellt worden war. Wie so viele Objekte in Museen war es die überwiegende Zeit im Depot. Daher wollten die Bündner, so die Ansicht des Churer Kunsthistorikers und Kustos Beat Stutzer, der über den Fall schrieb, ein Beispiel setzen und sich weniger zögerlich als andere Schweizer Häuser zeigen. Und für die Rückgabe sprach auch, dass das Bild nicht richtig in ihre Sammlung gepasst hatte. Das Bündner Kunstmuseum besitzt keine deutsche Kunst des 19. Jahrhunderts, der »Liebermann« war ein Solitär, der nirgends richtig hinpasste. Darüber hinaus war die Erwerbung ein Geschenk, mit der Rückgabe ging kein finanzieller Verlust bezogen auf die eigenen Ankaufsmittel einher.

Wenn also eine Restitution vorgenommen wurde, dann nicht, weil es sich bei dem Liebermann-Gemälde tatsächlich – rechtlich gesehen – um NS-Raubkunst gehandelt hat. Hierzu kann das Bild nicht gezählt werden, denn der Schweizer Käufer, der Bankier Jöhr, hatte es rechtmäßig und gutgläubig bei dem Berliner Kunsthändler erworben. Dass die Bündner trotzdem restituierten, erklärt Stutzer so: »Das Gemälde wurde von der Stiftung Bündner Kunstsammlungen zurückgegeben, weil sich die Erben des jüdischen Besitzers und Veräußerers des Bildes auf das deutsche Restitutionsrecht berufen können, das sämtliches Kunstgut betrifft, das Juden in Deutschland in der Zeit zwischen dem 30. Januar 1933 und dem 8. Mai 1945 veräußert haben – wenn nicht nachgewiesen werden kann, dass die Veräußerung in keiner Art und Weise unter Verfolgungsdruck erfolgte.« Dass Max Silberberg 1934 *nicht* unter Verfolgungsdruck hatte verkaufen müssen, konnte 1999 nicht mehr nachgewiesen werden.

Der lange Streit um das Hodler-Gemälde

Im Kunstmuseum St. Gallen war die Ausgangslage anders. Das Museum ist Dauerleihnehmer des Hodler-Gemäldes, Eigentümer war Simon Frick (1914–2011), heute ist es die Simon und Charlotte Frick-Stiftung.

Warum fiel es in diesem Fall den Streitparteien so schwer, eine gerechte und faire Lösung zu finden? Warum zogen sich die Verhandlungen über zwei Jahrzehnte hin?

Als Simon Frick und seine Frau Charlotte 1985 in einer Auktion der renommierten Berner Galerie Kornfeld das Hodler-Gemälde ersteigerten, lieferte der Katalog eine lückenlose Herkunftsgeschichte. Das Bild sei 1913 vom Künstler für 10 000 Franken an die Galerie Wolfsberg in Zürich verkauft worden, 1918 in die Sammlung Zitzmann in Erlangen gelangt, drei Jahre später wieder in die Galerie Wolfsberg zurückgekehrt und dann in die Sammlung A. Sutter in Oberhofen am Thunersee gekommen. Seitdem sei es in bernischem Privatbesitz gewesen.

So weit der Auktionskatalog. Problematisch war jedoch, dass bei der Erstellung der Provenienz eine Verwechslung stattgefunden hatte und irrtümlicherweise die Herkunftsgeschichte eines anderen Gemäldes mit demselben Motiv rekonstruiert worden war. Hodler malte von der Stockhornkette mit Thunersee 20 Variationen. Eine Serie. Anders als der Katalog aber glauben machte, war das Bild, das die Fricks erwarben, am 23. März 1935 in Berlin im Auktionshaus Graupe für den Preis von 3800 Reichsmark versteigert worden und stammte aus der Kunstsammlung Max Silberbergs. Der hatte es spätestens 1930 erworben, vielleicht auch schon auf einer Schweiz-Reise im Jahr 1927.

Nach der Versteigerung in Berlin 1935 tut sich eine zeitliche Lücke bis 1946 auf, in der über den Verbleib des Bildes nichts bekannt ist. Ein Jahr nach Ende des Zweiten Weltkrieges kaufte der Berner Medizinprofessor Bernhard Walthard das Hodler-Bild bei dem Kunsthändler Fritz Nathan. Dieser war selbst ein Opfer der rassisch motivierten Verfolgung gewesen. 1936 hatte er sein Geschäft in München aufgeben müssen und war in die Schweiz emigriert. Das Gemälde blieb vier Jahrzehnte in Walthards Besitz, bis es in der Galerie Kornfeld von den Fricks für 250 000 Franken ersteigert wurde.

Auf die falschen Provenienzangaben stießen in den 1990er Jahren die Forscherin einer unabhängigen Expertenkommission, die sich mit dem Thema NS-verfolgungsbedingt entzogener Kulturgüter in der Schweiz beschäftigte, und ein Berliner Recherchebüro, das von Gerta Silberberg beauftragt worden war. Mit diesen neuen Erkenntnissen wandte sich die Silberberg-Erbin an Simon Frick. Für diesen stand eine Rückgabe aber von Anfang an außer Frage, denn er konnte an der Erwerbung nichts Unrechtes und Unmoralisches entdecken. Für ihn, den Juristen, war sie einwandfrei. Überdies sah er sich als eine integre Persönlichkeit und nahm für sich in Anspruch, sich bereits als Student der Rechtswissenschaften und Mitglied einer patriotischen Hochschulgruppe in den Jahren 1939 bis 1944 ausdrücklich gegen den Nationalsozialismus engagiert zu haben. Er hielt sich für einen Vertreter des geistigen Widerstands gegen die Verbreitung nationalsozialistischer Ideologie an Züricher

Hochschulen in der Zeit des deutschen Faschismus, der in enger Verbindung zu einer Symbolfigur des Schweizer Widerstands, Prof. Dr. Karl Meyer, gestanden habe.

Bis 2014 passierte im Streit um das Hodler-Gemälde nach außen hin nicht viel. 2011 starb Simon Frick im Alter von 97 Jahren, 2013 starb Gerta Silberberg. Nach Fricks Tod wurde 2014 die Simon und Charlotte Frick-Stiftung Eigentümerin des Hodler-Gemäldes und der sieben anderen Bilder. Sie war es nun, die sie dem Kunstmuseum St. Gallen für unbeschränkte Zeit zur Verfügung stellte. Simon Fricks Erben teilten seinen Standpunkt, sodass es bis zur Einrichtung der Stiftung keinen Kontakt zwischen Frick und Silberberg gab. Seit Gerta Silberbergs Tod vertritt ein Trust mit Sitz in Großbritannien ihre Interessen. Es standen sich damit also zwei Stiftungen gegenüber, die in dem lang andauernden Streit nach einer Lösung suchen mussten. Das Museum befand sich als Dauerleihnehmer dazwischen.

Das Kunstmuseum St. Gallen war in einer schwierigen Position, weil es einerseits den Vertragsbedingungen des Leihgebers verpflichtet ist und andererseits die Washingtoner Prinzipien einhalten will, sich also nachdrücklich für eine gütliche Regelung von Ansprüchen einsetzt. Für den Direktor, der auch im Rat der Frick-Stiftung sitzt, war schon 2014 klar, dass mit Gerta Silberbergs Rechtsnachfolger gesprochen werden müsse. 2016 versuchte er beim Bundesamt für Kultur Anträge zu stellen, um Finanzmittel für eine gütliche Einigung zu erhalten. Das gelang nicht.

Auf das Bild verzichten wollte das St. Gallener Museum noch aus einem weiteren Grund nicht. Es begreift sich als visuelles Archiv und Ort der Erinnerung, ihm ist es wichtig, die Geschichte hinter den ausgestellten Kunstwerken zu dokumentieren, zu vermitteln und für die bleibende Sichtbarkeit von Kunstobjekten mit problematischer Herkunft zu sorgen. Betroffene Werke will es öffentlich ausstellen und ihre Geschichte transparent machen.

Das Museum vollführte einen Spagat, indem es die Bedingungen des Leihgebers und die eigenen Ansprüche einzuhalten und gleichzeitig den Washingtoner Prinzipien gerecht zu werden versuchte. In dieser Position konnte und wollte es nicht ewig bleiben. Es verwundert deshalb nicht, dass im Januar 2023 in der Schweizer Presse zu lesen war, eine Einigung in der Sache »Stockhornkette« stehe kurz vor dem Abschluss. Als der Autor sich im August desselben Jahres nach dem letzten Stand der Verhandlungen erkundigte, war der Prozess abgeschlossen und eine Einigung erzielt worden. Eine Pressemitteilung des Kunstmuseum St. Gallen war in Vorbereitung, teilte das Museum mit. Im Oktober konnte es dann verkünden, dass sich die Parteien geeinigt haben.

EINE KUNSTSAMMLUNG ALS »EWIGER LERNPROZESS« – DIE KONTROVERSE UM DEN »KANONEN-KÖNIG VON OERLIKON«

Die Bührle-Sammlung

Das Kunsthaus Zürich hatte es sich so schön vorgestellt. Die Eröffnung seines von dem Stararchitekten David Chipperfield entworfenen Erweiterungsbaus im Oktober 2021 sollte ein neues Highlight ins Rampenlicht rücken: die Bührle-Sammlung. Vollmundig hatte das Kunsthaus erklärt, mit ihr »den bedeutendsten Schwerpunkt von Malerei des französischen Impressionismus in Europa« präsentieren zu können. Außerhalb von Paris, versteht sich. Doch anstatt von der grandiosen privaten Sammlung zu schwärmen, die als Dauerleihgabe in den Neubau eingezogen war, hob eine Welle der Kritik an dem Sammlungsgründer Emil Georg Bührle an, einem Schweizer Waffenfabrikanten und Kunstsammler, und führte zu einer fast zwei Jahre andauernden Kontroverse, die im Ausland für Negativschlagzeilen sorgte wie die der *New York Times*: »Ein Nazi-Erbe verfolgt die neue Galerie eines Museums«.

Die Gründe für das Kommunikationsdesaster waren vielfältig und hatten wohl auch zu tun mit einer vollkommenen Fehleinschätzung der Sensibilität, mit der die internationale Öffentlichkeit die Raubkunstdebatte in der Schweiz beobachtete. Wäre das Kunstmuseum gegenüber der Stiftung Sammlung Emil Georg Bührle, dem Leihgeber der rund 200 hochkarätigen Kunstwerke, unabhängiger und souveräner aufgetreten, vielleicht hätte der Skandal vermieden werden können. Doch diese Unabhängigkeit fehlte of-

Das Gemälde *Die Sultanin* von Édouard Manet gehört zu einer der bedeutendsten Sammlungen des Impressionismus in Europa.

fenbar und so nahmen die Dinge ihren katastrophalen Lauf, der am Ende dazu führte, dass das größte Kunstmuseum der Schweiz völlig umdenken und sich in der Angelegenheit der Provenienzforschung von dem privaten Leihgeber »emanzipieren« musste – man könnte auch sagen: Farbe bekennen. Der Fall Bührle markiert in mancher Hinsicht einen Wendepunkt im Umgang der Schweizer Museen mit Kunstwerken, die im Verdacht des NS-verfolgungsbedingten Entzugs stehen, und ist vielleicht vergleichbar mit dem Fall Gurlitt und seinen Folgen in Deutschland 2012. Allerdings geht es bei der Sammlung Emil Georg Bührle um eine der größten Kunstsammlungen der Welt, deren Wert das Nachrichtenmagazin *Der Spiegel* schon 1958 auf 100 Millionen Mark schätzte.

Bührle: Waffenfabrikant, Kunstsammler – »Kanonen-König von Oerlikon«

Bührles Sammlung gilt als beispielhaft dafür, wie in der Zeit des Nationalsozialismus und unmittelbar danach schwerreiche Schweizer Privatsammler unter zweifelhaften Umständen an bedeutsame Kunstwerke gelangten.

Der im süddeutschen Pforzheim geborene Emil Georg Bührle (1890–1956) kam aus einer Beamtenfamilie. Er studierte Philosophie, Literatur- und Kunstgeschichte an den Universitäten Freiburg und München. Die Eröffnung des Impressionistensaals in der Berliner Nationalgalerie war für ihn eine Art Initiationserlebnis, es weckte sein lebenslanges Interesse an der modernen französischen Malerei. Gleichzeitig war Bührle aber nationalkonservativ, er sammelte auch mittelalterliche Skulpturen, von denen insbesondere die Holzschnitzwerke aus dem süddeutschen Raum als typisch »deutsch« galten und die auch von anderen berühmten Kunstsammlern wie dem Bremer Industriellen und Erfinder des koffeinfreien Kaffees Ludwig Roselius gesammelt wurden. Im Ersten Weltkrieg kämpfte Bührle als Unteroffizier, später als Leutnant. Nach der Kapitulation Deutschlands beteiligte er sich mit dem Freikorps des Generals Dietrich von Roeder an der Niederschlagung der Novemberrevolution in Berlin. 1919 begann er ein Volontariat in der Magdeburger Werkzeugmaschinenfabrik, deren Prokurist er später wurde. In Magdeburg lernte er auch die Bankierstochter Charlotte Schalk kennen. Das Paar heiratete im Jahr 1920. Das Schalksche

Vermögen versetzte den bis dahin wenig begüterten Bührle in die Lage, 1923 Aktien der angeschlagenen Schweizer Werkzeugmaschinenfabrik Oerlikon zu kaufen. Er wurde deren Geschäftsführer und zog nach Zürich. Seine Sanierungsmaßnahmen bewirkten, dass sich Oerlikon innerhalb von 30 Jahren zum erfolgreichsten Wirtschaftsunternehmen der Schweiz mauserte. 1924 verleibte es sich die Waffenschmiede Seebach ein und wurde dadurch Eigentümer von Patenten für eine 20-Millimeter-Kanone. Dadurch war Bührle in der Lage, neben Maschinen auch Waffen zu produzieren. Durch ein Darlehen seines Schwiegervaters konnte er 1929 die Aktienmehrheit an Oerlikon erringen und 1937 Alleineigentümer werden. Im selben Jahr wurde er Schweizer Staatsbürger.

Bührle lieferte Waffen in die ganze Welt. Seine Kanonen gingen an die chinesische Bürgerkriegsbewegung Chiang Kaisheks, an Chinas Kriegsgegner Japan, er belieferte Deutschland in der Weimarer Zeit trotz des im Versailler Friedensvertrag festgelegten Verbots. Die wachsenden globalen Spannungen in den 1930er Jahren sorgten für eine verstärkte Aufrüstung in zahlreichen Staaten. Bührle verdiente daran. Es kamen Aufträge aus Großbritannien, Frankreich, Italien, Nord- und Südamerika, Finnland, den baltischen Staaten, der Türkei, der Sowjetunion. Im Spanischen Bürgerkrieg belieferte Bührle beide Seiten. Im Zweiten Weltkrieg war sein Hauptkunde das Deutsche Reich. Es vergab zwischen 1941 und 1944 Aufträge im Wert von 120 bis 180 Millionen Schweizer Franken für Flugabwehrkanonen. Auch das faschistische Italien war Großkunde. Insgesamt fuhr Bührle mit den Waffengeschäften einen Gewinn von einer halben Milliarde Schweizer Franken ein. In der von Bührle mitgegründeten Maschinenfabrik Ikaria GmbH in Velten bei Berlin sollen vor allem Jüdinnen sowie Sinti und Roma aus Osteuropa Flügelkanonen in Zwangsarbeit hergestellt haben. Die Kanone war von Bührles Schweizer Firma entwickelt worden, für jedes verkaufte Stück floss Provision. In einem Forschungsprojekt soll geklärt werden, ob Bührle mit dem Geld Werke für seine Sammlung erwarb.

Es ist sicher nicht übertrieben, ihn als einen der größten Kriegsgewinnler und größten Kunstsammler zu bezeichnen. Und als den reichsten Mann der Schweiz. In den Kriegsjahren vermehrte er sein Vermögen von einer auf mehr als 170 Millionen. So konnte er fast unbegrenzt sammeln. Dabei lag sein Hauptaugenmerk auf Werken der alten Meister, des französischen Impressionismus und anderer moderner Künstler um 1900.

Der Aufbau der Sammlung begann Mitte der 1930er Jahre. Bührle kaufte Bilder von Corot, Courbet, Pissarro, Monet, van Gogh, Gauguin, Cézanne, Modigliani. Er ließ sich teils von jüdischen Kunsthändlern und Galeristen beraten, die aus Deutschland in die Schweiz geflohen waren. Zu ihnen gehörten Fritz Nathan und Walter Feilchenfeldt. Der 1895 in München geborene Nathan war 1936 emigriert und durfte seinen Beruf in der Schweiz regulär ausüben. Der 1894 in Berlin zur Welt gekommene Feilchenfeldt hatte für die berühmte Berliner Galerie Cassirer gearbeitet, musste Deutschland 1933 verlassen und übernahm die Leitung der Kunsthandlung Cassirer in Amsterdam. Der Überfall Deutschlands auf die Niederlande zwang ihn erneut zur Flucht, dieses Mal in die Schweiz. Dort erhielt er zwar eine Niederlassungsbewilligung, aber keine Arbeitsgenehmigung. Seiner Tätigkeit als Kunsthändler konnte er nur heimlich nachgehen.

Nathan und Feilchenfeldt waren für Bührle wichtige Kunstberater. Ihr Tun war aber nicht unproblematisch, weil jüdische Kunstbesitzer:innen mit ihrer Hilfe Kunstwerke veräußerten, deren Erlös zur Finanzierung ihrer Flucht vor dem NS-Regime oder des Lebensunterhalts im Exil dienen sollte.

Kunst aus geplünderten jüdischen Sammlungen in Frankreich

Während der deutschen Besatzung in Frankreich unterhielt Bührle auch Geschäftskontakte zu dem Schweizer Kunsthändler und Galeristen Theodor Fischer in Luzern, der im Sommer 1939 Gemälde und Plastiken moderner Meister versteigert hatte, die von den Nationalsozialisten in deutschen Museen als »entartete Kunst« beschlagnahmt worden waren und in der Schweiz zu Divisen verwertet wurden. Fischer zählte zu den wichtigsten Händlern von NS-Raubkunst in der Schweiz. Für ihn bot sich im besetzten Frankreich die Möglichkeit, an bedeutende Bilder impressionistischer Meister zu gelangen und sie in der Schweiz reichen Sammlern wie Bührle anzubieten.

Bührle machte überdies Geschäfte mit dem deutschen Kunsthistoriker und Kunsthändler Hans Wendland, der ebenfalls im Zweiten Weltkrieg den illegalen Kunstmarkt in der Schweiz mit geplünderten Kunstwerken bediente. Mit ihm fuhr Bührle nach Paris, um Kunstwerke anzuschauen.

1943 wurden ihm Gemälde von Cézanne und van Gogh zur Ansicht nach Zürich gesandt, die aus der Sammlung des französischen Kunsthändlers Paul Rosenberg (1881–1959) kamen. Der jüdische Pariser Geschäftsmann hatte fliehen müssen, als die Deutschen in Frankreich einmarschierten. Viele seiner Kunstwerke, die er zurücklassen musste, wurden von den Nationalsozialisten geraubt und standen bald darauf auch auf dem Schweizer Kunstmarkt zum Verkauf. Bührle erwarb sechs geraubte Bilder aus Rosenbergs Besitz. Nach dem Krieg musste er sie zurückgeben.

Den Schweizer Kunsthändlern und -sammlern war spätestens seit 1943 wegen der Londoner Erklärung bekannt, dass der Kauf und Besitz von Raubkunst von den Alliierten, den im Militärbündnis gegen Hitler kämpfenden Nationen, nicht anerkannt wurde. Händler wie Fischer kamen auf eine Schwarze Liste. Auch Sammler wie Bührle, doch der ignorierte alle Warnungen und kaufte munter weiter. Noch 1944 erwarb er ein Dutzend Kunstwerke, die die Malerei von Corot bis Matisse abdeckten. Bührle gehörte nach dem Krieg zu jenen acht Schweizer Sammlern, die Besuch von den alliierten Kunstschutzoffizieren erhielten. Sie hatten Werke aus geplünderten Sammlungen gekauft.

Wegen des internationalen Drucks war die Schweiz 1945 gezwungen, einen »Raubgutbeschluss« zu erlassen, der es Alteigentümern ermöglichte, auf dem Rechtsweg ihr geraubtes Eigentum von Schweizer Besitzern zurückzufordern. Bührle gehörte zur Gruppe der Beklagten, sah allerdings den NS-verfolgungsbedingten Vermögensverlust der Opfer nicht ein. Im Gegenteil hielt er die Forderungen für nicht rechtmäßig, weil der Raubgutbeschluss gegen höherrangiges Schweizer Recht verstoße. Dieser Argumentation lag nach Schnabel und Tatzkow folgende Ansicht zugrunde: »Die Vermögensverluste in Frankreich hätten zwar auf der antisemitischen Gesetzgebung des Vichy-Regimes beruht, diese sei aber rechtswirksam und zu beachten, weil sie nicht völkerrechtswidrig wäre. Im Übrigen wären aufgrund des deutsch-französischen Waffenstillstandsabkommens von 1940 eigentumsrechtliche Regelungen abschließend getroffen worden. Die Beschlagnahme von Kunstwerken durch deutsche Stellen wurde als ›Schutzmaßnahme für die Bilder‹ qualifiziert und die nachfolgenden Veräußerungen als rechtsbeständig beurteilt.«

In jahrelangen Verfahren wehrte sich Bührle gegen die Rückgabeforderungen, wurde schließlich aber zur Herausgabe von zwölf Kunstwerken verurteilt. Wie kompliziert die Fälle teilweise sind, illustriert die Provenienz des Gemäldes *Die Sultanin* von Édouard Manet, das ehemals dem Breslauer Unternehmer und Kunstsammler Max Silberberg gehört hatte.

Manets *Die Sultanin*

2003 berichtete die *Neue Zürcher Zeitung*, das Restitutionsbegehren der Silberberg-Erben gegenüber der Stiftung Sammlung E. G. Bührle bleibe umstritten. Sie forderten das Bild zurück, dessen Wert auf 15 Millionen Schweizer Franken geschätzt wurde. Bührle hatte es 1952/53 in New York bei dem emigrierten französischen Kunsthändler Paul Rosenberg gekauft. Das Gemälde war Recherchen nach 1934 nach New York gekommen, noch im Eigentum von Max Silberberg. Im März 1934 stellte es die französische Galerie Durand-Ruel in ihrer New Yorker Dependenz aus, fand aber keinen Käufer für das Gemälde. Es blieb nicht in den USA, sondern kehrte nach Europa zurück. 1937 soll Silberberg es an den damals noch in Paris ansässigen Rosenberg verkauft haben. Der Kunsthändler und Galerist entstammte einer jüdischen Familie und musste nach der Besetzung des nördlichen Frankreichs durch die deutsche Wehrmacht 1940 fliehen und über Spanien nach New York emigrieren, wo er erneut eine Kunsthandlung eröffnete. Er hatte Galerien in Paris, London und New York.

Der Verkauf des Manet-Gemäldes an ihn, so nahm man an, sei unter Verfolgungsdruck erfolgt. 2003 waren die genauen Verkaufsumstände nicht zu klären gewesen, auch nicht, ob Silberberg den Verkaufserlös erhalten hatte. Die Bührle-Stiftung lehnte eine Rückgabe ab, solange stichhaltige Beweise dafür fehlen, dass der Verkaufserlös nicht an die Familie Silberberg gegangen war.

Max Silberberg hatte das Bild, auch das war 2003 bekannt, 1927 in der Berliner Filiale der Galerie Thannhauser gekauft. Durch die Weltwirtschaftskrise selbst in eine finanzielle Schieflage geraten, musste er einen Teil seiner französischen Gemälde 1932 in Paris verkaufen. *Die Sultanin* schien nicht darunter gewesen zu sein. Wegen der Judenverfolgung war Silberberg dann gezwungen, den größten Teil der ihm noch verbliebenen Kunstsammlung 1935 in Berlin versteigern zu lassen. Auch dieses Mal schien der »Manet« nicht dazuzugehören. Provenienzforscher:innen nahmen an, Silberberg habe es 1937 in Paris an Rosenberg verkauft, weil er im Exil in den Besitz des Kaufgeldes zu gelangen hoffte. In Deutschland hätte er wegen der Zwangsabgaben, die Juden abgepresst wurden, nichts davon bekommen. Auch ging man davon aus, dass Max Silberberg nie in den Genuss des Erlöses aus dem Verkauf des »Manet« gekommen war.

Nach dem Erwerb der *Sultanin* stellte Bührle das Bild mehrfach aus und gab auch zum Teil seine Herkunft – »Silberberg, Breslau« – an. Doch als Silberbergs Erben 1999 die Rückgabe forderten, sperrte sich seine Rechtsnachfolgerin, die Bührle-Stiftung. Sie war 1960, vier Jahre nach dem Tod Bührles, eingerichtet worden. Von da an schwelte der Konflikt – bis heute. Über 20 Jahre lang.

NS-verfolgungsbedingt entzogen?

Von 2002 bis 2021 führte die Bührle-Stiftung selbst Provenienzforschung über die 203 Werke durch, die heute als Dauerleihgabe im Kunsthaus Zürich ausgestellt sind. Diese Forschungsanstrengungen sind nicht unumstritten, weil man die fehlende Unabhängigkeit bemängelt. Schon in der Vergangenheit hatte der Vorwurf im Raum gestanden, Bührle habe Raubkunsterwerbungen durch Provenienzangaben »verschleiert«. Denn er hatte teilweise die Kunstwerke, die er hatte zurückgeben müssen, von den Alteigentümern zurückgekauft, in den Provenienzangaben dann aber verschwiegen, dass er schon einmal, in der NS-Zeit, Eigentümer der Bilder gewesen war. Durch diese unvollständigen Angaben erweckte er den Eindruck, es handele sich bei diesen Erwerbungen um unproblematische Nachkriegsankäufe.

Zur Provenienz von *Die Sultanin* konnte die Bührle-Stiftung 2022 neue Erkenntnisse vorlegen und den Erkenntnisstand aktualisieren. Das war möglich geworden, weil die Galerie Durand-Ruel in Paris im März 2022 gegenüber der Bührle-Stiftung erklärte, das Gemälde sei im Februar 1934 zur Verkaufsausstellung in ihrer New Yorker Niederlassung durch den Kunsthändler Paul Rosenberg eingeliefert worden. Bis dahin war unklar gewesen, wann das Bild Deutschland verlassen hatte. Ende 2022 fand die für die Bührle-Stiftung tätige US-amerikanische Provenienzforscherin Laurie A. Stein heraus, dass im erhaltenen und vom Museum of Modern Art aufbewahrten Inventar der Galerie Paul Rosenberg der Eingang von *Die Sultanin* verzeichnet ist. Das Gemälde ist unter der Nummer 3079 eingetragen (»Manet/92 × 73/La Sultane«). Weiter ist dem Inventar zu entnehmen, dass Silberberg das Bild in die Galerie Rosenberg vor dem 30. Januar 1933 eingeliefert hatte, also vor der »Machtergreifung« der Nationalsozialisten. Das legt für die Bührle-Stiftung »mit großer Wahrscheinlichkeit« nahe, das Bild sei gleichzeitig mit den zur Auktion im Juni 1932 eingelieferten anderen Bildern von Silberberg in Paris angekommen. Weil der Verkauf des Bildes durch Rosenberg in den folgenden Jahren nicht gelang, kaufte er es schließlich 1937 selbst für 17 800 US-Dollar. Silberberg habe schon wegen seiner durch die Weltwirtschaftskrise 1929 ausgelösten Probleme an den Verkauf des Bildes gedacht. Der sei am Ende außerhalb des NS-Machtbereichs vollzogen worden und an einen Käufer gegangen, der bald darauf selbst als Verfolgter des NS-Regimes Frankreich verlassen musste. Das Bild ließ Paul Rosenberg noch vor Beginn des Krieges 1939 nach New York bringen, wo er es dann 15 Jahre später an Bührle verkaufte. Die Bührle-Stiftung zieht aus den neuen Erkenntnissen den Schluss, die Veräußerung von *Die Sultanin* gehe weder auf einen Entzug noch auf einen Verkauf zurück, der ursächlich auf Druck von NS-Verfolgung geschah.

Den Erkenntnissen von 2022 nach brachte Silberberg schon vor der NS-Herrschaft das Bild aus Deutschland hinaus und trennte sich nicht, wie bis dahin angenommen, erst in der sich verschärfenden Verfolgung von ihm. Die Bedingungen des Verkaufs an den französischen Kunsthändler Rosenberg in Paris wären deshalb andere als die der vorangegangenen Zwangsauktionen in Berlin 1935. Trotzdem bleibt festzuhalten, dass Silberberg sich auch 1937 in einer Situation befand, die unter dem Vorzeichen der Judenverfolgung stand, selbst wenn das Kunstwerk im fernen Paris war. Und weiterhin ist unklar, ob er den Verkaufserlös erhielt. Auf diese Frage gibt die Bührle-Stiftung im 2022 aktualisierten Bericht ihrer Provenienzforschung keine Antwort, es sei denn, man soll zwischen den Zeilen lesen und aus der Feststellung, Paul Rosenbergs »moralische Integrität« stehe außer Zweifel, schlussfolgern, er habe an Silberberg gezahlt und der Verkäufer sein Geld erhalten.

Die Bührle-Sammlung als »ewiger Lernprozess«

Von 1960 bis 2015 zeigte die Bührle-Stiftung ihre Sammlung im ehemaligen Wohnhaus des Industriellen am Stadtrand Zürichs, das nach seinem Tod in ein Privatmuseum umgestaltet worden war. Die für Besucherströme abgelegene Lage und die schwierigen Sicherheitsbedingungen führten zu dem Entschluss, das Museum zu schließen und einen geeigneteren Standort für die Sammlung zu finden. Zu dieser Entscheidung hatte auch beigetragen, dass 2008 am helllichten Tag drei maskierte Kunsträuber vier Gemälde im Wert von 180 Millionen Schweizer Franken aus dem Museum stahlen. Es war der spektakulärste Kunstraub in der Schweizer Geschichte, die Polizei sprach sogar vom »wohl größten Kunstraub« Europas.

Den privaten Museumsbetrieb nach diesem einschneidenden Ereignis langfristig fortzuführen hätte verlangt, das Gebäude mit modernster Sicherheitstechnik auszustatten und in jeder erdenklichen Weise gegen Einbruch und Diebstahl zu sichern. Das erwies sich aber als nicht realistisch. Daher schloss die Stiftung 2012 einen Vertrag mit der Zürcher Kunstgesellschaft, dem Trägerverein des Kunsthauses, der die langfristige Leihgabe der Sammlung an das Museum regelte. Es wurde vorgesehen, die Sammlung ab 2017 dauerhaft in dem Erweiterungsbau auszustellen.

Die Eröffnung des Chipperfield-Baus verzögerte sich um vier Jahre, doch die Bührle-Sammlung hatte nun ein neues, prominentes Zuhause, das seit Langem in enger Beziehung zur Familie Bührle stand. Denn Emil Bührle war von 1940 an Mitglied der Sammlungskommission gewesen und hatte als Mäzen das Museum kontinuierlich gefördert und die Sammlung mit wertvollen Schenkungen gestärkt.

Die Entscheidung der Bührle-Stiftung, ihre Sammlung im Chipperfield-Bau zu präsentieren, wo sie ein Sechstel der gesamten Ausstellungsfläche belegt, wertete das Kunsthaus als neue Phase in der Beziehung des Museums zu Bührle, der Familie und der Stiftung.

Die Öffentlichkeit sah das nach der Eröffnung jedoch kritischer. Dem Dokumentationsraum über den Waffenfabrikanten und Sammler Bührle wurden große inhaltliche Schwächen attestiert, man warf dem Museum und der Stiftung vor, das Bild des Kriegsgewinnlers Bührle zu schönen und wichtige Aspekte in seinem Verhältnis zum faschistischen Deutschland auszublenden. Völlig neu war diese Kontroverse nicht, sie reichte bis in die 1970er Jahre zurück, doch nun wuchs sie sich zu einem Skandal aus, dessen Folgen unkalkulierbar wurden und den internationalen Medien reichlich Futter boten. Die Kultursendung *ttt – titel, thesen, temperamente* der ARD berichtete entsprechend: »Skandal im Kunsthaus Zürich – Die Sammlung Bührle«.

An sich hatten die Stadt und der Kanton Zürich das vermeiden wollen. Man hatte zuvor ein Forschungsprojekt zur Kontextualisierung der Präsentation der Werke aus der Sammlung bei dem Schweizer Wirtschaftshistoriker Prof. Dr. Matthieu Leimgruber in Auftrag gegeben. Mit seinen Ergebnissen sollte die Dokumentation der Entstehungsgeschichte der Sammlung begleitet werden. Trotzdem fiel der Dokumentationsraum bei den Kritikern durch, die Schelte überwog bei Weitem die Anerkennung.

Als Konsequenz aus der nicht enden wollenden Auseinandersetzung um die Bührle-Sammlung beschlossen die Stadt und das Kunsthaus, ab November 2023 eine neue Ausstellung mit einer Laufzeit von mindestens einem Jahr zu zeigen. Dieses Mal unter dem Titel »Eine Zukunft für die Vergangenheit: Sammlung Bührle: Kunst, Kontext, Krieg und Konflikte«. Diese Ausstellung soll die Sammlung in einem größeren gesellschaftlichen Zusammenhang stellen.

Der Umgang mit der Sammlung Bührle sei ein »endloser Lernprozess«, meinte die Direktorin des Kunsthauses, Ann Demeester, und betonte, die Neupräsentation stelle den historischen Kontext der Kunstwerke ins Zentrum. Dafür wird die von der Bührle-Stiftung bisher geleistete Provenienzforschung von unabhängiger Seite überprüft.

Strategiewechsel

Um das zu ermöglich, musste der Leihvertrag überarbeitet werden. Jetzt hat das Kunsthaus das Recht, die Herkunft der Werke selbst weiter zu erforschen. Davor hatte es die Möglichkeit zur unabhängigen Untersuchung nicht gegeben. Finanziert wird die Forschung vom Bundesamt für Kultur und vom Kanton Zürich.

Auf nationaler Ebene wird eine unabhängige Kommission für NS-verfolgungsbedingt entzogene Kulturgüter eingerichtet. Zudem lässt sich das Kunsthaus von einer internationalen Expertenkommission bei der Beurteilung der eigenen Forschungsergebnisse unterstützen und beraten. Man setzt seine Hoffnung auf einen Strategiewechsel. Provenienzforschung wird jetzt entlang des Begriffs »NS-verfolgungsbedingt entzogenes Kulturgut« betrieben, er ersetzt den Begriff »Fluchtgut«. Auf dieser theoretischen Grundlage können nun auch Kunstwerke untersucht werden, die in der Schweiz verkauft wurden und von jüdischen Eigentümer:innen stammen, die im Deutschen Reich verfolgt wurden. Voraussetzung ist, dass die zu untersuchenden Werke zwischen 1933 und 1945 den Eigentümer wechselten. Überdies ist bemerkenswert, dass das Kunsthaus zur Feststellung, ob ein Werk NS-verfolgungsbedingt entzogen wurde, keine festen Beweise mehr verlangt, wie es noch die Bührle-Stiftung tat. Es sollen von nun an Hinweise auf eine heikle Vergangenheit des Kunstwerks genügen. Bei belasteten Werken strebt das Kunsthaus »gerechte und faire Lösungen« an, wie sie die Washingtoner Prinzipien vorsehen.

Für den Schweizer Journalisten Philipp Meier spiegelt sich im Strategiewechsel ein Gesinnungswandel: »Die Haltung, welche die Stiftung Bührle in ihrem Bericht zur Provenienzforschung der Sammlung Bührle vertrat, nämlich das Fluchtgut unproblematisch sei und in solchen Fällen auf Restitutionsbegehren nicht eingegangen werden müsse, ist heute kaum mehr vermittelbar.«

Ganz ohne Druck erfolgte der Strategiewechsel aber wohl nicht. Das Kunsthaus kommt mit ihm der Forderung der Stadt im Rahmen von deren Subventionierung der vertieften Provenienzforschung nach. Der mit der Stadt geschlossene Vertrag verpflichtet das Museum dazu, die Richtlinien der Washingtoner Prinzipien über NS-verfolgungsbedingt entzogene Kulturgüter anzuwenden und keine Werke auszustellen, die in dieser Hinsicht bedenklich sind.

Bei der Eröffnung der überarbeiteten Ausstellung der Bührle-Sammlung Anfang November 2023 kam es jedoch erneut zum

Eklat. Der wissenschaftliche Beirat, der den Veränderungsprozess begleiten sollte, trat geschlossen zurück und kritisierte Museum und Ausstellungsleitung. Weiterhin fehle die echte Würdigung der jüdischen Sammler, noch immer dominiere die Besitzerperspektive, während die Opfer, die ihre Kunstwerke verkaufen mussten, nicht ausreichend dargestellt würden. Trotz einiger Lichtblicke sei das Ergebnis nicht überzeugend. Die Kontroverse über die Sammlung des Kanonen-Königs ging weiter.

Im Juni 2024 verkündete das Kunsthaus Zürich, dass es sich mit den Erben des jüdischen Industriellen und Kunstsammlers Carl Sachs auf eine gerechte und faire Lösung für das Gemälde *Mann mit Schirm* von Claude Monet geeinigt habe. Carl Sachs hatte das Bild 1934 mit anderen Werken dem Kunsthaus Zürich geliehen. Als er mit seiner Ehefrau Margarethe 1939 aus Breslau in die Schweiz fliehen musste und dort völlig mittellos war, zwang sie die finanzielle Notlage, den »Monet« an das Museum zu verkaufen. Die aktuelle Untersuchung der Provenienz des Bildes bestätigte nun die Zwangslage, die zum Verkauf geführt hatte.

Die Einigung des Kunsthauses Zürich mit den Nachfahren bestätigt die Tendenz, dass sich die Praxis im Umgang mit sogenanntem Fluchtgut in der Schweiz verändert. Nach der jahrelangen Unterscheidung zwischen »Raubkunst« und »Fluchtgut« werden in diesem Fall nun die Opfer entschädigt und das »Fluchtgut« als das kategorisiert, was es beim Verkauf war: »Raubkunst«.

Mit dieser Entscheidung des Museums für die Restitution wurde zugleich bekannt, dass die Stiftung Bührle am 20. Juni 2024 fünf Gemälde von Toulouse-Lautrec, Courbet, Van Gogh, Gaugauin und einem weiteren Monet in der neugehängten Bührle-Sammlung abhängen werde, um dem für denselben Monat angekündigten Abschlussbericht zur Provenienzforschung des Kunsthauses Zürich zuvorzukommen. Trotzdem hält das Museum an seinem Grundsatz fest, jene Werke seiner Sammlung systematisch zu überprüfen, die vor 1945 entstanden und bei denen ein Eigentümerwechsel für den Zeitraum von Januar 1933 bis Mai 1945 vorliegt.

VERMÄCHTNIS EINES »PHANTOMS«

Die Sammlung Cornelius Gurlitt

Über den alten Mann war anfangs fast nichts bekannt. Die Presse nannte ihn ein »Phantom«. Er war ein in München-Schwabing lebender Deutscher mit österreichischem Pass und zweitem Wohnsitz in Salzburg. Bei keinem deutschen Finanzamt war er registriert. Dass seine Wohnung in München und sein Haus in Salzburg voller Kunstwerke waren, wusste für sehr lange Zeit niemand, nicht einmal die wenigen handverlesenen Kunsthändler in Deutschland und der Schweiz, mit denen das »Phantom« Geschäfte machte. Keine Krankenkasse führte ihn als Mitglied, Arztrechnungen beglich der Mann stets privat, was mit zunehmendem Alter beschwerlich wurde, weil er immer liquide sein musste. Rätselhaft war auch die Herkunft seines beträchtlichen Vermögens, das eine umfangreiche Kunstsammlung einschloss. Der Mann war im Verlauf seines langen Lebens nie einer Arbeit nachgegangen. Er hatte zwar Abitur, aber keinen Berufsabschluss. Ein Studium der Kunstgeschichte und Gemälderestaurierung in Köln brach er 1960 ab. Als 28-Jähriger meldete er sich in Deutschland ab und zog nach Salzburg. Für seine Mutter war das Ausdruck eines Verfolgungswahns, unter dem ihr Sohn angeblich litt. Laut seiner Familie fühlte er sich beständig beobachtet und abgehört. Die Wohnung in München, in der er dann am Lebensende von den bayerischen Behörden heimgesucht wurde, hatte seiner Mutter gehört. 2013 wurde in dieser ein großer Teil des geheimnisvollen Kunstschatzes des »Phantoms« entdeckt. Die Presse stand Kopf. Und der Fall nahm eine internationale Dimension an.

Die Ausstellung über Hildebrand Gurlitt in der Bundeskunsthalle Bonn im Jahr 2017 war ein nationales Ereignis.

Die Nachricht von dem Vermächtnis des »Phantoms« sorgte in der Stiftung Kunstmuseum Bern und in der Schweiz für Überraschung, Verblüffung, ja, für Verwunderung und Zweifel. Anfang Mai 2014 erfuhr das Museum, dass es von dem am 6. Mai 2014 verstorbenen Sohn des deutschen Kunsthändlers Hildebrand Gurlitt, Cornelius Gurlitt (1932–2014), als Alleinerbe seines Vermögens eingesetzt worden war. Niemand hatte damit gerechnet, schon gar nicht die Schweizer. Das Legat des Cornelius Gurlitt umfasste Gold, Wertschriften, mehrere Immobilien in Deutschland und Österreich sowie die geheimnisvolle Kunstsammlung von rund 1600 Werken. Ein Erbe im geschätzten Gesamtwert von 7,6 Millionen Euro. Die Liste der Künstler, die in Gurlitts Sammlung mit Werken vertreten waren, las sich wie ein Who is Who der Kunstgeschichte: Dürer, Picasso, Monet, Matisse, Cézanne, Kirchner, Grosz, Dix, Rodin, Signac, Delacroix, Daumier u.v.m. Die Kunstsammlung besteht vor allem aus Gemälden und Grafiken.

Das Vermächtnis war so ungewöhnlich wie problematisch. Denn das »Phantom« Cornelius Gurlitt war nicht irgendwer. Er war der Sohn eines von Hitlers Kunsthändlern, der mit Raubkunst gehandelt hatte. Diese Kunstsammlung hatte nun Cornelius Gurlitt von seinem Vater geerbt. Bis 2013 war diese Sammlung kaum bekannt, denn Cornelius Gurlitt lebte sehr zurückgezogen. Als er dann aber quasi über Nacht ins Rampenlicht gezerrt wurde, weil die bayerischen Behörden ihn verdächtigten, gegen Zollbestimmungen und Steuergesetze verstoßen zu haben und deshalb seine Kunstsammlung beschlagnahmten, brach über ihn ein Mediengewitter herein. Die daraufhin eingeleiteten Untersuchungen und die breite öffentliche Debatte hatten einschneidende Folgen für den Raubkunstdiskurs und die Provenienzforschung in Deutschland.

Nur die unbedenklichen Bilder sollen nach Bern

Ein Aufmacher des deutschen Nachrichtenmagazins *Focus* brachte die Geschichte ins Rollen. Im November 2013 titelte es reißerisch: »Fahnder entdecken in München Nazi-Schatz in Milliardenhöhe«. Von dem Augenblick an waren Cornelius Gurlitt und die Geschichte seines Vaters Gegenstand wilder Medienspekulationen und umfangreicher wissenschaftlicher Forschung.

Wie kompliziert und problematisch der Fall für die überraschten Erben in Bern war, spiegelt sich in ihrer langen Bedenkzeit wider, die sie sich für ihre Entscheidung über Annahme oder Ablehnung des Legats nahmen. Erst nach intensiven Beratungen willigten sie im November 2014 in das Vermächtnis ein – unter Bedingungen. Die Bundesrepublik Deutschland, die für den Fall Gurlitt zuständig war, sollte sämtliche Kosten der Provenienzforschung und der sich eventuell ergebenden Restitutionen von Raubkunstwerken tragen. Bern wollte nur Werke mit einer unverdächtigen Herkunft. Dabei wurde außer Acht gelassen, dass sich viele Provenienzlücken heute nicht mehr schließen lassen und damit jene Gewissheit, die den Bernern vorschwebte, gar nicht zu erbringen ist. 2022 wurde das nur allzu offensichtlich, als das Kunstmuseum Bern seine Forschungsergebnisse zur Sammlung Gurlitt in einer Ausstellung vorstellte. Bei sehr vielen Kunstwerken hatten die Forscher kein Licht ins Dunkel ihrer Herkunft bringen können.

Dass die BRD die Kosten für die Provenienzforschung des ungeklärten Teils der Sammlung übernahm, erklärte sich aus einer Vereinbarung mit Cornelius Gurlitt kurz vor seinem Tod. Ihm war das vertraglich zugesichert worden. Bern kam in den Genuss der großzügigen Regelung. In der sich anschließenden achtjährigen Forschungsarbeit des Kunstmuseums Bern zeigte sich, dass die Herkunft vieler Werke, insbesondere von grafischen Arbeiten, sich nicht eindeutig verifizieren ließ. Angesichts der Tätigkeit von Hildebrand Gurlitt im »Dritten Reich« konnte das Vermächtnis keineswegs nur unbedenkliche Bilder enthalten. Auch stellte sich in der Schweiz die Frage, ob man das Vermächtnis annehmen und zugleich die belasteten Bilder ausschließen könne. Kam dies nicht einer Entledigung des »Ballastes der Geschichte« gleich? Gab es das Vermächtnis nicht gerade wegen des Jahrhunderts der Extreme und der Verbrechen des Nationalsozialismus?

Hildebrand Gurlitt: Kunsthistoriker, Museumsdirektor, Kunsthändler

Hildebrand Gurlitt (1898–1956) wuchs in einer angesehenen und einflussreichen Dresdner Familie mit »jüdischem« Hintergrund auf. Vater Cornelius Gurlitt (1850–1938) war Architekt und Kunsthistoriker, er lehrte als Professor an der Königlich Sächsischen Technischen Hochschule. Hildebrands Großmutter Elisabeth Gurlitt, geb. Lewald (1823–1909), war Jüdin, weshalb ihrem Enkel im »Dritten Reich« gemäß der nationalsozialistischen Rassenlehre als »Vierteljude« eine »unreine Abstammung« zugeschrieben wurde. Doch die sollte sich nicht als Hindernis erweisen für Hildebrand

Gurlitts Aufstieg zu einem der wichtigsten Kunsthändler im Nationalsozialismus.

Schon früh reüssierte er als Kunsthistoriker, nachdem er sein Studium in Frankfurt am Main und Berlin abgeschlossen hatte. Erst war er Assistent an der von seinem Vater eingerichteten Baugeschichtlichen Sammlung der TU Dresden, dann berief ihn 1925 das König-Albert-Museum in Zwickau zum Direktor. Hildebrand Gurlitt machte aus dem Kunstmuseum eine moderne Sammlung, die in der Industriestadt am Rande des Erzgebirges jedoch nicht bei allen auf Gegenliebe stieß. Seine Förderung des Expressionismus und die Erwerbungen moderner Kunstwerke sorgten für Proteste. Dabei tat sich besonders der nationalsozialistische »Kampfbund für Deutsche Kultur« hervor. 1932 musste Gurlitt gehen. Im Hamburger Kunstverein fand er als Leiter und Kunsthändler ein neues Betätigungsfeld. Doch auch diese Stelle war nicht von Dauer, weil er sich für den Geschmack der Nationalsozialisten zu wenig anpasste und weiter an der modernen Kunst festhielt. Das war der Zeitpunkt, ab dem sich Gurlitt ganz auf den Kunsthandel verlegte und das Kunstkabinett Dr. H. Gurlitt gründete. Wegen der Nürnberger Rassengesetze von 1935 stellte sich seine Zukunft aber als ungewiss dar. Er galt er als »Mischling zweiten Grades«. Sein Vater, »Halbjude«, verlor seine Rentenbezüge. Hildebrand Gurlitt erschien es trotz seines geschäftlichen Erfolges sicherer, das Kunstkabinett auf seine Frau Helene Gurlitt zu überschreiben.

Der Kunsthändler Hildebrand Gurlitt war als Kenner moderner Kunst für die Nationalsozialisten aber ein nützlicher Mann, er konnte die beschlagnahmten Kunstwerke aus öffentlichem Besitz für das Regime gewinnbringend im Ausland verkaufen und so dem Reich Devisen liefern. Das begünstigte seinen Aufstieg zu einem der wichtigsten Kunsthändler, die zur Verwertung der »entarteten« Kunst beitrugen. Zugleich legte er den Grundstein für seine eigene Kunstsammlung.

1938 bewarb sich Gurlitt erfolgreich um die Leitung der Abteilung Bildender Kunst im Reichministerium für Volksaufklärung und Propaganda. Er war der zweite Kunsthändler, der vom Regime mit dem Verkauf der beschlagnahmten Kunstwerke beauftragt wurde. Am Ende waren dafür vier Männer verantwortlich: Hildebrand Gurlitt, Ferdinand Möller, Bernhard A. Böhmer und Karl Buchholz. Durch diese Tätigkeit knüpfte Gurlitt auch geschäftliche Kontakte nach Bern. Im Februar 1939 verkaufte er sieben Bilder an die Berner Galerie Gutekunst und Klipstein, die später die Galerie Kornfeld wurde. Mit dieser sollte auch Cornelius Gurlitt Geschäfte machen.

Hildebrand Gurlitt verkaufte Werke »entarteter« Kunst in großen Mengen. Allein im Mai 1940 erwarb er aus dem Bestand beschlagnahmter Werke 200 Bilder. Sie stammten von namhaften Künstlern wie Picasso, Nolde oder Chagall. Von allen vier autorisierten Kunsthändlern war Gurlitt mit fast 3900 Werken derjenige, der die meisten der beschlagnahmten Kunstwerke für den Handel erwarb. Als Spezialist für Grafik kaufte er ganze Konvolute von Zeichnungen, Aquarellen und Drucken an.

Hildebrand Gurlitt weitet sein Geschäft aus

Beim Handel mit »entarteter« Kunst blieb es nicht. Als dieser abgeschlossen war, erhielt Gurlitt im Sommer 1941 eine neue Aufgabe. Er sollte für das »Führermuseum« in Linz, das von Hitler geplante große Kunstmuseum, Kunstwerke in Frankreich, den Niederlanden und Belgien einkaufen, die von Deutschland besetzt worden waren.

Gurlitt profitierte davon, dass die Nationalsozialisten in diesen Ländern Kunstschätze aus öffentlichem und privatem Besitz raubten. In Frankreich war es vor allem der Einsatzstab Reichsleiter Rosenberg, der auf Befehl von Reichsmarschall Hermann Göring und Adolf Hitler 22 000 Kunstwerke aus dem Besitz von Juden plünderte. Gurlitt wurde der Haupteinkäufer in Frankreich, er lieferte sowohl an das »Führermuseum« als auch an andere deutsche Museen. Ein Teil der Ankäufe blieb in seiner Sammlung. Nach eigenen Angaben erwarb er in Paris ca. 200 Kunstwerke.

Bis zum Kriegsende war er als Agent für deutsche Kunstmuseen tätig. Pro Jahr verdiente er laut eigener Aussage 200 000 Reichsmark, was heute umgerechnet ungefähr 800 000 Euro entspräche. Es wird aber angenommen, dass mehr Geld auf sein Konto floss, denn als Einkäufer für das »Führermuseum« schrieb er beispielsweise Anfang März 1944 eine Rechnung über eine Million Reichsmark und Ende des Monats eine weitere über 743 000 Reichsmark.

Der Untergang des NS-Staats beendete Gurlitts einträgliches Geschäftsmodell. Er schaffte es noch rechtzeitig, einen Teil seiner Kunstsammlung zu verstecken, einen anderen Teil beschlagnahmten die US-Amerikaner. Für sie war Gurlitt als Profiteur des totalitären Systems verdächtig, er musste sich einem Entnazifizierungsverfahren stellen. In den Befragungen gab Gurlitt aber immer nur das Nötigste zu. Seine Kollaboration mit dem Unrechtsregime rechtfertigte er zum einen damit, Kunst gerettet zu haben, und zum anderen mit seiner eigenen Gefährdung als »Mischling«. Für ihn als »Vierteljuden« habe die Gefahr bestanden, in den Kriegsbautrupp der Organisation Todt eingezogen zu werden. Darüber hinaus war er als »Mischling« von geplanten Sterilisationen bedroht. Tatsächlich hatte für ihn jedoch keine unmittelbare Gefahr bestanden.

Am Ende wurde er von der Spruchkammer in Bamberg entlastet und konnte wieder als Kunsthändler arbeiten. Auch erhielt er nach fünf Jahren seine beschlagnahmten Bilder zurück. Einerseits war Gurlitt als Museums- und Kunstvereinsdirektor ein Opfer der NS-Kunstpolitik gewesen, andererseits als Kunsthändler ein Profiteur des »Dritten Reichs«. Im Unrechtsstaat machte er gute Geschäfte und wurde reich.

Es lässt sich daher resümieren, dass Gurlitt zu jener kleinen Gruppe von Kunsthändler:innen gehörte, die davon profitiert hatten, dass in der Zeit des Nationalsozialismus und im Zweiten Weltkrieg sehr viel Kunst auf dem Markt war. Kunstwerke, die Menschen abgepresst oder schlicht geraubt wurden.

1948 wurde Gurlitt Direktor des Kunstvereins für die Rheinlande und Westfalen. Er knüpfte an seine früheren Erfolge an, war nun als Experte und Sammler der modernen Kunst wieder sehr gefragt. 1956 verunglückte erschwer bei einem Autounfall. Nach zwei Wochen im Koma starb er im Alter von 61 Jahren. Seine Kunstsammlung ernährte die Hinterbliebenen. Erst verwaltete sie seine Frau. Zur Finanzierung des Lebensunterhalts verkaufte sie kontinuierlich Werke und stützte sich dafür auf die Geschäftskontakte ihres verstorbenen Mannes, zu denen auch Kunsthändler in der Schweiz zählten. Die teilweise bedenkliche Herkunft der in Auktionen eingelieferten Werke ignorierte Helene Gurlitt, auf Nachfragen von Wiedergutmachungsämtern reagierte sie mit der Schutzbehauptung, alle Geschäftsunterlagen seien im Krieg zerstört worden. Eine Lüge, wie sich später herausstellte, denn in Cornelius Gurlitts Haus in Salzburg wurden die Geschäftsbücher seines Vaters gefunden, die heute für die Provenienzforschung eine unschätzbare Quelle sind.

Wie seine Mutter verkaufte auch Cornelius Gurlitt regelmäßig Bilder. Die Galerie Kornfeld in Bern war ein bevorzugter Geschäftspartner. Dort wurden von 1971 bis 1990 Werke aus seinem Besitz für 1,3 Millionen Franken versteigert. Das Auktionshaus Lempertz in Köln verdiente ebenfalls an ihm. 2011 wechselte zum Beispiel Max Beckmanns Bild *Der Löwenbändiger*, das bis dahin als verschollen galt, für 864 000 Euro den Eigentümer. Weil es in Verdacht stand, Raubkunst zu sein und möglicherweise dem jüdischen Kunstsammler und -händler Alfred Flechtheim NS-verfolgungsbedingt entzogen worden war, einigten sich Cornelius Gurlitt und Flechtheims Nachkommen auf eine einvernehmliche Lösung, sie teilten den Versteigerungserlös und die Erben verzichteten auf weitere Ansprüche.

Die guten geschäftlichen Beziehungen in die Schweiz, frühere verwandtschaftliche Verbindungen nach Bern und die Art und Weise, wie die deutschen Behörden den »Fall Gurlitt« gehandhabt beziehungsweise Cornelius Gurlitt behandelt hatten, mögen erklären, warum das Kunstmuseum Bern zum Alleinerben bestimmt worden war.

Die Schweiz und die Raubkunst

Gleich nach dem Zweiten Weltkrieg erließ die Schweiz ein Raubkunstgesetz, das aber in vielerlei Hinsicht halbherzig war und den Opfern nicht gerecht wurde. Der Bundesrat hatte im Oktober 1945 und im Februar 1946 jeweils einen Raubgutbeschluss in Kraft gesetzt. Die Kunsthandelsverbände lehnten diese Beschlüsse ab, sahen darin eine Beschränkung der Freiheit ihres Handels. Tatsächlich diente die Schweizer Restitutionspolitik mehr der Imagepflege des Landes, sie sollte die Haltung der vorgeblich neutralen Schweiz gegenüber dem NS-Staat vergessen machen, die ihrer Glaubwürdigkeit geschadet hatte. Denn die Schweiz war ein Hauptumschlagplatz für die »entartete« moderne Kunst gewesen. Auch war Raubkunst aus den von Deutschland okkupierten Ländern in bedeutende Schweizer Sammlungen gelangt. Davon allerdings wollten die Schweizer Raubkunstbesitzer nach dem Krieg nichts wissen.

Noch bis vor einigen Jahren legte man in der Schweiz die Washingtoner Prinzipien sehr restriktiv aus. Man war nicht der Ansicht, dass Werke zu restituieren seien, die auf sogenannten Judenauktionen versteigert oder die von ihren Besitzer:innen in der Zeit des Nationalsozialismus unter Zwang veräußert worden waren, um beispielsweise die Kosten für die Flucht aufzubringen. Werke, die so entzogen wurden, galten in der Schweiz nicht als problematisch und restituierbar. Erst der Fall Gurlitt sorgte hier für eine Bewusstseinsänderung.

Auch der Umgang mit »entarteter« Kunst in Schweizer Museen wurde nun überdacht und man kam zu der Einsicht, die Museen müssten auch die Geschichte der Kunstwerke vermitteln. Das Kunstmuseum Bern wollte hier Vorreiter sein und vormachen, wie eine kritische Darstellung der eigenen Sammlungsgeschichte aussehen könnte. Die Ausstellung »Moderne Meister. ›Entartete‹ Kunst im Kunstmuseum Bern« im Mai 2016 arbeitete dieses Thema erstmals auf.

Im Verlauf der Debatte trat auch das Problem der Privatleihgaben ins öffentliche Bewusstsein. Die entschädigungslose Beschlagnahmung der »entarteten« Kunst in deutschen Museen legalisierten die Nationalsozialisten nachträglich durch das »Gesetz über Einziehung von Erzeugnissen entarteter Kunst« vom 31. Mai 1938. Das traf aber nicht auf die modernen Kunstwerke zu, die von Privateigentümern an öffentliche Sammlungen ausgeliehen und widerrechtlich angeeignet worden waren. Wie viele Kunstwerke davon insgesamt betroffen waren, ist nicht bekannt. Heute ist allgemeiner Konsens, dass diese beschlagnahmten Leihgaben aus Privatbesitz mit Raubkunst gleichgesetzt werden müssen, wenn ihre rechtmäßigen Eigentümer:innen zu den Verfolgten des NS-Regimes gehört hatten und nicht in der Lage gewesen waren, ihr Eigentum zurückzuverlangen. Vor diesem Hintergrund stehen auch die Schweizer Museen, die »entartete« Kunst erwarben, in der Pflicht, die Herkunft ihrer Kunstwerke genau zu klären, um ausschließen zu können, dass es sich um ehemalige Privatleihgaben handelt.

Nicht weniger genau ist die Herkunft jener Objekte zu untersuchen, die verfolgungsbedingt in die Schweiz gelangten, etwa weil sie von den Emigranten dort selbst verkauft werden mussten. Inwieweit sind diese NS-verfolgungsbedingt entzogenes Kulturgut?

2016 zog das Bundesamt für Kultur eine Bilanz der Provenienzforschung in der Schweiz. Es hob das seit 2011 verstärkte Engagement auf diesem Gebiet hervor, die Schaffung der Anlaufstelle Raubkunst, und die zwei Millionen Franken, die zur Verfügung gestellt worden waren, damit Museen ihre Bestände aufarbeiten konnten. Das Schweizer Autorentrio Oliver Meier, Michael Feller und Stefanie Christ, das den Gurlitt-Komplex untersuchte, bemerkte dazu kritisch: »Dass die Debatte um historisch belastete Werke auch in der Schweiz an Dynamik gewonnen hat, ist nicht das Resultat einer bürokratischen Offensive. Es hängt vielmehr mit dem Fall Gurlitt zusammen. Ging es um Kunst zweifelhafter Herkunft, winkten Schweizer Museumsdirektoren lange ab. (…) Nachdem Cornelius Gurlitt der Bundesstadt seine Sammlung vermacht hat, geht das nicht mehr. Durch den Entscheid des Kunstmuseums Bern, sich dem umstrittenen Erbe und seiner eigenen Geschichte zu stellen, gerieten die anderen Kunsthäuser unter Druck. Heute stehen sie in der Pflicht, ihre Bestände systematisch aufzuarbeiten (…).«

Das Kunstmuseum Bern tat das in der international beachteten Ausstellung »Gurlitt. Eine Bilanz«, die von November 2022 bis Januar 2023 gezeigt wurde. In ihr legte die Institution wissenschaftlich fundiert Rechenschaft ab, wohl wissend, dass es wegen des komplexen Sachverhalts nur ein Anfang, ein Work in progress sein kann.

WAS GESCHAH AM ANHALTER BAHNHOF BERLIN?

Mädchen unter der Decke von Karl Hofer

Es gibt Fälle, in denen Indizien auf Raubkunst hindeuten, doch dann kristallisiert sich in der Untersuchung heraus, dass sie es wahrscheinlich oder tatsächlich nicht sind. Bestimmte Merkmale, zum Beispiel ein Zollstempel auf der Rückseite einer Grafik, können einen solchen Verdacht erregen, besonders wenn der Stempel von einem Zollamt stammt wie dem des Berliner Anhalter Bahnhofs, über den im »Dritten Reich« viele jüdische Auswandernde und Flüchtlinge Deutschland verließen. Im Kunstmuseum Stuttgart fand ich bei der Herkunftsuntersuchung einer Zeichnung von Karl Hofer, die 1954 von der Stadt Stuttgart erworben wurde, ein solches Zollsiegel des Anhalter Bahnhofs aus dem »Dritten Reich«. Das warf Fragen auf: Warum ist der Stempel dort? Was erzählt er über das Eigentumsverhältnis?

Karl Hofer

Viele verbinden mit dem Maler und Grafiker Karl Hofer (1878–1955) einen Künstler, der im Nationalsozialismus unter Verfolgung und Verfemung seiner Kunst litt. Hofer hatte sich entschieden gegen die Faschisten positioniert und war dadurch am Ende der Weimarer Republik ins Fadenkreuz geraten. Nach der »Machtergreifung« Ende Januar 1933 musste er als Professor der Kunsthochschule Berlin ausscheiden. Die Verfemung seines Werkes als »undeutsch« und »entartet« verstand er nicht. Er sah sich als »deutschen Maler«. Trotz seiner Entlassung erhielt Hofer seine Pensionsbezüge und arbeitete als freier Künstler. Weil er im »Dritten Reich« sehr viel

Ein Zollstempel auf der Rückseite der Zeichnung *Mädchen unter der Decke* von Karl Hofer gab große Rätsel auf.

verkaufte, ging es ihm finanziell gut. Er stellte weiterhin im In- und Ausland aus. Erst mit der Aktion »Entartete Kunst« 1937 gehörte sein Werk zur verfemten modernen Kunst, seine Bilder wurden aus Museen entfernt und Ausstellungen in Deutschland waren nicht mehr möglich. Trotzdem verkaufte er weiter Bilder. Ihm ging es wirtschaftlich gut und er war in der Lage, den Unterhalt für seine Ehefrau zu zahlen und den Sommer in seinem Haus im Tessin zu verbringen.

Wegen der Ehe mit seiner jüdischen Frau Mathilde, geb. Scheinberger, von der er seit Beginn der 1920er getrennt lebte, entzog ihm die Reichskammer der bildenden Künste die Mitgliedschaft. Hofer versuchte bis 1939 mehrfach vergeblich, sich von seiner Ehefrau scheiden zu lassen, doch diese willigte nicht ein und das Gericht gab ihr recht, weil es ihr Mann gewesen war, der nach dem Ersten Weltkrieg ein Verhältnis mit einer anderen Frau begonnen und damit »Ehebruch« begangen hatte. 1939 willigte Mathilde Scheinberger schließlich doch in die Scheidung ein und Hofer konnte wieder Mitglied der Reichskammer werden.

Für Mathilde Scheinberger war die Scheidung allerdings fatal, denn sie verlor den Schutz vor rassistischer Verfolgung, der mit der »Mischehe« verbunden gewesen war. Am 21. November 1942 wurde sie im Konzentrationslager Auschwitz-Birkenau ermordet.

Der Historiker Kai-Uwe Merz fasste Hofers Haltung zum Schicksal seiner ersten Frau in folgende Worte: »Dieser abgründige, eigenbrötlerische, verschlossene, aber hochgeehrte Mann, der 1953 den Kunstpreis der Stadt Berlin bekam, beschwieg viel. Über das Schicksal seiner ersten Frau ist keine öffentliche oder private Äußerung überliefert.« In seinen 1953 veröffentlichten *Erinnerungen eines Malers* erwähnt Hofer sie nicht einmal mit ihrem Namen.

Das Zollsiegel

Hofers Zeichnung *Mädchen unter der Decke* erwarb die Stadt Stuttgart auf einer Ausstellung des Künstlers im Württembergischen Kunstverein. Sie zeigt eine in eine Decke gehüllte, liegende weibliche Figur. Im Hintergrund ist eine Gebirgslandschaft angedeutet. Das Blatt ist undatiert, aber signiert. Die Schreibweise der Signatur lässt eine Entstehung zwischen den 1920er und 1930er Jahren vermuten.

Auf der Blattrückseite befindet sich ein runder, roter Stempelabdruck, dessen Schrift nur teilweise lesbar ist. In der Mitte befindet sich der Umriss eines Reichsadlers (mit Hakenkreuz), wie er ab dem 5. November 1935 durch die Verordnung über das Hoheitszeichen des Reichs verbindlich vorgeschrieben war. Die alten Stempel wurden zwar teilweise noch bis zum 31. März 1937 eingesetzt, ab 1. April 1937 durften die alten Siegel jedoch nicht mehr verwendet werden. Bei dem Zollstempel auf Hofers Zeichnung handelt sich eindeutig um den neuen Reichsadlerstempel mit der Umschrift »Berlin Anh. Bhf.«.

Der im Maßstab vergrößerte Zollstempel auf der Rückseite der Zeichnung.

Zolldienstsiegel gehören zu Sicherungsmaßnahmen, die bis heute der Nämlichkeitssicherung dienen. Der Zoll erklärt das so: »Die Nämlichkeit (die Unverwechselbarkeit) einer Ware wird immer dann durch den Zoll gesichert, wenn sich ein Gegenstand in einem Zollverkehr ›unter zollamtlicher Überwachung‹ befindet. Hier gibt es mannigfache Möglichkeiten. Dies können zum Beispiel Versandverkehre oder Messeverkehre sein, bei denen Waren aus- und wieder eingeführt werden. Der Zoll stellt so sicher, dass dieselbe Ware wieder aus- bzw. eingeführt wird.«

Im Fall von Hofers Zeichnung belegt das Zollsiegel, dass sie im Ausland war. Hofers Berliner Galerist Karl Nierendorf hatte ab Mitte der 1930er Jahre in New York eine Zweigstelle eingerichtet und ließ sich aus Deutschland Waren schicken. Die Zeichnung könnte unter Kunstwerken gewesen sein, die Nierendorf in die USA kommen ließ. Der Galerist könnte sie aber auch in die Schweiz gesendet haben, weil das Kunstmuseum Winterthur zu Hofers 60. Geburtstag eine Werkschau zeigte.

Es haben sich Geschäftsbriefe erhalten, die einen Eindruck vermitteln, wie die Schweizer Ausstellung organisiert wurde und wie der Zoll ins Spiel kam. Am 9. Juni 1938 schrieb Nierendorf an seinen Künstler: »Dank für Ihren Brief. Bloche ist dabei die Bilder zu verpacken. Es ist eine mühselige Arbeit, die sehr kostspielig war, weil durch den Nämlichkeitsvermerk, den die Schweiz verlangt, die Bilder beim Zoll hier nochmal aus und wieder eingepackt werden müssen.« Dem Brief lässt sich entnehmen, dass alle Kunstwerke

(39 Gemälde und 20 Zeichnungen) vorher zum Berliner Zoll mussten. In einem weiteren Brief vom 5. Juli 1938 schrieb Nierendorf: »Heute ist Bloche mit meinem Spediteur beim Zoll um Ihre Bilder abzufertigen. Ich hoffe, dass alles glatt geht (…).«

Hofer weilte zu dem Zeitpunkt im Tessin. Bedenkt man weiter, dass alle in Winterthur gezeigten Werke bis 1953 in der Schweiz blieben und dadurch den Krieg überstanden, dann könnten das Indizien dafür sein, dass *Mädchen unter der Decke* unter den 20 Zeichnungen war. Damit ließe sich auch ihr sehr guter Erhaltungszustand erklären. Doch es gibt keine Belege für ihre Ausstellung in Winterthur.

Könnte die Zeichnung geraubt sein?

Durch den Stempel des Zollamts I im Anhalter Bahnhof Berlin kann die Zeichnung direkt mit dem Zoll der Stadt Berlin in Verbindung gebracht werden. Weil bis jetzt unbekannt ist, ob Hofer zum Zeitpunkt der Anbringung des Vernehmlichkeitsvermerkes Eigentümer der Zeichnung war, sind auch andere Eigentumsverhältnisse denkbar, vor allem vor dem Hintergrund der Geschichte des Anhalter Bahnhofs im »Dritten Reich«. Als im Zweiten Weltkrieg ab 1941 die Ausreise für Juden und Jüdinnen nicht mehr möglich war, wurden sie vom Anhalter Bahnhof ins Konzentrationslager Theresienstadt und in die Vernichtungslager im Osten deportiert. Der Anhalter Bahnhof ist auf das Engste mit der Geschichte der Verfolgung politisch Andersdenkender und des Holocaust verbunden. Der Zoll war ein wichtiges Instrument der Finanzverwaltung bei der Vermögensverwertung der Verfolgten. Es ist daher auch vorstellbar, dass der Zoll Hofers Zeichnung jemandem wegnahm, der emigrieren und sein Umzugsgut verzollen lassen musste. Weil unbekannt ist, wem die Zeichnung im Jahr 1954 gehörte, kann dieser Sachverhalt nicht ausgeschlossen werden – daher der Raubkunstverdacht. Hinzu kommt, dass Hofer im Krieg viele seiner Arbeiten, besonders seine Zeichnungen, verlor. Als im März 1943 ein Luftbombentreffer sein Atelier vollständig zerstörte, wurden 1000 bis 1500 Zeichnungen und 150 Gemälde vernichtet. Im November 1943 fiel seine Wohnung einer Bombe zum Opfer und zerstörte alle darin befindlichen Kunstwerke. Wie viele und welche Zeichnungen Hofer nach dem Krieg noch besaß, ist unklar. Wenn Hofer zum Zeitpunkt der Bombentreffer noch Eigentümer der Zeichnung *Mädchen unter der Decke* gewesen sein sollte, dann muss er sie woanders aufbewahrt haben. Und wenn das nicht der Fall gewesen sein und sie jemanden anderen gehört haben sollte, dann hätte sie sich an einem Ort befunden haben müssen, wo ihr der Krieg keinen Schaden zufügen konnte.

Wäre Hofer nicht mehr der Eigentümer gewesen, hätte die Zeichnung ihrem neuen Besitzer durchaus geraubt worden sein können. Es stellt sich daher die Frage, wann und in welchem Kontext das hätte geschehen sein können und welche Rolle der Zoll im Anhalter Bahnhof dabei gespielt hätte. Zwei Zeiträume und Szenarien sind denkbar: 1. die Zeit zwischen 1935 und 1941 im Rahmen der Auswanderung der rassisch und politisch Verfolgten und 2. das Jahr 1942, als die Deportationen von Juden in Berlin begannen.

Bis 1941 konnten Juden noch aus Deutschland auswandern, danach war es nicht mehr möglich. Zwischen Juni 1942 und Anfang 1945 fuhren vom Anhalter Bahnhof mehr als 110 sogenannte Alterstransporte mit Berliner Juden in Richtung Ghetto Theresienstadt in Böhmen ab. Die Deportationen organisierte die Staatspolizei(leit)stelle in Berlin. Dabei wurden die Juden ihres letzten Hab und Guts beraubt. Vom 2. Juni 1942 bis zum 27. März 1945 gab es die Transporte nach Theresienstadt. Die zur Deportation abgeholten Menschen durften nur das Nötigste mitnehmen. Wertpapiere, Devisen, Sparkassenbücher, Wertsachen jeder Art wie Gold, Silber und Platin (Eheringe ausgenommen) sowie lebendes Inventar und Lebensmittelkarten waren nicht erlaubt. Es ist kaum vorstellbar, dass eine Person, die sich zur Deportation einfand, eine fragile, unhandliche Zeichnung in der Größe von 41 × 61 cm dabeihatte. Es gibt zudem an der Zeichnung keinerlei Spuren, die auf solch einen Transport hindeuten würden. Überdies wäre die

Zeichnung als Kunstwerk unter Wertsachen gefallen. Kunstwerke raubten die Nationalsozialisten den Verfolgten entweder schon vor dem Transport oder im Rahmen der Ausräumung der verlassenen Wohnungen. Die systematische Plünderung der Wohnungen der Deportierten beschreibt der Historiker Kurt Schilde so: »Während die Eisenbahnwaggons der Deutschen Reichsbahn nach Osten in die Konzentrations- und Vernichtungslager rollen, beginnt die ›Bürokratie des Todes‹ vorschriftsmäßig mit ihrer Arbeit: Die in den Vermögensverwertungsstellen arbeitenden Finanzbeamten und Angestellten verwerten das Inventar der geräumten Wohnungen, fordern von den Banken die Sparguthaben ein und übernehmen Grundstücke und Gebäude. Grundlage der verwaltungsmäßigen Abwicklung in den Vermögensverwertungsstellen der Oberfinanzpräsidien bzw. Finanzämter bilden die Vermögenserklärungen. Regelmäßig erhält die Vermögensverwertungsstelle diese mit den Transportlisten von der Geheimen Staatspolizei als Bestätigung, dass das Vermögen der dort aufgeführten Personen ›durch Entziehung dem Reiche verfallen‹ ist. Wie die Geheime Staatspolizei bedient sich auch die Finanzverwaltung bei der Verwertung zunächst einmal selbst. (…) ›Bevor eine anderweitige Verwertung des jüdischen Eigentums vorgenommen werden durfte, war zunächst zu prüfen, welche Einrichtungsgegenstände für die Ämter der Finanzverwaltung in Frage kamen, zum Beispiel Schreibtische, Sessel, Bücherschränke, Bilder, Teppiche (…).‹«

Oft hatten die Opfer mehrfach umziehen müssen und dabei immer weniger mitnehmen können. Bei diesen Umzügen verloren sie sukzessive ihr Eigentum. Das Zollsiegel auf Hofers Zeichnung lässt sich aber nicht im Kontext des Verlusts einer Wohnungseinrichtung durch erzwungenen Umzug oder Räumung einer Wohnung von Deportierten erklären. Denn in diesen Akten der letzten Verwertung jüdischen Vermögens kam der Zoll eigentlich nicht vor.

Bei der Judenverfolgung spielte die Finanzbürokratie eine wichtige Rolle. Der Fiskus beteiligte sich entscheidend an der Verarmung und Verfolgung der jüdischen Bevölkerung. Die deutsche Finanzverwaltung, die Steuer- und Zollverwaltung, war auf allen Ebenen an der fiskalischen Ausplünderung der Juden beteiligt. Die Auswanderung, die im Verlauf der Jahre einer Massenflucht glich, bot dabei die Möglichkeit, Zugriff auf die Vermögen zu bekommen. Den Auswandernden war es nur zu Beginn des »Dritten Reichs« möglich, größere Teile des eigenen Vermögens ins Ausland zu transferieren. Danach wurden die Möglichkeiten systematisch vom Regime begrenzt und der Staat versuchte einen maximalen Zugriff auf die Vermögen der Fliehenden zu erhalten.

Angesichts dieser Praktiken kann nicht grundsätzlich ausgeschlossen werden, dass Hofers Zeichnung zu jüdischem Umzugsgut gehörte, das wegen des Kriegs nicht mehr an seinen Zielort transportiert und dann von den Finanzbehörden konfisziert und verwertet wurde. Aber es erscheint nicht sehr wahrscheinlich. Am Ende steht nur eines wirklich fest: Die Zeichnung *Mädchen unter der Decke* wurde vom Zollamt I im Anhalter Bahnhof abgestempelt und zwar in der Zeit, in der auch die Ausstellung in Winterthur stattfand. Angesichts des sehr guten Erhaltungszustands erscheint es wahrscheinlich, dass die Zeichnung zu den 20 Blättern gehörte, die in der Hofer-Schau gezeigt wurden und bis nach dem Krieg in der Schweiz verblieben. Dann wäre sie zurückgekommen und Hofer hätte wieder über sie verfügen und sie ausstellen können. Es wäre dann 1954 ihr Eigentümer gewesen und der Zollstempel stünde in keinem Zusammenhang mit Raubkunst. Doch eindeutig ist die Sachlage nicht.

»SCHLOSSBERGUNG« IM RITTERGUT ERMLITZ – VOM KUNSTRAUB IN DER SBZ IN DEN KUNSTHANDEL DER BRD

Radierungen von Wenzel Hollar

Die Entdeckung eines kleinen, unscheinbaren Sammlerstempels führte mitten hinein in eine große unbekannte Geschichte. Im Juni 2017 wurde im Leopold-Hoesch-Museum Düren auf einer vierblättrigen Grafik-Serie des böhmischen Zeichners und Kupferstechers Wenzel Hollar (1607–1677) ein ockerfarbener Sammlerstempel gefunden. Er trägt die Bezeichnung »Apel-Ermlitz«. Diese zwei Namen öffneten die Tür zu einem historischen Ereignis, das sich weit entfernt vom Rheinland kurz nach dem Zweiten Weltkrieg in der sowjetisch besetzten Zone ereignete: die sogenannten Schlossbergungen 1945/46. Mit ihnen verbindet sich ein staatlich verordneter Kunstraub und eines der Hauptproblemfelder der Provenienzforschung: die Restitution von Kunst- und Kulturgut, das von Behörden der Sowjetischen Besatzungszone/DDR entzogen wurde. Die Dürener Entdeckung war auch deshalb bedeutsam, weil man bis dahin nicht wusste, dass das in den »Schlossbergungen« entzogene Kulturgut auch Eingang in westdeutsche Museen oder zumindest in eines von ihnen gefunden hatte. Denn in der Regel waren die beschlagnahmten Objekte auf verschiedene Kultureinrichtungen der DDR, zum Beispiel Museen, verteilt oder in den staatlichen Kunsthandel gebracht worden, um ins Ausland für Devisen verkauft zu werden. Doch der Reihe nach.

Im Jahr 1957 erwarb das Leopold-Hoesch-Museum von der traditionsreichen Düsseldorfer Kunsthandlung C. G. Boerner die Serie der vier Radierungen, die Hollar 1630 geschaffen hatte. Die Ätzungen, gedruckt auf dünnem Büttenpapier, zeigen die vier Jah-

Der Sammlerstempel »Apel-Ermlitz« auf den Radierungen des Kupferstechers Wenzel Hollar öffnete die Tür zu einem historischen Ereignis.

reszeiten als Straßburger Ansichten. Hollar war 1627 bei dem berühmtesten Kupferstecher seiner Zeit, Matthäus Merian d. Ä., in Frankfurt am Main in die Lehre gegangen und lebte anschließend zwei Jahre in Straßburg. Dort entstanden für den Verleger Jakob van der Heyden eine Reihe von Ansichten der Stadt und ihrer Umgebung. 1634 reiste Hollar über Düren in die Niederlande. Aus diesem Grunde war das Werk des Künstlers auch für die Grafiksammlung des Leopold-Hoesch-Museums interessant und wurde wohl deshalb 1957 angekauft. Auf den Bildrückseiten der vier druckgrafischen Blätter finden sich jeweils drei Stempel, die bedeuten-

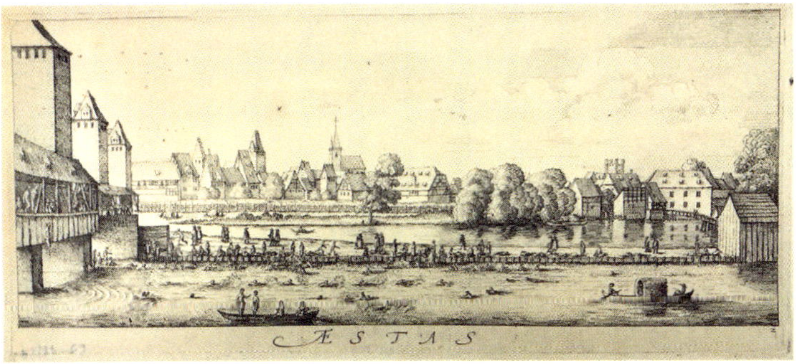

den Sammlern zugeordnet werden können: Paul Davidsohn, dem Fürstlichen Waldburg-Wolfegg'schen Kunstkabinett und Theodor Apel vom Rittergut Ermlitz. Deshalb für Letzteren die abkürzende Bezeichnung »Apel-Ermlitz«.

Der barocke Herrensitz

Das Rittergut liegt im sachsen-anhaltinischen Ermlitz und besteht unter anderen aus einem zweigeschossigen barocken Herrenhaus mit Mansarddach und einer historischen Gartenanlage. 1771 kaufte der spätere Leipziger Bürgermeister Heinrich Friedrich Innocentius

Apel (1732–1802) das Landgut mit dem ihn umgebenden Park. Sein Sohn Johann August Apel (1771–1816), wie sein Vater Jurist und Ratsherr in Leipzig, machte den Landsitz zu einem Treffpunkt von Literaten und Musikern. Er selbst war ein begeisterter Schriftsteller, der immer, wenn er die Zeit dazu fand, sich dem Schreiben widmete. Aus seiner Feder stammen ein zeitgenössischer Bestseller, das *Gespensterbuch* – eine Sammlung romantischer Schauer- und Gespenstergeschichten, die er zusammen mit seinem Freund, dem Schriftsteller Friedrich August Schulze (Pseudonym Friedrich Laun), verfasste – und die Novelle *Der Freischütz*. Diese war Vorlage für das Libretto der gleichnamigen Oper von Carl Maria von Weber. Der Komponist, Dirigent und Pianist hatte die Ouvertüre zu seiner berühmten Oper auf dem Hammerflügel im Musiksalon des Apel'schen Herrenhauses komponiert.

Das Rittergut überstand die Jahrhunderte und den Zweiten Weltkrieg unbeschadet. Selbst die barocken Tapeten, in Gouache-Technik bemalte Leinwände, die heute das wertvollste historische Gut des Herrenhauses sind, überdauerten die schweren Zeiten. Doch mit dem Einmarsch der Roten Armee und der sowjetischen Besatzung Ostdeutschlands sollte sich alles grundlegend ändern. Die russische Militärregierung führte im Herbst 1945 in der von ihr besetzten Zone eine sogenannte Bodenreform durch. In deren Verlauf wurden Großgrundbesitzer und Adlige entschädigungslos enteignet. Diese als »Schlossbergungen« bezeichneten Enteignungen umfassten auch das gesamte nichtlandwirtschaftliche Inventar. Barocke Möbel, Gemälde, Grafik- und andere Sammlungen, ganze Bibliotheken usw. wurden eingezogen. Die Eigentümer und ihre Familien mussten oftmals über Nacht ihre Güter verlassen, teilweise wurden sie auch interniert.

Heute werden diese Entziehungen von Kulturgütern in der SBZ und in der Zeit der DDR in vielen Fällen als unrechtsbehaftet gewertet. Deshalb werden seit einigen Jahren Anstrengungen unternommen, die auf diese Art und Weise entzogenen Kunst- und Kulturgüter in öffentlichen Institutionen und Sammlungen zu identifizieren und an die Nachfahren und Erben ihrer ehemaligen Eigentümer zurückzugeben.

Die »Schlossbergung« in Ermlitz

Bis 1945 gehörte das Gut dem Nachfahren Theodor Apel. Sein geschichtsträchtiges Haus beherbergte umfangreiche kunst- und kulturgeschichtliche Sammlungen. Neben kunstgewerblichen Objekten wie barocken Möbeln und Fayence-Kachelöfen gab es zahlreiche Kunstgegenstände wie Gemälde, eine Grafiksammlung, die eine historische Flugblattsammlung enthielt, eine archäologische Sammlung mit Bronzegegenständen wie Sicheln und anderem landwirtschaftlichem Gerät, und eine 16000 Bände zählende Bibliothek. Durch die Bodenreform wurde Theodor Apel im September 1945 enteignet. Innerhalb von 24 Stunden musste er mit seiner Familie seinen Grund und Boden verlassen. Bis auf einige normale Einrichtungsgegenstände konnten sie nichts mitnehmen. Das gesamte übrige Inventar wurde im Rahmen der »Schlossbergung« beschlagnahmt und fortgeschafft. Selbst die historischen Kachelöfen nahm man mit. Der Erhalt der barocken Tapeten verdankt sich dem glücklichen Umstand, dass kunstsinnige Zeitgenossen sie teilweise abnahmen, im aufgerollten Zustand in einer Scheune einlagerten und sie teilweise hinter Holzwandverkleidungen versteckten, wo sie erst in den frühen 2000er Jahren bei Sanierungsarbeiten wiedergefunden wurden.

Der sozialistische Staat der Arbeiter und Bauern hatte für das Rittergut einen neuen Verwendungszweck. 1949 richtete er hier das Kinderheim »Clara Zetkin« ein. Erst 1999 zog es in neue Räume um, nachdem der letzte Nachfahr der Familie Apel, Gerd-Heinrich Apel, das Rittergut 1998 zurückgekauft hatte.

Aus der erhaltenen Schlossbergungsliste ist ersichtlich, was damals alles mitgenommen wurde. Allerdings stellt sie keine detaillierte Beschreibung der einzelnen Kunst- und Kulturgüter dar. Sie listet 125 Bücher, einen Zentner Noten, 87 Möbel, 85 Kunstgegenstände, 13 Bilder und einen Karton mit 105 Grafiken auf. Das eingezogene Kulturgut wurde verteilt auf die Landesbibliothek, die Musikhochschule, verschiedene Museen und die Moritzburg Halle.

Ein gesondertes Inventar der Grafiksammlung ist nicht bekannt, sodass man nicht im Detail weiß, was die Sammlung alles enthielt. Es gibt lediglich eine im August 1943 von Theodor Apel angefertigte Liste von Kupferstichen, Handzeichnungen, Büchern und Manuskripten, in der auch eine Grafik bzw. ein Kupferstich von Hollar mit dem Titel *Straßburger Münster* genannt ist.

Durch die Provenienzforschung der vergangenen Jahre wurde die Flugblattsammlung entdeckt, die ursprünglich zur Apel'schen Grafiksammlung gehörte. Die 2017 vom Leopold-Hoesch-Museum durchgeführten Recherchen ergaben, dass aus dem Bestand der Moritzburg Halle eine Anzahl von Verkäufen von Kunst- und Kulturgut verschiedener Herkunft an den Volkseigenen Betrieb (VEB) Moderne Kunst getätigt wurde. Das verwundert nicht, weil zur Moritzburg ein Teil der in Ermlitz beschlagnahmten Objekte gebracht worden war. Bereits vor der Dürener Untersuchung waren dort drei Radierungen von Wenzel Hollar mit der Herkunft Ermlitz/Apel ermittelt und an den Erben nach Theodor Apel restituiert worden.

Die Herkunft der vier Jahreszeiten-Blätter von Hollar

Die Geschichte der »Schlossbergungen« ließ es naheliegend erscheinen, dass auch die Blätter von Wenzel Hollar im Leopold-Hoesch-Museum im Rahmen der Bodenreform beschlagnahmt worden waren. Später wurden sie dann von den Behörden der DDR veräußert. Allerdings kann in diesem Fall der Verbringungsweg der Radierungen nicht vollständig nachvollzogen werden. Es gilt aber als erwiesen, dass sich die Familie Apel nicht zuvor von ihnen durch einen Privatverkauf getrennt oder sie auf ihrer Flucht mitgenommen hatte. Das hätte ganz und gar nicht dem Zweck der Sammlungen entsprochen. Denn die Apels hatten »für die Ewigkeit« und künftige Generationen gesammelt, am Verkauf oder der Vermehrung des Sammlungswertes waren sie nie interessiert gewesen.

Der Umstand, dass Grafiken aus der beschlagnahmten Sammlung Apel in einem westdeutschen Museum auftauchten, war ungewöhnlich. Zum Zeitpunkt der Entdeckung war kein anderer Fall bekannt. Es muss davon ausgegangen werden, dass nach der Staatsgründung der Deutschen Demokratischen Republik 1949 die Behörden Kunstwerke in den Westen verkauften. Auf diesem Wege kamen Wenzel Hollars Radierungen wohl in den 1950er Jahren ins Rheinland. Wann genau und auf welche Art und Weise ihr nächster Eigentümer in ihren Besitz gelangte, ist unbekannt. Wir wissen nur, dass er sie dann 1957 an die Düsseldorfer Kunsthandlung C. G. Boerner verkaufte. In deren Geschäftsbuch ist lediglich der Nachname des Mannes überliefert. Er hieß Jacob und wohnte in Siegburg. Mehr konnte über ihn nicht herausgefunden werden.

Für die Prüfung von Enteignungsfällen im Rahmen der »Schlossbergungen« ist das Landesverwaltungsamt Sachsen-Anhalt – Landesamt zur Regelung offener Vermögensfragen (LVwA) – zuständig. Das Leopold-Hoesch-Museum zog dieses zur Klärung der Frage heran, ob die vier Radierungen von Wenzel Hollar aus der »Schlossbergung« des Ritterguts Ermlitz stammen und deshalb als Raubkunst an die Nachfahren und Erben von Theodor Apel restituiert werden sollten. Das LVwA kam zu dem gleichen Ergebnis wie das Museum und stellte fest, dass auf der Grundlage der Forschungsergebnisse die vier Blätter von Hollar im Rahmen der Sicherung von Kunst- und Kulturgut im Zuge der Bodenreform enteignet und später durch die Behörden der DDR veräußert wurden. Und weil die Enteignung von Bildern und Grafiken aus dem Gutshaus Ermlitz nachgewiesen sei und es keine Hinweise auf einen Privatverkauf durch die Familie Apel oder eine Mitnahme auf der Flucht gebe, solle man über eine ausgleichsrechtliche oder zivilrechtliche Einigung mit den Nachfahren nachdenken.

Das taten das Leopold-Hoesch-Museum und die Stadt Düren und entschieden sich am Ende für die Restitution. Im Juni 2018 wurden die Radierungen zurückgegeben.

VOM STAAT GERAUBT ODER DEM STAAT GESCHENKT?

Der Nachlass von Otto Nagel

Für die 16-jährige Salka-Valka Schallenberg, geb. Nagel, Enkelin des berühmten Berliner Malers Otto Nagel (1894–1967), brach 1988 eine Welt zusammen. Die Ost-Berliner Schülerin wurde nach sechs Wochen auf der Erweiterten Oberschule (EOS) von der Schule verwiesen. Man verwehrte ihr damit, weiter auf die Abiturstufe zu gehen und die Reifeprüfung abzulegen. Ungenügende schulische Leistungen wurden als Grund genannt. Während einer Pause auf dem Schulhof legte einer ihrer Lehrer ihr nahe abzugehen. Merkwürdig an dem ganzen Vorgang war, dass das Mädchen überhaupt zur Oberschule zugelassen worden war. Warum hatte man ihr nicht schon am Ende des vorangegangenen Schuljahrs die schlechte Botschaft mitgeteilt?

Um die EOS besuchen zu dürfen, wurde eine positive ideologische Haltung erwartet. Renitentes Verhalten, gar Widerspruch waren Ausschlusskriterien. Laut dem Ministerium für Volksbildung waren nur Schüler:innen zur EOS zuzulassen, »die sich durch Leistungsfähigkeit und Bereitschaft sowie politisch-moralische und charakterliche Reife auszeichnen, ihre Verbundenheit mit der DDR durch ihre Haltung und gesellschaftliche Aktivität bewiesen haben«. Diese Voraussetzungen vermisste man offenbar bei Otto Nagels Enkelin. Damit war ihr der Weg zu einem Hochschulstudium versperrt, sie erlernte den Beruf der Krankenschwester in einem psychiatrischen Krankenhaus. Glück im Unglück war, dass ein Jahr später die DDR unterging. Nun konnte Salka-Valka Nagel ihr Abitur nachholen und sich beruflich neu orientieren.

Die Weddinger Jungen des Künstlers Otto Nagel gehören zu bekanntesten Bildern des Berliner Proletariats.

Dass die Relegation von der weiterführenden Schule mit dem Nachlass des in der DDR sehr geschätzten Künstlers Otto Nagel zu tun hatte, wusste Salka-Valka Schallenberg damals nicht. Sie vermutete als Grund die Ausreise ihres Bruders aus der DDR im Sommer 1988, durch die die Familie Schallenberg in eine Art »Sippenhaft« genommen wurde.

Erst sehr viel später, als sie sich mit ihrem Partner Bernd Schallenberg auf die schmerzhafte Erforschung ihrer Familiengeschichte einließ und durch 3000 Dokumente aus Archiven des Ost-Berliner Magistrats, des Ministeriums für Kultur der DDR und von Museen arbeitete, lichtete sich der Nebel. Da erfuhr sie, dass alles mit dem Nachlass Otto Nagels zusammenhing. Ihr Verweis von der EOS war eine der perfiden Maßnahmen im Rahmen der jahrelangen politischen Verfolgung der Familie, die sich ab Ende der 1970er Jahre geweigert hatte, die Enteignung des Nachlasses durch die DDR-Regierung klaglos hinzunehmen.

Kommunist, sozialkritischer (»proletarisch-revolutionärer«) Künstler, Antifaschist

Otto Nagel war einer der wenigen Künstler in Deutschland, der aus der Arbeiterklasse stammte und national sowie international Bekanntheit erlangte. Und das, obwohl er bei der Gründung der Kommunistischen Partei Deutschlands (KPD) 1918/19 zu deren ersten Mitgliedern gehörte. Nachdem man in der BRD ab den 1960er Jahren die realistischen und sozialkritischen Strömungen in der bildenden Kunst der ersten Hälfte des 20. Jahrhunderts wiederentdeckt und auch hier sukzessive mit der Erforschung der Arbeiterkultur und links-progressiver Kunsttendenzen begonnen hatte, war der Maler, Kommunist und Kulturpolitiker Nagel auch im Westen ein Begriff. In der DDR dagegen war er längst bekannt und gehörte in der Nomenklatura lange zu den bekanntesten Persönlichkeiten. Je mehr sich aber die stalinistischen Strukturen in der DDR verfestigten, desto mehr kühlte sich das Verhältnis zwischen Nagel und führenden Genossen ab.

Otto Nagel kam 1894 als fünfter Sohn eines Tischlers und Sozialdemokraten im Berliner Arbeiterviertel Wedding zur Welt. Das war keine gute Voraussetzung für eine künstlerische Laufbahn. Tatsächlich besuchte er auch nie eine Kunstakademie. Ein vollkommener Autodidakt in der bildenden Kunst war er dennoch nicht, denn er begann eine Lehre als Glasmaler, die er aber nicht abschloss. Anfangs verdiente er sein Geld als Transportarbeiter und wurde wie sein Vater Mitglied in der Sozialdemokratischen Partei Deutschland (SPD). Im Ersten Weltkrieg zog man ihn zum Kriegsdienst ein, bald aber verweigerte er diesen wegen seiner politischen und pazifistischen Haltung. Als politisch bewusster Arbeiter und Anhänger der Idee eines internationalen Proletariats wollte er nicht auf seine ausländischen Brüder schießen. Das brachte ihm Straflager in Wahn bei Köln ein.

Otto Nagel war einer der ganz wenigen deutschen Künstler, die den Kriegsdienst verweigerten. Konsequenterweise landete er als Antimilitarist bei der den Krieg ablehnenden Unabhängigen Sozialistischen Partei Deutschland (USPD) und wurde dann Mitglied in der KPD. Seine künstlerische Laufbahn begann nach der Novemberrevolution unfreiwillig. Wegen seiner Beteiligung am Märzstreik 1921 wurde er fristlos entlassen und geriet auf eine Schwarze Liste, weshalb ihn kein Arbeitgeber mehr einstellte. Fortan versuchte er, als freischaffender Maler sein Brot zu verdienen, mit Bildern von Berliner Arbeiter:innen, ihren Kindern und den desolaten Verhältnissen in den Arbeitervierteln, besonders im »Roten Wedding«. Nagels Bilder fangen in einer gegenständlichen Darstellung mit reduzierter Farbpalette die Welt der Hinterhöfe ein. Seine Kunst stellt ungeschminkt die Lebensbedingungen und Umwelt der Nichtprivilegierten jenseits der »Goldenen Zwanziger« dar. Diese Art Realismus wurde später in der DDR zum Ideal einer sozialistischen Kunst.

Nagel war auch in linken Projekten wie der »Künstlerhilfe« in der Internationalen Arbeiterhilfe engagiert. Er schloss Freundschaft mit Seelenverwandten wie Käthe Kollwitz und Heinrich

Zille und machte sich als linker Kulturaktivist einen Namen, auch international, wobei ihm seine guten Kontakte in der KPD und Kommunistischen Internationale (Komintern) geholfen haben dürften. Mitte der 1920er Jahre organisierte er die Erste Allgemeine Deutsche Kunstausstellung, die in Moskau, Leningrad (heute St. Petersburg) und Saratow gezeigt wurde. In Leningrad lernte er die russische Schauspielerin Walentina Nikitina (1904–1983), kurz Walli genannt, kennen. Die beiden wurden ein Paar, heiraten und Walli ging 1926 mit Otto nach Berlin. Unter schwierigen Bedingungen lebten sie mit Otto Nagels Tochter Lotte aus erster Ehe in einer kleinen Wohnung im Wedding. Lotte sollte sich 1930 mit nur 14 Jahren das Leben nehmen.

Als Kommunist war Otto Nagel ein entschiedener Gegner der wachsenden nationalsozialistischen Bewegung. In deren Lager hatte er bald Feinde und zählte nach dem Reichstagsbrand 1933 zu denjenigen Kommunisten, die von den Nationalsozialisten verhaftet wurden. Die Jahre der NS-Herrschaft waren für ihn und Walli Nagel geprägt von Verfolgung. Otto Nagel erhielt Malverbot, wurde inhaftiert. 1937 kam er ins Konzentrationslager Sachsenhausen. Er leistete Widerstand, half Juden beim Untertauchen, musste sich schließlich selbst mit seiner Familie verstecken. In dieser Zeit brachte Walli Nagel die Tochter Sybille zur Welt.

Otto und Walli Nagel glaubten an die sozialistische Utopie einer gerechten Welt ohne Missstände, an die kommunistische Gesellschaft ohne Klassengegensätze und die Widersprüche des Kapitals. Sie beteiligten sich nach dem Untergang des Nationalsozialismus am Aufbau des Sozialismus in der DDR. Otto Nagel stieg zu einem der profiliertesten Kulturpolitiker Ostdeutschlands auf. Er wurde Gründungsmitglied der Deutschen Akademie der Künste in Ost-Berlin, bald darauf ihr Präsident. Aber Otto Nagel war kein Stalinist und Apparatschik der allmächtigen Partei, er musste deshalb immer öfter feststellen, dass er nicht auf Parteilinie war und seine Vorstellungen nicht mit den Erwartungen und Zielsetzungen der Sozialistischen Einheitspartei Deutschlands (SED) übereinstimmten. Deren Doktrin des Sozialistischen Realismus in der Kunst und die Verurteilung anderer künstlerischer Ausdrucksformen als »Formalismus« teilte er nicht, er sah darin eine politische Bevormundung der Künstler:innen durch die Partei. Den Genoss:innen ließ er ausrichten, sie mögen sich von der Kunst fernhalten.

Der ungleiche Kampf ums Erbe

Bei seinem Tod hinterließ Otto Nagel einen umfangreichen künstlerischen Nachlass und den Wunsch, dieser möge von seiner Familie gepflegt und von der Tochter, der Kunstwissenschaftlerin Sybille Schallenberg-Nagel (1943–2015), wissenschaftlich aufgearbeitet werden. Das Wohnhaus sollte eine öffentliche Kulturstätte werden.

Dank des unermüdlichen Einsatzes, des Organisationstalents und der Überzeugungskraft gelang es Walli Nagel, den Magistrat von Groß-Berlin dazu zu bewegen, ein Otto-Nagel-Haus als Unterabteilung des Märkischen Museums am Märkischen Ufer in Ost-Berlin einzurichten. Dafür stellte Walli Nagel den Nachlass unentgeltlich als Dauerleihgabe zur Verfügung. Die Leitung des Hauses hatte der Schwiegersohn, der Künstler Götz Schallenberg, und die wissenschaftliche Bearbeitung des Nachlasses übernahm ihre Tochter.

Aufgewertet wurde die Dauerleihgabe noch durch die Erwerbung der Sammlung Worms, die Walli Nagel 1970 in der BRD ausfindig gemacht und mit eigenen Mitteln zurückerworben hatte. Franz Worms war Galerist und hatte Nagel-Bilder über den Krieg gerettet. Bei der Rückführung dieser Sammlung half das Märkische Museum, was dazu führen sollte, dass es Eigentumsansprüche anmeldete, über die jahrelang erbittert gestritten wurde. Bereits in der frühen Phase der Geschichte des Nachlasses wurde von offizieller Seite gegen die Familie intrigiert. So war der Stadtrat für Kultur der Überzeugung, wegen der kunstgeschichtlichen Bedeutung des Werks Otto Nagels seinen Nachlass in gesellschaftliches Eigentum »überführen« zu müssen. Darin eingeschlossen war die Sammlung Worms. 2005 stellte das Oberlandesgericht Brandenburg klar, die Sammlung Worms sei immer Eigentum der Familie gewesen.

Nach der erfolgreichen Eröffnung des Otto-Nagel-Hauses entwickelte es sich mit seinen Ausstellungen, Publikationen und Vermittlungsprogrammen zu einem kulturellen Leuchtturm. Das Märkische Museum als sein Träger war darüber nicht glücklich, neidvoll beobachtete es den Erfolg, zu dem es selbst nicht beitrug.

Die von Anbeginn problematische Konstellation zwischen dem Märkischen Museum als Träger einerseits und der Mitarbeit der Familie andererseits führte 1974 zur gegenseitigen Entfremdung und schließlich zur Abspaltung des Otto-Nagel-Hauses. Es wurde in eine unabhängige städtische Einrichtung überführt, deren Geschicke nun in den Händen von Sybille Schallenberg-Nagel und ihrem Mann lagen. Doch die Konflikte schwelten weiter, sorgten für Streit mit dem Märkischen Museum und führten am Ende zu einem Eklat, der die Familie aus dem Projekt aussteigen ließ. 1978 entdeckte sie, dass ein Kurator mit der Hilfe von zwei Mitarbeitern Nagel-Werke fälschte, auch vor einer Leihgabe aus der BRD machten sie nicht halt. Als dann auch noch rechtliche Schritte im Sande verliefen und ein Disziplinarverfahren folgenlos blieb, hatte die Familie endgültig genug. Sie beendete ihre Zusammenarbeit mit dem Otto-Nagel-Haus und zog den Nachlass ab. Eine für die Parteifunktionäre peinliche und ärgerliche Situation. Das Verhalten der Familie wurde als feindlicher, »illegaler« Akt gewertet, den man nicht gewillt war hinzunehmen.

Die konstruierte Steuerschuld

Auf höchster Ebene wurden Schritte eingeleitet, um der Familie den Nachlass zu entziehen. Vom Kulturstadtrat und dem Staatssekretariat für Kultur wurde ein Testamentsentwurf ausgearbeitet, der vorsah, dass Walli Nagel ihr Erbe – Nachlass und Haus – dem Staat vermachen sollte. Die Tochter der Witwe (auch nach DDR-Recht die rechtmäßige Erbin) wäre leer ausgegangen, wenn Walli Nagel den Entwurf akzeptiert hätte. Das tat sie nicht.

Doch die Behörden ließen nicht locker. Nach Walli Nagels Tod 1983 verging kaum Zeit, bis eine Expertenkommission der Staatlichen Museen zu Berlin unter der Leitung ihres Generaldirektors auf den Plan trat und unter Anwendung teils illegaler Mittel den Nachlass erfasste und seinen Wert taxierte. Über das Verfahren bemerkt Bernd Schallenberg, der mit Salka-Valka Schallenberg 2023 ein Buch über den *Fall Otto Nagel* und Kunstraub in der DDR publizierte: »Jeder Löffel und jede Tasse zählten plötzlich zum künstlerischen Nachlass und wurden bewertet. Die Bilder Nagels, die nach den Gesetzen der DDR eigentlich nicht zu besteuern waren, wurden zum Handelsgut erklärt. Den gesamten Nachlass schätzte man auf eine absurde Summe von etwa 2,5 Millionen Mark der DDR. Wohl wissend, dass die Familie so viel Geld nicht hatte, bot der Finanzminister persönlich der Erbin an, auf die Steuer zu verzichten, wenn sie dafür den Nachlass rausrückt. Ein echtes Steuerverfahren verhinderte der Staatssekretär für Kultur mit Hilfe des staatlichen Notariats.«

Sybille Schallenberg-Nagel hatte keine Alternative, sie musste in die Schenkung einwilligen oder eine Erbschafts- und Vermögenssteuer in Höhe von 1,6 Millionen DDR-Mark wäre fällig gewesen. Für Bernd Schallenberg handelte es sich in Wahrheit um eine vom Staat konstruierte Steuerschuld: »Als man der Erbin des Nagel-Nachlasses (…) mit Vermögens- und Erbschaftssteuer auf den Pelz rückt, werden fast ausschließlich Werke von Otto Nagel (ca. 350 Bilder und Zeichnungen) erfasst und mit 70 % Steuer belegt. Hier wird also ganz bewusst aus den Bildern, die Nagel selbst malte und die nicht gekauft und verkauft wurden, ein Handelsgut unterstellt.« Der Staat ging von einer zwölffachen Wertsteigerung des Nachlasses gegenüber dem Jahr 1970 aus, wo dieser mit etwa 200 000 DDR-Mark bewertet worden war. Zwölf Jahre später soll er plötzlich 2,4 Millionen DDR-Mark wert gewesen sein. Angesichts der niedrigen bis moderaten Preise für Nagel-Bilder im Osten und auf dem westlichen Kunstmarkt war das eine unglaubliche Wertsteigerung, die alles andere als über jeden Zweifel erhaben war. Die daraus abgeleitete, völlig überhöhte Steuerschuld erscheint daher als nichts anderes als ein staatliches Instrument der Enteignung.«

In der DDR war es keineswegs ungewöhnlich, dass der Staat zu fiskalischen Mitteln griff, um an private Kunstsammlungen zu gelangen. Der Jurist und Rechtsanwalt Ulf Bischof führt hierzu aus: »Oft geschah dies über Vermögens- oder Erbschaftssteuer und die entsprechenden Säumniszuschläge, wenn die Steuer, wie in solchen Fällen immer später, erhoben wurde. Bei Sybille Schallenberg-Nagel ist es nie zu einer formalen Steuerfestsetzung gekommen. Sie war die potenzielle Steuerschuldnerin für den Nachlass ihrer Mutter. Als Tochter fiel sie zwar in Steuerklasse I, die Freibeträge waren mit 20 000 Mark aber vergleichsweise gering. Für Nachlässe, die 1 Million DDR-Mark überstiegen, betrug der Erbschaftsteuersatz 50 Prozent (…) Legt man die Schätzung der ›Erfassungskommission‹ (…) als zutreffend zugrunde, wäre dies allein für die Kunstsammlung ein Millionenbetrag gewesen. Selbstredend waren dies angesichts der realen Einkommensverhältnisse und des allgemeinen Preisgefüges aberwitzige Beträge. Im Ergebnis bedeutete dies zwangsläufig, dass derlei Steuer nie bezahlt, sondern immer durch Abgabe zumindest des halben Erbes getilgt werden musste, bezogen nur auf die Erbschaftsteuer.«

An sich war es auch nach DDR-Recht nicht zulässig, Steuerverfahren dazu zu nutzen, private Kunstsammlungen in Staatsbesitz umzuwandeln. Die konstruierte Steuerschuld der Erbin Sybille Schallenberg-Nagel illustriert aber, dass staatliches Recht bei Bedarf flexibel ausgelegt wurde. Sie musste insgesamt 80 Prozent des Nachlasses – fast 300 Werke von Otto Nagel und einige Werke anderer Künstler – an den Staat abgeben. Der Rest und das Archiv blieben in der Familie.

Das Scheitern des Restitutionsantrags und das Forschungsprojekt

1990 beantragte Sybille Schallenberg-Nagel die Rückübertragung des Wohnhauses von Otto und Walentina Nagel und ein Jahr später die Restitution von Otto Nagels Bildern. 1998 wurde der Antrag abschlägig beschieden mit der Begründung, dass sie nicht ausreichend nachweisen könne, von den DDR-Behörden genötigt, erpresst und enteignet worden zu sein. Die Beweispflicht liegt – anders als in Fällen von NS-verfolgungsbedingt entzogenen Kulturgütern – hier beim Opfer. Zwar legten die Anwälte von Sybille Schallenberg-Nagel das Prozedere des Enteignungsprozesses dar, es fehlte aber der eindeutige Beweis. Die Ablehnung wurde damit begründet, der Staat der DDR sei Sybille Schallenberg-Nagel großzügig mit dem Erlass der Erbschaftssteuer entgegengekommen. Nach Ansicht Bernd Schallenbergs wurden in dieser Argumentation die kriminellen Machenschaften der DDR-Organe höchst offiziell für rechtskonform erklärt. Wie immer man die Angelegenheit auch sieht, die Kunstwerke und das Haus waren verloren.

2019 machten Bernd und Salka-Valka Schallenberg sich daran, in einem Forschungsprojekt die Geschichte des Nachlasses von Otto Nagel zu untersuchen. Es trug den sperrigen Titel »Otto Nagel – Sein Wirken in der ehemaligen DDR, seine Überwachung und das MfS und der Umgang des Staatsapparates der ehemaligen DDR mit seinem Erbe nach seinem Tod im Jahr 1967«. Durchgeführt wurde es in Kooperation mit der Beauftragten des Landes Sachsen-Anhalt zur Aufarbeitung der SED-Diktatur. Bis Ende der 2010er Jahre hatte die Geschichte des Nachlasses der Familie keine Ruhe gelassen. 3000 Seiten Aktenmaterial waren auszuwerten. Nach der mehr als drei Jahre andauernden Untersuchung konnte das Forschungs- und Autorenteam Schallenberg ein detailliertes Bild vom Fall Otto Nagel nachzeichnen. Und auf der Grundlage dieser Forschungserkenntnisse wurde Salka-Valka Schallenberg 2022 von der Justizbehörde in Schwerin als aus politischen Gründen verfolgte Schülerin anerkannt: »Das Forschungsprojekt lässt eindeutige Hinweise zu, dass die Verweisung von der EOS Lübz aus politischen Gründen erfolgte. (…) Die Entscheidung des Kreisschulrates Lübz und der Schulleitung der EOS, aus dem Jahr 1988, Salka-Valka von der EOS ›Friedrich Engels‹ Lübz zu relegieren (…) verstößt gegen das Prinzip der Gerechtigkeit, denn sie erfolgte ohne sachlichen Grund und beeinträchtigte die schulische und berufliche Entwicklung der Jugendlichen in erheblichem Maße. (…) Den Recherchen konnte man entnehmen, dass der Notendurchschnitt bei 1,6 lag. Dieser Durchschnitt rechtfertigt bei weitem keine Relegation von der EOS. (…) Dies war ein Akt politischer Verfolgung.«

Der Nachlass lagert heute in der Akademie der Künste Berlin. Obwohl die Restitution scheiterte, besteht vielleicht wegen der neuen Forschungserkenntnisse eine kleine Chance zur Wiederaufnahme des Verfahrens. Bis dahin könnte es aber noch ein weiter Weg sein.

DAS PARADOX DES DIEBS ALS RETTER DER BEUTE

Die Sammlung Kunsthalle Bremen

Es gibt Kunstraubfälle, die auf den ersten Blick verwickelt und uneindeutig erscheinen. Manchmal sind es Fälle, bei denen die Opfer lange warten müssen, bis etwas von der Beute zurückkommt. Manchmal wartet der Geschädigte bis heute. All das trifft auf den Fall der Kunsthalle Bremen zu. Einerseits wurde das Museum Opfer eines Kunstraubs vor dem Hintergrund der Wirren des Zweiten Weltkriegs, andererseits profitierte es auch von demselben Krieg, indem sein Direktor zusammen mit dem nationalsozialistischen Bürgermeister Bremens in den besetzten Niederlanden Kunst einkaufte. Diese Form des Kunsterwerbs in den von Deutschland überfallenen Nachbarländern, die der niederländische Historiker Gerard Aalders »Raub durch Kauf« nannte, betrieben die Deutschen im Zweiten Weltkrieg oft. Daher liegen das Täter- und Opfer-Sein von Museen, die davon profitierten, manchmal dicht beieinander. Sie sind die zwei Seiten einer Medaille. Das Beispiel der Kunsthalle Bremen illustriert, dass man einen Kunstraub in der Zeit des Nationalsozialismus nicht nur aus der Opferperspektive betrachten sollte. Das daraus gewonnene eindimensionale Bild wird der Komplexität der historischen Verhältnisse selten gerecht.

»Der Geist des Hauses war eindeutig«

Günter Busch, ehemaliger Direktor der Kunsthalle Bremen, schrieb 1984 über die Geschichte des Museums im »Dritten Reich«: »Der Geist des Hauses war eindeutig.« Angeblich sagten sein Vorgänger Emil Waldmann und dessen Mitarbeiter, der Leiter der Grafik-

Der Bürgermeister von Bremen bei einer Rede in der Kunsthalle Bremen 1938

sammlung, Wilken von Alten, immer offen, was sie dachten. Blickt man auf eine Fotografie von 1938, wird deutlich, dass das Bremer Kunstmuseum keine Insel der Glückseligen im braunen Meer war. Das konnte es nicht sein, denn die Nationalsozialisten nutzten die Kunstinstitution bald für ihre Propagandazwecke.

Das Foto zeigt den Bürgermeister Bremens, SA-Gruppenführer Heinrich Böhmcker, in Uniform in dem mit Hakenkreuzfahnen geschmückten Treppenhaus des Museums. SA-Männer bilden ein Spalier wie bei einer Ehrenformation. Böhmcker verantwortete nur wenige Monate später das Novemberpogrom in Bremen mit. Und zwei Jahre später, erneut im November, reiste er mit einer Wirtschaftsdelegation, darunter Direktor Waldmann, ins besetzte Amsterdam, um dort Kunst für sich, die Stadt und die Kunsthalle zu kaufen. Waldmann war in dieser Angelegenheit Böhmckers Kunstexperte. Zusammen mit dem Direktor der Norddeutschen Kreditbank erwarb der Bremer Bürgermeister zehn niederländische und drei italienische Gemälde. Sie stammten von bekannten Künstlern wie Ferdinand Bol, Abraham Bloermaert und Philip Wouwerman. Stolz war man auf ein Bild, das angeblich von Tintoretto stammte, später aber einem seiner Nachfolger zugeschrieben wurde. Es kam ins Amtszimmer des Bürgermeisters.

Im September 1945 requirierte die US-Militärregierung die Kunstwerke und restituierte sie an die Niederlande zum Verdruss des einstigen Vorsitzenden des Bremer Kunstvereins, Senator a. D. Hermann Apelt. Der schrieb darüber 1958 im Widerspruch zum vielbeschworenen »eindeutigen Geist« des Museums: »Zwischen Waldmann und dem Regierenden Bürgermeister entwickelte sich ein freundliches Verhältnis. Böhmcker wollte der Kunsthalle Wohl (…). Er nahm Waldmann mit nach Holland, wo sie gemeinsam Bilder, er außerdem Damenunterwäsche kauften. Ein Teil der Bilder kam in die Kunsthalle. Nachher aber mussten sie, obwohl ehrlich erworben und bezahlt, ohne Entschädigung wieder herausgegeben werden, so dass die holländischen Kunsthändler ein doppeltes Geschäft gemacht haben.«

Dass die Niederlande als neutrales Land überfallen worden waren, war Apel keiner Erwähnung wert. Auch nicht, dass die Deutschen in den besetzten Gebieten schalteten und walteten, wie es ihnen beliebte, und die Bedingungen auf dem Kunstmarkt diktierten. Nur scheinbar wurden auf seriöse Art und Weise Geschäfte abgewickelt, tatsächlich wurde der niederländische Nachbar ausgebeutet. Von gleichberechtigten Geschäftspartnern konnte keine Rede sein, auch wenn sich die Nationalsozialisten in den Niederlanden anfangs alle Mühe gaben, beim »arischen Brudervolk« den Eindruck zu erwecken, keine Besatzer zu sein. Doch von dieser Politik rückten sie sehr bald ab und zeigten ihr wahres brutales Gesicht.

Nach der erfolgreichen Shoppingtour ehrte Böhmcker Waldmann im Dezember 1940 zu dessen 60. Geburtstag mit der Plakette für Kunst und Wissenschaft der Hansestadt Bremen. Sie war vom

NS-Senat gestiftet worden und die höchste Auszeichnung im Kulturbereich.

Die verhängnisvolle Entscheidung

Bereits im Juli 1939 hatte Böhmcker dem Direktor der Kunsthalle zu seinem 25-jährigen Dienstjubiläum gratuliert. Am 4. September 1939, drei Tage, nachdem Deutschland den Zweiten Weltkrieg durch den Überfall auf Polen begonnen hatte, wurde das Museum vorläufig geschlossen, da man Luftangriffe befürchtete. Die Schließung dauerte bis 1940 und der Betrieb konzentrierte sich danach auf die Sicherung der Sammlungen. Das betraf rund 450 Gemälde aus dem 15. bis 20. Jahrhundert, eine kleine Skulpturen- und eine große Grafiksammlung. Diese umfasste Handzeichnungen, Aquarelle, darunter Dürers berühmte Landschaftsaquarelle, sowie zahllose Drucke. Waldmann war zuerst gegen eine Auslagerung im Rahmen des Kunstschutzes, weshalb man 1940 den Museumskeller zum Bunker umbaute. In ihm sollten die wertvollsten Kunstwerke deponiert werden. Ein Bericht Wilken von Altens gibt einen Einblick in die Maßnahmen: »Am 5. April 1941 besichtigte der Herr Regierende Bürgermeister (…) mit dem Oberbaurat Klummer zusammen den Bunker der Kunsthalle (…). Da Oberbaurat Klummer Zweifel äußerte, ob dieser Bunker den (…) Feindbomben gegenüber stark genug sei, ordnete der Herr Regierende Bürgermeister an, dass das Risiko der Bilder verteilt werden sollte. Er selbst bemühte sich, dass wir die Überführung der Bilder in die geheizten Keller der Bremer Landesbank und der norddeutschen Kreditbank in Bremen (…) vornehmen konnten.«

Nach dem Luftangriff auf Bremen Anfang September 1942, bei dem die Kunsthalle von Brandbomben schwer getroffen und erheblich beschädigt wurde, musste auch der größte Teil des noch im Museumsbunker verbliebenen Bestandes, darunter die Handzeichnungen und Druckgrafik, in zwei Schutzkammern der Bremer Landesbank und Norddeutschen Kreditbank umgelagert werden. Bis Sommer 1943 waren viele der Gemälde außerhalb Bremens in

Sicherheit gebracht worden. Danach erfolgte Böhmckers Beschluss, alle Kunstwerke zu vier Rittergütern und Schlössern zu bringen, die sich weitab von gefährdeten Verkehrsverbindungen und Industrieanlagen befanden. Die Auslagerungsstätten waren Schloss Karnzow in Brandenburg, Schloss Neumühlen im Kreis Salzwedel, Schloss Schwöbber bei Hameln und die Bückeburger Fürstengruft im Weserbergland. Schloss Karnzow erwies sich als schlechte Wahl. Wegen des dortigen Kriegsverlustes sieht sich die Kunsthalle Bremen bis heute als ein Opfer, das neben der Nationalgalerie Berlin von allen deutschen Kunstmuseen die größten Verluste erlitten hat. Doch wer war verantwortlich für die Entscheidung? Nach Ansicht der Kunsthalle war es Böhmcker, denn er habe gegen Waldmanns Willen so entschieden. Nun waren Waldmann und sein Adlatus von Alten alles andere als Widerständler gewesen, Waldmann sogar bis zum Untergang des Regimes loyal geblieben. Und die Idee, die Grafiksammlung nach Schloss Karnzow zu bringen, kam nicht von Böhmcker, sondern vom Kustos von Alten. Der Spross aus einem alten niedersächsischen Adelsgeschlecht war befreundet mit Friedrich Adolf Graf von Königsmarck (1868–1945), dem Eigentümer von Schloss Karnzow. Als man nach einer sicheren Lagerstätte suchte, brachte von Alten ihn ins Gespräch. Dabei konnte er nicht voraussehen, dass von der in Schloss Karnzow eingelagerten Grafiksammlung nur wenige Blätter zurückkehren und ein Großteil des Bestands von Albrecht-Dürer-Grafiken eingebüßt werden sollte. Es war nicht die Fehlentscheidung eines Einzelnen, sondern das Ergebnis des vom NS-Regime geführten verbrecherischen Vernichtungskrieges, dessen globale Verheerungen auch auf die Museen zurückfiel.

Das Rittergut eines Grafen und Herrenreiters als Kunstfluchtlager

Bemerkenswerterweise forschte bis 2023 niemand nach dem Grund für die Wahl des brandenburgischen Ritterguts. In einem Blog der Kunsthalle von 2014 ist darüber lediglich zu lesen, Wilken von Alten sei mit dem Grafen von Königsmarck »bekannt« gewesen. Nun vertraut man einem Bekannten nicht seine wertvolle Kunstsammlung an. Dazu braucht es Vertrauen, zumindest aber ein freundschaftliches Verhältnis. Wer also war dieser Friedrich Adolf Graf von Königsmarck?

Das Adelsgeschlecht der von Königsmarck reicht weit zurück und ist eng mit preußischer Geschichte verbunden. Friedrich Adolf Graf von Königsmarck hatte bis 1923 in Schloss Berlitt gewohnt. Als das für seine große Kunst- und Antiquitätensammlung zu klein wurde, kaufte er das 1730 erbaute Barockschloss Karnzow, ließ es umbauen und zog dort ein. Der Graf war Landwirt und passionierter Kunstsammler, interessierte sich für Bibliophiles, Mobiliar und Altertümer. Überdies war er im Kaiserreich ein erfolgreicher Herrenreiter gewesen, hatte als Amateur-Rennreiter wichtige Pferderennen gewonnen. Im Militärreitinstitut in Hannover war er Lehrer gewesen, bis es vor dem Ersten Weltkrieg zu seiner unehrenhaften Entlassung kam, zu der teilweise tolle Eskapaden in Hannover, besonders aber das unehrenhafte Verhältnis zu der Frau eines Kameraden beigetragen haben sollen, weshalb er nur einen schlichten Abschied erhielt. Die militärische Vergangenheit des Grafen war schillernd. 1900/01 nahm er am sogenannten Boxerkrieg in China teil und kämpfte an der Seite der alliierten Kolonialmächte Großbritannien, Frankreich, Russland, USA, Japan, Italien und Österreich-Ungarn gegen das Reich der Mitte. Peking wurde 1900 von den Kolonialmächten erobert und geplündert. Auch Friedrich Adolf Graf von Königsmarck machte Beute und brachte gestohlene Kunstwerke mit nach Deutschland, wo er einige Stücke dem Landesmuseum Hannover schenkte. Dabei handelt es sich um sechs auf Seide gemalte Bilder, Bronzefiguren, eine Fayencefigur und Tonplaketten mit Buddha-Darstellungen.

Wilken von Alten wurde in Hannover geboren. War Graf von Königsmarck sein Reitlehrer gewesen? Anzunehmen ist, dass sich die beiden Adelshäuser wohl kannten und eine dauerhafte Freundschaft pflegten, eine, die so eng war, dass von Alten auf die Idee kam, die Kunstschätze der Kunsthalle dem Grafen in Brandenburg anzuvertrauen. Die abgelegene Lage des Schlosses ließ es als ideales Ausweichlager erscheinen.

Nachdem die Entscheidung auf Karnzow gefallen war, gingen dorthin 50 Gemälde und 40 Koffer mit 1715 wertvollen Zeichnungen und 3000 Druckgrafiken. Sie wurden im Archivraum des Schlosses deponiert und die Tür zugemauert. Davor rückte man eiserne Aktenschränke als zusätzliche Sicherung. Trotzdem müssen die Russen den versteckten Raum bald entdeckt haben, nachdem sie im Mai 1945 das Schloss besetzt hatten. Von diesem Zeitpunkt an war es um den Bremer Kunstschatz geschehen.

Das Paradox des Diebs als Retter der Beute

Nach dem Krieg war das Schicksal des Bremer Sammlungsbestandes in Karnzow lange unklar. Erst als vereinzelt gestohlene Grafiken im Berliner Kunsthandel zum Verkauf angeboten wurden, erregte das die Aufmerksamkeit des Berliner Bildhauers Kurt Reutti (1900–1967), der nach dem Krieg als freier Mitarbeiter für die Zentralstelle zur Erfassung und Pflege von Kunstwerken beim Magistrat von Groß-Berlin arbeitete und mit der Suche nach verschwundenem Kunstgut aus Berliner Museen und brandenburgischen Gutshäusern beauftragt war. 1946 zeigte ein Kunsthändler ihm eine Mappe mit Kupferstichen und Holzschnitten von Dürer, Cranach, Rembrandt, Schongauer und anderen, die alle auf der Rückseite den Stempel der Kunsthalle Bremen trugen. Auf der Innenseite der Mappe stand der handschriftliche Namenszug »von Königsmarck«. Der Kunsthändler erzählte, er habe die Mappe von seinem Neffen, einem Polizisten in Bohnsdorf bei Berlin. Weitere Nachforschungen Reuttis brachten ihn auf die Spur von Schloss Karnzow. Zuerst nahm Reutti an, der Graf hätte die Grafiken von der Kunsthalle Bremen gekauft. Er erwarb die Blätter für die Zentralstelle, um sie zu sichern. Als dann im Berliner Kunsthandel weitere Grafiken mit dem Eigentumsstempel der Kunsthalle Bremen auftauchten, benachrichtigte Reutti die Kriminalpolizei, damit die der Angelegenheit auf den Grund ging. Schon bald stellte sich heraus: Der Leiter des Heims für die Opfer des Faschismus, in das das Schloss umgewandelt worden war, hatte die Grafiken gefunden und versucht, sie zu Geld zu machen. Reutti machte sich auf nach Schloss Karnzow und fand nur noch stark beschädigte oder ganz zerstörte Reste des Bremer Sammlungsbestandes. Denn inzwischen hatten nicht nur russische Soldaten das Schloss geplündert, als sie dort von Mai bis Juli 1945 einquartiert gewesen waren, sondern nach deren Abzug hatten sich dort auch Einheimische bedient. Der 1945 zum Kustos der Kunsthalle berufene und wenig später zum Direktor des Museums ernannte Günter Busch hielt in seinen Erinnerungen fest: »Das Schloss hatte herrenlos sieben Wochen lang dem allgemeinen Zugriff offen gestanden, da sich Königsmarck beim Einrücken der sowjetischen Truppen das Leben genommen hatte.« (Sein Freund von Alten war im August 1944 in Bremen von einer Fliegerbombe getötet worden.) »So wurden die Kellerräume mit dem Bremer Bergungsgut, zusammen mit den im Kaiserreich erstrittenen, silbernen Rennpreisen des Grafen und seinen auf losen Blättern geschriebenen Tagebüchern von verschiedenen Weltreisen, durchmischt mit Wäschestücken, Hausrat und Bettfedern, von Plünderern aller Art und Herkunft um und um gewühlt. Jeder nahm davon, was ihm wertvoll schien. Eine offizielle Beschlagnahmung durch eine sogenannte ›Trophäenkommission‹ fand indessen offenbar nicht statt.« Busch berichtet noch, dass Reutti bei seinem letzten Besuch in Schloss Karnzow auf einen Anstreicher aufmerksam wurde, der auf eine Pappe, die tapeziert werden sollte, Leim auftrug. Beim Umdrehen der Pappe entdeckte er ein Bild des französischen Künstlers Henri Toulouse-Lautrec aus der Sammlung der Bremer Kunsthalle, das noch in einem bemerkenswert guten Zustand war.

Fünf Jahre nach Buschs Ausscheiden aus dem Direktorenamt der Kunsthalle, im Jahr 1989, wurde in Deutschland bekannt, dass ein russischer Offizier 362 Meisterwerke der Grafik und zwei Gemälde Albrecht Dürers von Schloss Karnzow mit nach Russland genommen und so vor der Vernichtung bewahrt hatte. Der Mann hieß Viktor Iwanowitsch Baldin.

Der 1920 geborene Baldin, von Beruf Architekt, war mit dem Stab der 38. Armee in Karnzow. Man hatte ihn mit 21 Jahren zum Kriegsdienst eingezogen und zum Pionier-Offizier ausgebildet. Er nahm an der Befreiung Rigas, Warschaus und Berlins teil. Dann bezog sein Bataillon Quartier im Schloss Karnzow. Einen Tag vor dem Abmarsch nach Russland, am 29. Mai 1945, erfuhr Baldin von einem Offizier, dass im Keller Zeichnungen gefunden worden seien. Baldins Neugier war geweckt und er schaute nach. Er erinnerte sich: »Ich erblickte (…) im Halbdunkel des kleinen Gewölbes eine Menge Passepartouts (…), die offensichtlich von den rings um die Wand hastig zusammen gezimmerten Regalen gerissen und auf dem Boden verstreut worden waren. Ich sah auch, dass schon viele Soldaten diesen Raum betreten haben mussten. Auf vielen Zeichnungen waren Spuren von Stiefelabdrücken. Ich hob aufs Geratewohl einige Blätter hoch. Auf schwerer dicker Pappe waren – in goldenen Lettern eingeprägt – Namen zu lesen wie (…) Guido Reni, Tizian, Veronese; danach Rembrandt, Rubens, van Gogh.«

Baldin stieß auf einen Berg von Grafiken, die von Klassikern der Kunstgeschichte stammen, alle den Stempel der Kunsthalle Bremen trugen und achtlos im Dreck lagen. Zum Teil waren sie bereits zerstört oder arg in Mitleidenschaft gezogen, manche waren fürs Feuermachen verwendet worden und verbrannt. Baldin sicherte so viele Blätter, wie es ihm die Situation erlaubte. Weil er aber kein Fahrzeug für den Abtransport der 40 Koffer gestellt bekam (alle Fahrzeuge wurden für die sogenannte »Schlossbergung«, den Abtransport von Königmarcks Sammlung, benötigt), blieb Baldin nichts anderes übrig, als in einer Nacht-und-Nebel-Aktion im Schein von Kerzen die ihm am wertvollsten erscheinenden Grafiken aus ihren Passepartouts zu lösen und in einen Koffer zu packen, damit er sie selbst mitnehmen konnte. Beschädigungen der Kunstwerke waren unter diesen Umständen unvermeidlich. Zudem gelang es Baldin, etliche Blätter von seinen Kameraden zu bekommen, indem er sie gegen Uhren, Gürtel und Stiefel eintauschte. So die Geschichte, die Baldin später erzählte und die in den Medien verbreitet wurde.

Im Dezember 1945 kehrte Baldin nach Russland zurück. Er machte sich an die Dokumentation »seiner« Sammlung, eine Arbeit, die ihn zwei Jahre lang beschäftigte. Wegen des Kalten Kriegs war eine Rückgabe unmöglich. Verkaufen wollte Baldin den Kunstschatz jedoch auch nicht, weil er ihm nicht gehörte. Schließlich übergab er ihn dem Architekturmuseum in Moskau. Über die Jahrzehnte unternahm er immer wieder Versuche, die Rückgabe der Sammlung anzuregen, fand aber kein Gehör. Die Existenz der Sammlung zu verraten, war ihm ebenfalls verboten. Seine Frau erfuhr von ihr erstmals nach der Heirat 1967. Vor dem Hintergrund von Perestroika und Glasnost in der Sowjetunion erklärte sich Baldin 1989 ihr gegenüber damit einverstanden, dass sie einer Bekannten in Düsseldorf von der »Baldin-Sammlung« erzählte. Die setzte die Kunsthalle Bremen in Kenntnis. Der »Mann mit dem Koffer« und die Existenz der »Baldin-Sammlung« wurde 1992 weltweit bekannt und war bis Anfang der 2000er Jahre Gegenstand der Diskussion über die Rückgabe russischer Beutekunst. Die politische Entwicklung auf höchster russischer Regierungsebene verhinderte am Ende die Rückgabe der Sammlung. Bis heute befindet sie sich in der Eremitage in Sankt Petersburg.

Raub- oder Beutekunst?

Die Frage, ob es sich bei der »Baldin-Sammlung« um Raub- oder Beutekunst handelt, wurde lange nicht klar beantwortet. Nicht die Rote Armee und eine ihrer Trophäenkommissionen hatte sie in die UdSSR gebracht, sondern ein einzelner Offizier, der auf eigene Entscheidung einen kleinen Teil der in Karnzow eingelagerten Grafiksammlung an sich nahm, um sie vor Plünderern und Dieben zu retten. Rein rechtlich gesehen eignete sich Baldin die Grafiken widerrechtlich an. Doch um sie retten zu können, musste er selbst zum »Dieb« werden. Hätte er diesen Diebstahl nicht begangen, wären die 364 Kunstwerke wohl für immer verloren gewesen. So wäre ohne seine Entscheidung und Tatkraft Vincent van Goghs einzige Tuschzeichnung, die von seinem berühmten Gemälde *Sternennacht* bekannt ist, höchstwahrscheinlich zerstört worden.

Der Untergang der Sowjetunion erlaubte es, erstmals über die bis dahin tabuisierte Beutekunst zu sprechen. Doch es gab in Russland große Widerstände gegen eine Rückgabe. 1995 beschloss die Staatsduma ein Moratorium, das die Restitution von Beutekunst untersagte. Ein weiteres, zwei Jahre später verabschiedetes Gesetz erklärte die Konfiskation von Kulturgütern zu rechtmäßigen Selbstentschädigungen für die russischen Kulturgüterverluste. Damit wurde die Beutekunst aus Deutschland Teil des nationalen russischen Kulturerbes.

1997 starb Baldin. Sein letzter Wille, die Sammlung der Kunsthalle zurückzugeben, ging nicht in Erfüllung. Auch seine Frau vermochte es nicht, posthum den Wunsch ihres Mannes zu verwirklichen. Seit 2010 lässt die Situation in Russland die Rückkehr der Sammlung nach Bremen als nicht sehr wahrscheinlich erscheinen, auch wenn das russische Beutekunstgesetz die Rückgabe nicht verbietet, weil die »Baldin-Sammlung« keine Beutekunst ist und dem Bremer Kunstverein, einem deutschen Privateigentümer, gehört. Es handelt sich somit nicht um eine Kunstkonfiskation der Sowjetunion zur Kompensation für die durch die deutschen Truppen im Krieg zerstörten russischen Kulturgüter.

1991 stellte eine antisowjetische, in Paris herausgegebene Zeitung russischer Emigranten unter der Schlagzeile »Tote Werte, gewaltsam ihres Sinns beraubt« fest, Beutekunst werde in Depots russischer Museen vor der Welt versteckt und ihres Sinns beraubt. Das trifft auch auf die »Baldin-Sammlung« im Tresor der Eremitage zu. Vielleicht kehrt sie doch einmal zu ihrem Eigentümer zurück. Bis dahin geht das Warten der Kunsthalle Bremen weiter.

DIE BEHARRLICHE SUCHE ZAHLT SICH AUS

Prager Straße von Otto Dix

Otto Dix' Gemälde *Prager Straße* (1920) gehört zu den Hauptwerken des Künstlers und ist eines der Meisterwerke des Kunstmuseums Stuttgart. 2017 stand der Verdacht im Raum, das Bild könnte eine nicht näher bezeichnete »Stadtansicht« von Dix aus der Kunstsammlung des jüdischen Berliner Textilfabrikanten Robert Graetz sein. Graetz wurde im Holocaust ermordet. Die Eigentumsgeschichte von *Prager Straße* wies eine durchgehende Lücke von der Entstehung des Bildes bis zu seiner ersten Ausstellung in der Nachkriegszeit 1960 in der West-Berliner Galerie Meta Nierendorf auf. Und als die Galerie Nierendorf das Bild der Stadt Stuttgart 1965 verkaufte, war der Eigentümer unbekannt. War das vielleicht Graetz gewesen? War ihm das Gemälde geraubt worden?

Die Erwerbungsgeschichte

Dem Ankauf des Gemäldes *Prager Straße* gingen langwierige Verhandlungen voran. Die Galerie Nierendorf bot das Bild in Kommission für einen unbekannten Eigentümer an. Dieser wurde im Verlauf der 16 Monate andauernden Gespräche mit der Stadt Stuttgart nicht ein einziges Mal genannt. Die Stadt fragte auch nicht nach seiner Identität und gab sich mit der Information zufrieden, dass es sich um einen anonymen »Vorbesitzer« handele. Als die Stadt sich auch nach langer Bedenkzeit zu keinem Entschluss durchringen konnte, wollte die Galerie das Bild einem italienischen Kunstsammler verkaufen, der überdies mehr Geld bot. Das brachte Stuttgart in Zugzwang. Die Stadt wollte das Bild nun doch für ihr

Ein Warenbegleitschein löste das Rätsel der *Prager Straße* von Otto Dix.

neu eröffnetes städtisches Kunstmuseum und setzte deshalb alle Hebel in Bewegung, um den Ankauf zu ermöglichen. Ein als zu hoch empfundener Kaufpreis war das Problem, und erst, als man leer auszugehen drohte, stimmte man schließlich zu.

Das Bild wurde erworben, ohne den Vorbesitzer und die Eigentumsgeschichte zu kennen. So erstaunlich das erscheint: Mitte der

1960er Jahre war das geringe Interesse an Provenienzen auf dem Kunstmarkt und in den Museen eher die Regel denn die Ausnahme. Möglicherweise spielte bei dieser Zurückhaltung aber noch ein anderer Aspekt eine Rolle: Stuttgart wollte den erfolgreichen Geschäftsabschluss, um die eigene Dix-Sammlung zu bereichern und aufzuwerten, und dadurch die Verhandlungen mit Otto Dix über die Ausleihe seines berühmten Triptychons *Großstadt* positiv beeinflussen. Denn diese Verhandlungen standen kurz bevor.

Der anonyme »Privatbesitz« in Düsseldorf

Man vermutete lange, der Besitzer von *Prager Straße* sei bis 1965 der Maler Ernst Bursche (1907–1989) gewesen. Bursche ist ein bedeutender Vertreter der Dresdner Malschule von Otto Dix. Er war ab 1930 Dix' Meisterschüler, Mitglied der Asso (Assoziation revolutionärer bildender Künstler) und der Dresdner Sezession 1932. Als Kommunist wurde er 1933 aus der Akademie der Künste ausgeschlossen. Dix und er wurden Freunde und Bursche übernahm nach Dix' Umzug an den Bodensee 1934 dessen Atelier.

Nach dem Krieg blieb Bursche in Dresden, erwärmte sich aber nicht für den Sozialistischen Realismus in der Kunst der DDR. Auch mit der ungegenständlichen Kunst im Westen konnte er nicht viel anfangen. Er begann, zwischen Ost- und West-Deutschland zu reisen.

Dix' erster Monograf, der Dresdner Kunsthistoriker Fritz Löffler, schrieb das Gemälde *Prager Straße* 1960 einem »Düsseldorfer Privatbesitz« zu. Möglicherweise hatte Löffler den Eigentumshinweis von Dix, denn der teilte 1964 in einem Brief an einen Direktor Kasten mit, die Provenienz von *Prager Straße* sei ein »Besitzer Düsseldorf«. Weil Bursche im Jahr 1962, nach dem Bau der Mauer im August 1961, nach Düsseldorf floh, nahm man an, er wäre mit diesem Düsseldorfer »Besitzer« gemeint. Und weil Bursche nach Dix' Entlassung aus der Akademie der Künste in Dresden 1933 dessen Atelier übernommen und Werke seines Meisters verwahrt hatte, glaubte man, unter diesen hätte sich auch *Prager Straße* befunden.

Die Galerie Nierendorf stellte das Bild in einer Dix-Retrospektive aus, die vom 16. Januar bis zum 27. April 1961 stattfand. Daher befand sich das Bild in West-Berlin (und verblieb dort bis 1964). Für die Ausstellung war das dadaistische Werk wichtig, denn von den frühen gemalten und collagierten Arbeiten hatten nicht viele den Krieg überstanden. Dix bemerkte 1964 dazu: »Das Bild *Kriegskrüppel* wurde im Jahr 1938 durch die Nazis verbrannt. Auch fast alle anderen Bilder aus der Dadazeit vernichtet außer *Matrose Fritz Müller*, Bes.[itzer] Kunstkabinett Klihm München, *Pragerstr.*, Besitzer Düsseldorf, *Altar für Kavaliere*, Bes.[itzer] Galerie Nierendorf Berlin.«

Ob Bursche das Bild aus Dresden nach West-Berlin gebracht hatte oder bringen ließ oder ob es von jemand anderem von ganz woanders kam – das alles war nicht bekannt. Dass Bursche mit der Einlieferung in die Galerie Nierendorf etwas zu tun gehabt haben könnte, schloss man aus Dix' Aussage, der »Besitzer« des Gemäldes lebe in Düsseldorf. Ob diese Person »Besitzer« im Sinne von Verwahrer oder »Eigentümer« war, blieb dabei offen. Nur: Wenn es sich bei dem »Besitzer« um den nach Düsseldorf geflüchteten Bursche handelte, warum erwähnte Dix ihn nicht? Noch irritierender in diesem Zusammenhang ist, dass Bursche als »Eigentümer« erscheint, obwohl er laut seiner Schwiegertochter, der Kunsthistorikerin Monika Bierschenk, weder ein Dix'sches Kunstwerk besessen hatte noch Sammler gewesen war. Bursche verwahrte nur Werke von Dix, er war daher nie der »Eigentümer« von *Prager Straße* und konnte somit auch nicht der ominöse »Düsseldorfer Privatbesitz« sein. Wenn Bursche aber nicht Eigentümer des Gemäldes war, wer lieferte dann das Bild 1961 in die Galerie Nierendorf ein? Dix? – Bursche hatte von ihm 1947 eine Vollmacht erhalten, in Dix' Auftrag dessen Bilder zu verkaufen. Doch warum hätte die Galerie Nierendorf Dix dann als Eigentümer in den Verkaufsverhandlungen verschweigen sollen? Und warum hätte Dix nicht offen als Eigentümer gegenüber Stuttgart auftreten wollen, wo er doch mit der Stadt über sein *Großstadt*-Triptychon verhandelte?

Löfflers anonyme Provenienzangabe »Düsseldorfer Privatbesitz« wurde immer mit Bursche in Verbindung gebracht, weil dessen Ehefrau Olly Bursche und die Kinder seit 1954 in Düsseldorf lebten, und weil Bursche 1962 nach Düsseldorf ging. Doch es gab keine Belege dafür, dass Bursche jener »Privatbesitzer« war.

Die vertrackte Situation ließ Raum für Spekulationen.

Robert Graetz

Der jüdische Kaufmann Robert Graetz (1878–1945) wurde im Nationalsozialismus seines gesamten Vermögens und Eigentums beraubt. Seine an die 200 Werke umfassende Kunstsammlung ging bei der Vernichtung seiner Existenz »verloren«. Die Kunsthistorikerin Angelika Enderlein rekonstruierte seine Sammlung und erstellte einen Bestandskatalog. Zu diesem gehörte auch die nicht näher bezeichnete »Stadtansicht« von Dix, von der man annahm, sie könnte mit *Prager Straße* identisch sein.

Robert Graetz gründete 1907 zusammen mit seinem Teilhaber Georg Glass die Textilfabrik Glass & Graetz. Ursprünglich aus bescheidenen Verhältnissen kommend, arbeitete er sich zum erfolgreichen Fabrikanten und Mäzen hoch. 1919 erwarb er eine Villa in Berlin-Grunewald, in der regelmäßig Kunstsalons stattfanden. In einigen Fällen verlieh Graetz auch seine Bilder für Ausstellungen.

Sein älterer Bruder Hugo Graetz war Kunsthändler in Berlin und Geschäftsführer der Künstlervereinigung »Novembergruppe«. 1933 wanderte er wegen der nationalsozialistischen Verfolgung nach Palästina aus. Hugo Graetz hatte großen Einfluss auf das Sammeln seines Bruders.

Von Otto Dix besaß Robert Graetz mehrere Bilder und Grafiken, darunter nicht näher bezeichnete Ölgemälde. Daher stellte sich die Frage, ob *Prager Straße* nicht auf einer der Ausstellungen der »Novembergruppe« gezeigt und von Robert Graetz erworben worden sein könnte. Als deren Geschäftsführer hatte Hugo Graetz Kontakt zu den Künstlern. Schaut man sich jedoch den inneren Aufbau der Sammlung Graetz an, wird klar, dass Robert Graetz bevorzugt Stillleben, Porträts und Landschaftsmotive von expressionistischen Maler:innen kaufte. Stadtansichten waren in der Sammlung dagegen kaum vertreten. Trotzdem ist es natürlich nicht völlig ausgeschlossen, dass Robert Graetz die Stadtansicht mit bettelnden Kriegsinvaliden auf der Prager Straße in Dresden gekauft hat.

Die Ausstellungsgeschichte des Bildes

Die Ausstellungsgeschichte von *Prager Straße* ist nur spärlich überliefert. Einfach war die Ausstellung des Kunstwerks ohnehin nicht gewesen, denn das Bild gehört zu einer Gruppe von vier Kriegsinvalidenbildern von Dix, die alle unmittelbar nach dem Ersten Weltkrieg als Reaktion auf das soziale Elend der versehrten Soldaten in den ersten Jahren der Weimarer Republik entstanden. Diese Bilder sind: *Kriegskrüppel*, *Die Skatspieler*, *Streichholzverkäufer I*, und *Prager Straße*. Es ist unklar, ob Dix in den Ausstellungen zu Beginn der 1920er Jahre jeweils nur ein oder zwei oder vielleicht auch alle vier Bilder zeigte, doch kann auch nicht ausgeschlossen werden, dass *Prager Straße* zum Beispiel mit den *Kriegskrüppeln* zusammen ausgestellt wurde. Letzteres Bild wurde auf der »Ersten Internationalen Dadamesse« 1920 in der Berliner Galerie Dr. Burchard präsentiert und es ist nicht bekannt, ob es als einziges der vier Kriegsinvalidenbilder dort zu sehen war. *Prager Straße*, in Dresden 1920 entstanden, könnte im selben Jahr auf der »Großen Berliner Kunstausstellung« und auf der »3. Ausstellung der Dresdner Secession, Gruppe 1919« gezeigt worden sein. Dafür fehlen aber Belege. Gewiss ist dagegen, dass es mit den *Skatspielern* bei der Ausstellung der Berliner Secession 1921 vertreten war.

Dix beteiligte sich in den frühen 1920er Jahren an einer Vielzahl von Ausstellungen, doch nur von der Berliner Secessions-Ausstellung 1921 ist belegt, dass *Prager Straße* dort ausgestellt wurde. Die nächste Ausstellung, auf der das Bild öffentlich zu sehen war, fand erst 40 Jahre später statt, in der Galerie Nierendorf. Zwei Jahre danach wurde es erneut in einer Kunstausstellung in der Kongresshalle in West-Berlin gezeigt.

Dafür, dass *Prager Straße* heute zu den Hauptwerken von Dix gezählt wird, ist das Gemälde selten gezeigt worden. Zu erklären wäre dies damit, dass 1. seine Bedeutung in den 1920er Jahren geringer war und Dix es nicht bevorzugt zeigen wollte, dass es 2. wegen seiner geringeren Bedeutung in der Auflistung der Ausstellungsexponate keine Erwähnung fand oder dass es 3. dem Ausstellungsbetrieb entzogen wurde, weil es sich seit 1921 in Privatbesitz befand und Dix nicht mehr frei über das Bild verfügen konnte. Für Letzteres käme aber nur ein Sammler in Betracht, der das Bild gekauft hatte, zum Beispiel Robert Graetz. Von Graetz ist bekannt, dass er zwar einige Male Kunstwerke auslieh, doch er gehörte vermutlich zu der großen Gruppe von Privatsammlern, die mit ihren Kunstschätzen kaum an die Öffentlichkeit traten. Auch war das Kriegskrüppelbild *Prager Straße* wegen seines Motivs und seiner dadaistischen Technik ein schockierendes und in der Zwischenkriegszeit von 1919 bis 1939 äußerst problematisches Kunstwerk. Wenn es Robert Graetz tatsächlich besessen hätte, hätte es sich wegen seines provozierenden Inhalts nicht oft als Leihgabe angeboten. Überdies wäre es sehr ungewöhnlich gewesen, wenn der Textilfabrikant gerade dieses Gemälde für seine Sammlung erworben hätte. Es ist nicht leicht, sich das Bild in seiner großbürgerlichen Villa in Berlin-Dahlem vorzustellen. Wo hätte es dort hängen können? Im Salon? Oder in einem Zimmer, in das nur ausgewählte Gäste gebeten wurden?

Angesichts der lückenhaften Ausstellungs- und Eigentumsgeschichte von *Prager Straße* konnte Robert Graetz' Eigentümerschaft nicht von vornherein ausgeschlossen werden. Die scheinbar jahrzehntelange Absenz des Bildes sprach in gewisser Weise für einen Privatsammler, der das Bild in den 1920/1930er Jahren hätte erworben haben können. Und im Rahmen dieses Szenarios hätte das Gemälde in dem Zeitraum von 40 Jahren den Eigentümer wechseln können. Robert Graetz, dem seine Kunstsammlung ja tatsächlich geraubt worden war, hätte das Bild entzogen worden sein und es hätte demzufolge zu einem unbekannten Zeitpunkt in die Eigentümerschaft des anonymen Düsseldorfer Besitzers gelangen können.

Der Warenbegleitschein von Dezember 1961

Alles Nachdenken über die Provenienz von *Prager Straße* wäre im Spekulativen verblieben, wenn sich nicht 2021 in der Galerie Nierendorf der Warenbegleitschein von Dezember 1961 angefunden hätte. Er war in einem Ordner für Dix-Ausstellungen der Galerie abgelegt und nennt die Einlieferin: Olga Bursche aus Düsseldorf. Dieses Dokument ist der Beweis, dass sich das Ölgemälde über den langen Zeitraum im *Besitz* von Ernst Bursche bzw. Olga Bursche in Düsseldorf befunden hatte und die ganze Zeit Dix' *Eigentum* gewesen war. Offenbar hatte Ernst Bursche das Bild vor 1960 nach Düsseldorf gebracht, nachdem die Verhältnisse in der DDR immer angespannter wurden. Dix muss das gewusst haben. Doch seine Eigentümerschaft sprach er nie offen aus. Stattdessen versteckte er sie hinter dem anonymen »Düsseldorfer Privatbesitz«.

Warum dieses Katz-und-Maus-Spiel? Denkbare Gründe könnten zum einen die bedrohliche Situation durch die Teilung Deutschlands und zum anderen steuer- und erbrechtliche Überlegungen gewesen sein. Bursche lebte bis 1962 in der DDR und reiste viel zwischen Ost und West. Er handelte im Auftrag von Dix im Westen. Es war notwendig, ihn vor eventuellen Nachstellungen der Staatssicherheit der DDR zu schützen. Bursche konnte nicht offen für Dix dessen Kunstwerke im Westen verkaufen, er musste sich vor den DDR-Behörden in Acht nehmen. Der Kalte Krieg zwischen den beiden deutschen Staaten und die geopolitische Lage zwischen den Machtblöcken USA und Sowjetunion machten das wohl notwendig. Wie kompliziert die Lage für Bursche war, macht seine eigene Situation 1962 deutlich: Versteckt in einem Kohlenwagen verließ er heimlich die DDR, sein gesamtes künstlerisches Werk in Dresden zurücklassend. Das wurde sofort von den Behörden konfisziert und ins Stadtmuseum überstellt. Erst 1989 erhielt es die Familie zurück.

Dix hatte sicher kein Interesse daran, seinen Freund in Gefahr zu bringen. Das mag seine Geheimhaltung mit erklären. Warum er aber nach Bursches Flucht in den Westen an seiner Informationspolitik festhielt und beim Verkauf von *Prager Straße* als Eigentümer weiter anonym blieb, bleibt sein Geheimnis. Es ist nicht davon auszugehen, dass sein Galerist Karsch nicht Bescheid wusste, denn der musste schließlich das Geld auf Dix' Konto überweisen.

Der Fall *Prager Straße* illustriert nicht nur auf bezeichnende Art und Weise den Umgang des Künstlers mit der Provenienz seines Bildes in der Nachkriegszeit, er veranschaulicht auch, wie keiner der Akteure ein wirkliches Interesse am transparenten Umgang mit der Herkunft dieses Kunstwerkes hatte.

Die Provenienzgeschichte des Gemäldes ist aber noch aus einem weiteren Grund interessant. Sie zeigt, dass dieses sozialkritische Antikriegsbild aus dem Deutschland der Zwischenkriegszeit nicht zu verkaufen war und deshalb auch bis 1965 nie in privaten oder öffentlichen Besitz gelangte. Das Bild war für die Zeitgenossen schwer verdauliche Kost. Im »Dritten Reich« wäre es als »entartet« und »gemalte Wehrsabotage« verfemt und verfolgt worden, weshalb es im Dresdner Atelier des Künstlers »verschwand« und im Krieg versteckt wurde. Aber auch nach dem Zweiten Weltkrieg entsprach das Bild nicht dem Zeitgeist und Kunstgeschmack. Erst mit der Wiederentdeckung von Dada und der Neuen Sachlichkeit wuchs die Wertschätzung für Dix' radikale Bilder.

LITERATUR- UND QUELLENVERZEICHNIS

Raubkunst – Beutekunst – Kunstraub: Wer blickt da noch durch?

Bambi, Andrea / Drecoll, Axel (Hrsg.), Alfred Flechtheim. Raubkunst und Restitution, Berlin, Boston 2015

Brunbauer-Ilić, Anna Maria, Kulturgut und Provenienzforschung im Fokus nationalen und internationalen Kunstrechts, Wien 2019

Charney, Noah, The Museum Of Lost Art, London 2018

Die Biografie der Objekte. Provenienzforschung weiter denken, Museumskunde, herausgegeben vom Deutschen Museumsbund, Band 80, 2/15, Berlin 2015

Erworben oder angeeignet? Ein Jahrhundert schaut in den Spiegel: NS-Raubgut, Schlossbergung, Republikflucht, Provenienzforschung, Restitution, Museumblätter. Mitteilungen des Museumsverbandes Brandenburg, Dezember 2013

Hart, Matthew, The Irish Game. A True Story of Crime and Art, London 2004

Koldehoff, Nora und Stefan, Aktenzeichen Kunst. Die spektakulärsten Kunstdiebstähle der Welt, Köln 2004

Provenienzforschung in deutschen Sammlungen, Einblicke in zehn Jahre Projektförderung, herausgegeben vom Deutschen Zentrum Kulturgutverluste, Magdeburg 2019

Zuschlag, Christoph, Einführung in die Provenienzforschung. Wie die Herkunft von Kulturgut entschlüsselt wird, München 2022

Beutekunst der britischen Krone

Anhalt, Utz, Das kommende Museum in Benin-City muss ein Fort Knox werden. Gründe der verzögerten Benin-Bronzen-Rückgabe, in: Museum Aktuell, Nr. 272, 2021, S. 31–33

Briegleb, Till, Im Keller, in: art, November 2023, S. 75–79

Docherty, Paddy, Blood and Bronze. The British Empire and the Sack of Benin, London 2021

Grosse-Wilde, Carola, Hamburg gibt Benin-Bronzen zurück, in: Weser Kurier, 17./18.12.2022, S. 26

Hauser-Schäublin, Brigitta, War das der Sinn der Restitution?, in: Frankfurter Allgemeine Zeitung, Nr. 105, 6.5.2023, S. 11

Heyden, Ulrich van der, Wissenschaftlich? Ein kunsthistorischer Bestseller auf tönernen Füßen, in: Museum Aktuell, Nr. 289/290, 2023, S. 56–60
Hicks, Dan, The Brutish Museums. The Benin Bronzes, Colonial Violence and Cultural Restitution, London 2020
Lenz, Susanne, Nach der Übereignung der Benin-Bronzen an den Oba: Britisches Museum stoppt Rückgabe, in: Berliner Zeitung, 17.5.2023
Mangold, Iljoma, Damit müssen wir leben. Die Kunstwerke, die die Bundesrepublik an Nigeria zurückgab, bekommt nun der rituelle König von Benin, in: Die Zeit, Nr. 20, 11.5.2023, S. 45
Parzinger, Hermann, Kolonialismus. Die Rückgabe ist alternativlos, Zeit Online, 2023-02, S. 1–3
Schaedler, Karl-Ferdinand, »Raubkunst« – Wirklich geraubt? Eine Streitschrift, München 2019
Schmidt, Thomas E., Wenn gute Absichten in die Mühlen der Politik geraten, in: Die Zeit, Nr. 35, 17.8.2023, S. 42
Schröder, Richard, Was in der Raubkunst-Debatte zu kurz kommt, in: Welt, 18.9.2021
Sommer, Tim, Zurück in die Zukunft, Die Rückgabe der Benin-Bronzen aus deutschen Museen, in: art 12/2022, S. 49–52
Wozu? Das Buch ist ein Dokument der Schande, Interview in: art, November 2023, S. 68–74

Das »Prachtboot« und der deute Kolonialismus in der Südsee

Alys, Götz, Raubkunst-Vorwürfe. Museum im Humboldt Forum räumt Versäumnisse ein, Lars-Christian Koch im Gespräch mit Axel Rahmlow, auf: Deutschlandfunk Kultur Online, 10.5.2023.
Aly, Götz, Das Prachtboot. Wie Deutsche die Kunstschätze der Südsee raubten, Frankfurt am Main 2021
Harms, Volker, Rezensionen zu 1. Franz Hernsheim, Südsee-Schriften. Lebenserinnerungen und Tagebücher und 2. Götz Aly, Das Prachtboot, auf: Pazifik Informationsstelle, 14.2.2023
Hauser-Schäubler, Brigitta, Warum das Luf-Boot im Humboldt Forum bleiben kann, Zeit Online, 16.7.2021
Koch, Gerd, Sein und Schein. Die Eindeichung der Südsee in Berlin-Dahlem. Selbstverlag Leipzig 2005 (S. 9f., 34, 106)
Koch, Gerd, Südsee. Führer durch die Ausstellung der Abteilung Südsee. Berlin 1969, Berlin 1976 (2. Aufl., S. 67, 134)
Messmer, Susanne, Humboldt Forum eröffnet. So ein schönes Boot, in taz, online: 25.6.2021
Schröder, Richard, Was in der Raubkunst-Debatte zu kurz kommt, in: Welt, 18.9.2021

Der unendliche Streit um die ägyptische Königin

Die Nofretete – Wem gehört die Schönheit?, Film D, Regie: Johannes Fellmann, Jochen von Grumkow, Grit Lederer, ZDF 2022, 53 Min.

Ganslmayr, Herbert / Paczensky, Gert von, Nofretete will nach Hause. Europa – Schatzhaus der Dritten Welt, München 1984

Gottschlich, Jürgen / Zaptcioglu-Gottschlich, Dilek, Die Schatzjäger des Kaisers: deutsche Archäologen auf Beutezug im Orient, Berlin 2021

Lindner, Simon, Berliner Chic für Kairo. 1930, in: Beute. Ein Bildatlas zu Kunstraub und Kulturerbe, herausgegeben von Merten Lagatz, Bénédicte Savoy, Philippa Sissis, unter Mitarbeit von Simon Lindner, Berlin 2021, S. 316–319

Nofretete. Eine deutsch-französische Affaire 1912–1931, herausgegeben von Bénédicte Savoy, Köln, Weimar, Wien 2011

Schlögl, Hermann A., Nofretete. Die Wahrheit über die schöne Königin, München 2012

Thewalt, Anna, Berliner Staatssekretärin Gomis: »Pergamonaltar und Nofretete-Büste sollten zurückgegeben werden«. Saraya Gomis über gestohlene Kunst, die Aufarbeitung kolonialer Vergangenheit und warum Straßenumbenennungen allein nicht reichen. Ein Interview, in: Der Tagesspiegel, 31.12.2022.

Berlins entgangener Schatz

Benjamin, Walte, Das Kunstwerk im Zeitalter seiner technischen Reproduzierbarkeit, Frankfurt am Main 1977; darin: Eduard Fuchs, der Sammler und Historiker, S. 67–108

Leven, Barbara, Wahre Sammler. Die Praxis einer Leidenschaft vom Ende des 19. Jahrhunderts bis zum Nationalsozialismus [Dissertation über die Sammler Anton Maximilian Pachinger und Eduard Fuchs], Wissenschaftliche Beiträge aus dem Tectum-Verlag, Reihe Kunstgeschichte Band 14, Baden-Baden 2020

Unsere Werte? Provenienzforschung im Dialog. Leopold-Hoesch-Museum Düren und Wallraf-Richartz-Museum Köln, herausgegeben von Renate Goldmann, Köln 2017

Weitz, Ulrich, Der Mann im Schatten. Eduard Fuchs – Sitten-Fuchs, Sozialist, Konspirateur, Sammler, Mäzen, Berlin 2014

Weitz, Ulrich, Der Sammler Eduard Fuchs. »Das Wesen der Revolution ist das Wesen der Daumierschen Kunst«, in: Daumier ist Ungeheuer. Gemälde, Zeichnungen, Graphik, Bronzen von Honoré Daumier, Herausgegeben von der Stiftung Brandenburger Tor, Berlin 2013, S. 68 ff.

Weitz, Ulrich, Mit Bildern Bewußtsein schaffen. Eduard Fuchs: Pionier der Karikaturenforschung, in: Comic! Jahrbuch 2018, herausgegeben von Burkhardt Ihme, Interessenverband Comic e. V. ICOM, S. 86–91

Weitz, Ulrich, Recently identified Asian Objects from the Eduard & Margarete Fuchs collection. Journal for Art Market Studies, 2020, Vol. 4, Issue 2, p. 1–15

Weitz, Ulrich, Sittenfuchs und Mann im Schatten. Die Kunstsammlung von Eduard Fuchs und seine konspirative Zehlendorfer-Villa, in: 1922 George Grosz reist nach Sowjetrussland, Ausstellungskatalog Das Kleine Groszmuseum, Köln 2022, S. 102–119

»Causa Kirchner« – Wer verkaufte wann, wo und für wie viel?

Causa Kirchner, auf: http://de.wikipedia.org/wiki/Causa_Kirchner, Stand: 26.3.2023

Erworben – Besessen – Vertan. Dokumentation zur Restitution von Ernst Ludwig Kirchners *Berliner Straßenszene*, Herausgegeben von Ludwig von Pufendorf für den Fördererkreis Brücke-Museum, Bielefeld 2018

Hartung, Hannes, Die Restitution der Raubkunst in Deutschland und in europäischen Mitgliedsstaaten am Beispiel der Berliner »Straßenszene« und der Sammlung Gurlitt, in: Eine Debatte ohne Ende? Raubkunst und Restitution im deutschsprachigen Raum, herausgegeben von Julius H. Schoeps und Anna-Dorothea Ludewig, Berlin 2014, S. 150–179

Hermann Parzinger zur Umsetzung der Washingtoner Erklärung in der Stiftung Preußischer Kulturbesitz (12.2.2014), auf: https:/www.preussischer-kulturbesitz.de/news///, Stand: 28.1.2017; Kirchner Ludwigshafen: Der Fall Kirchner, auf: http://www.kirchner.ludwigshafen.de/der_fall_kirchner.html, Stand: 28.1.2017

Lackmann, Thomas, Irrfahrt einer Paradiesszene, auf: http://www.juedische-allgemeine.de/article/view/id/6864, Stand: 28.01.2017

Menzel, Ruth / Eberhard, Alfred Hess, Schuhfabrikant, Kunstsammler und Mäzen, Erfurt 2008

NS-Raubkunst. Kirchner-Bild bleibt im Wilhelm-Hack-Museum, auf: http://www.tagesspiegel.de/kultur/ns-raubkunst-kirchner-bild-bleibt-im-wilhelm-hack-museum/13341654.html, Stand: 28.1.2017

Raßloff, Steffen, Alfred Hess, Beitrag der Serie Denkmale in Erfurt, auf: http://erfurt-web.de/Alfred_Hess, Stand: 28.1.2017

Redslob, Edwin, Von Weimar nach Europa, Berlin 1972.

Schnabel, Gunnar / Tatzkow, Monika, Ernst Ludwig Kirchner – Berliner Straßenszene. Raubkunst und Restitution, Die Sammlung Hess, Berlin 2008; Schnabel, Gunnar / Monika Tatzkow, Nazi Looted Art. Handbuch Kunstrestitution weltweit, Berlin 2007, S. 257–261

Schnabel, Gunnar / Monika Tatzkow, Alfred und Thekla Hess, Hans Hess, in: Müller, Melissa / Monika Tatzkow, Verlorene Bilder. Verlorene Leben, Jüdische Sammler und was aus ihren Kunstwerken wurde, unter Mitarbeit von Thomas Blubacher und Gunnar Schnabel, München 2009, S. 45–59

Unsere Werte? Provenienzforschung im Dialog. Leopold-Hoesch-Museum Düren und Wallraf-Richartz-Museum Köln, herausgegeben von Renate Goldmann, Köln 2017

Wall, Volker, Die jüdische Schuhfabrikantenfamilie Hess in Erfurt und das Schicksal ihres Vermögens im Lichte der Wiedergutmachungshandlungen des Landes Thüringen nach 1945, in: Jahrbuch für Erfurter Geschichte, Band 4, herausgegeben von der Gesellschaft für Geschichte und Heimatkunde von Erfurt, Erfurt 2009, S. 191–207

Eine »Bitte«, die eine Enteignung rechtfertigt

Brunbauer-Ilić, Anna Maria, Kulturgut und Provenienzforschung im Fokus nationalen und internationalen Kunstrechts, Wien 2019, S. 235–238.

Lindner, Simon, Abschied einer Ikone. 2006, in: Beute. Ein Bildatlas zu Kunstraub und Kulturerbe, herausgegeben von Merten Lagatz, Bénédicte Savoy, Philippa Sissis, unter Mitarbeit von Simon Lindner, Berlin 2021, S. 308–311

Müller, Melissa, Adele (1881–1925) und Ferdinand Bloch-Bauer (1864–1945), Wien, in: Melissa Müller / Monika Tatzkow, Verlorene Bilder, verlorene Leben. Jüdische Sammler und was aus ihren Kunstwerken wurde, München 2009, S. 154–169

Sandmann, Elisabeth, Der gestohlene Klimt. Wie sich Maria Altmann die Goldene Adele zurückholte, München 2015

Welser, Rudolf / Rabl, Vhristian, Der Fall Klimt. Die rechtliche Problematik der Klimt-Bilder im Belvedere, Wien 2005; Man darf nie aufhören zu kämpfen. Ein Gespräch mit der Verlegerin Elisabeth Sandmann, in: Frankfurter Allgemeine Zeitung, 3.7.2015, Nr. 151, S. 10

Nicht nur der größte Kunstraub, sondern der größte Autoraub der Geschichte

Artinger, Kai, Grafik für die Diktatur. Die Geburt der Grafiksammlung des Kunstmuseums Stuttgart im Nationalsozialismus, Weimar 2024

Carstens, Peter, Der größte Autoraub aller Zeiten, in: Frankfurter Allgemeine Sonntagszeitung, 16.4.2017, S. 4

Carstens, Peter, Wo sind die Autos, die Nazis den Juden geraubt haben?, in: FAZ.net, 15.4.2017, auf: www.faz.net/aktuell/politik/inland/sind-oldtimer-in-deutschen-museen-nazi-raubgut-14973255.html, Stand: 7.5.2023

Mauthner-Weber, Susanne, Der größte Autoraub der Geschichte. Vor dem Krieg entzogen Nazis Juden ihre Autos, auf: www.motor.at, 3.5.2013, Stand: 7.5.2023

Technisches Kulturgut. Band 1: Zirkulation, Ansammlung und Dokumente des Entzugs zwischen 1933 und 1945, herausgegeben von Ron Hellfritzsch, Sören Groß, Timo Mappes, Jena 2022, S. 23

Quellen: Staatsarchiv Ludwigsburg, K 50 Bü 3425, OFD Stuttgart, Bundesvermögensabteilung, Rückerstattungsakten.

Eine folgenreiche Umbenennung

Bambi, Andrea / Drecoll, Axel (Hg.), Alfred Flechtheim. Raubkunst und Restitution, Berlin, Boston 2015

Demmler, Theodor, Einführung in den Katalog 1976: Sammlung Hugo Benario/Berlin, Mittelalterliche Plastik/Gemälde/Teppiche/Mobiliar/Ostasiatische u. ägyptische Kunst/Kunstgewerbe, Versteigerung 5.–6. April 1927 in Rudolph Lepke's Kunst-Auctions-Haus Berlin, Berlin 1927, ohne Seitenangabe

Fechner, Bernd / König, York-Egbert, Paul Westheim. Kunstkritiker – Publizist – Sammler, Berlin 2015

Hartung, Hannes, Die Restitution der Raubkunst in Deutschland und in europäischen Mitgliedsstaaten am Beispiel der Berliner »Straßenszene« und der Sammlung Gurlitt, in: Eine Debatte ohne Ende? Raubkunst und Restitution im deutschsprachigen Raum, herausgegeben von Julius H. Schoeps und Anna-Dorothea Ludewig, Berlin 2014, S. 150–179

Kunstwerke aus deutschem Privatbesitz, herausgegeben von Wolfgang Fritz Volbach, Bd. II: Die mittelalterlichen Bildwerke der Sammlung Benario, Bearbeitet von W. F. Volbach, Berlin 1923. Dazu: Angelika Enderlein schreibt, die Auktion der Sammlung Benario habe im Jahr 1927 eine hohe Erlössumme eingebracht; vgl. dies., Der Berliner Kunsthandel in der Weimarer Republik und im NS-Staat, Berlin 2006, S. 57

Müller, Melissa /Tatzkow, Monika, Verlorene Bilder, verlorene Leben – Jüdische Sammler und was aus ihren Kunstwerken wurde, München 2008

Strobl, Andreas, Curt Glaser: Kunsthistoriker, Kunstkritiker, Sammler. Eine deutsch-jüdische Biographie, Köln 2006

Weitz, Ulrich, Eduard Fuchs. Der Mann im Schatten, Berlin 2014

Eine »verschwundene« Millionensammlung

Artinger, Kai, Das Kunstmuseum Stuttgart im Nationalsozialismus. Der Traum vom Museum »schwäbischer« Kunst, Köln 2020, S. 250/251

Heuß, Anja, Die Sammlung von Moses Moritz Horkheimer, in: Exilforschung. Ein Internationales Jahrbuch, 29/2011, Bibliotheken und Sammlungen im Exil, herausgegeben im Auftrag der Gesellschaft für Exilforschung/Society for Exile Studies von Claus-Dieter Krohn und Lutz Winckler, S. 139–153

Quellen: Staatsarchiv Ludwigsburg, Wiedergutmachungsakten Moses Moritz Horkheimer: u. a. EL 350 I Bü 60171, FL 300/33 I Bü 5206, FL 300/33 I Bü 13021; EL 902/20 Bü 86478 Spruchkammer 37 Stuttgart, Verfahrensakten, Dr. Hans Kleinert; Universitätsarchiv Frankfurt am Main, Nachlass Max Horkheimer, Na 1 1292 (XXII.2), Ausschnitt aus einer Zeitung, Nr. 182, S. 14, 11. August 81: »Gewusst wo in Stuttgart«

Die »Wende« – Raubkunst meets Kulturmanagement

Berman, Lazar, Why is a German museum hanging a Nazi-looted painting backward?, in: Times of Israel, 29.10.2014

Cable, Simon, German museum displays 19th-century masterpiece stolen by Nazis Back-To-Front, in: Daily Mail, 30.10.2014

Deutsches Zentrum Kulturgutverluste, Projektbericht: Miriam Olivia Merz, »Provenienzforschung zu 60 Erwerbungen des Museums Wiesbaden zwischen 1935 und 1945, 2010–2017

Deutsches Zentrum Kulturgutverluste, Provenienzforschung zu den Erwerbungen des Museum Wiesbaden zwischen 1935 und 1944, auf: https://www.proveana.de/de/link/pro10000048, Stand: 2.5.2024

dpa/lhe, Wiesbaden sammelt für Nazi-Raubkunst, in Frankfurter Rundschau, 20.10.2014

Golenia, Patrick / Kratz-Kessemeier, Kristina / Masne de Chermont, Isabelle, Paul Graupe (1881–1953). Ein Berliner Kunsthändler zwischen Republik, Nationalsozialismus und Exil, Köln, Weimar, Wien 2016

Heier, Hans-Bernd, Die »Wende« geschafft – »Labung« von Hans von Marées jetzt in rechtmäßigem Besitz des Museums Wiesbaden, auf: Feuilleton Frankfurt, https://www.feuilletonfrankfurt.de/2014/11/16/die-wende-geschafft-labung-von-hans-von-marees-jetzt-in-rechtmaessigem-besitz-des-museums-wies baden/, Stand: 2.5.2024

Olivia Merz, Miriam / Forster, Peter, Provenienzforschung und die Folgen. Zu einem Gemälde von Hans von Marées aus der Sammlung Max Silberberg, in: Provenienz & Forschung, herausgeben vom Deutschen Zentrum Kulturgutverluste, 01–2017, Magdeburg 2017, S. 21–29

pg/mak, Wiedergutmachung für einen Kunstraub, auf: deutsche welle, 7.11.2014, https://www.dw.com/de/wiedergutmachung-für-einen-kunstraub/a-18048174

Wiesbaden schafft die Wende, auf: Proveana, https://www.proveana.de/de/link/evt.10000550, Stand: 18.6.2023

Wodzack, Yvonne, Fundraisingkampagne des Museum Wiesbaden verweist auf Provenienzforschung, auf: www.public marketing.eu, 7.10.2014

Raubkunst als Spekulationsobjekt des Kunsthandels?

Becker, Aileen, Offener Fall aus der Bibliothek des Richardi M. Meyer, 14.4.2021, auf: retour.hypotheses.org; Ulrich Raphael Firsching, Menzel-Gemälde bleibt den Staatlichen Kunstsammlungen Dresden erhalten, 16.6.2005, auf: kunstmarkt.com; Redaktion, Ringen um Menzel-Gemälde zu Ende, auf: Der Standard, 25.11.2005

Block, Simona, Ringen um Gemälde von Adolph von Menzel, Dresden zwischen Hoffnung und Enttäuschung, in: Mitteldeutsche Zeitung, 23.11.2005

Estella Meyer, auf: stolpersteine-berlin.de; Meyer, Richard Moritz, auf: deutsche-biographie.de

Martin Roth, Generaldirektor der Dresdner Kunstsammlungen im Interview, in: Der Spiegel, 44/2006, 23.10.2006

Meyer, Richard Moritz, auf: sammlungen.hu-berlin.de

Schnabel, Gunnar / Monika Tatzkow, Nazi Looted Art. Handbuch Kunstrestitution weltweit, Berlin 2007, Estella Meyer vs. Staatliche Kunstsammlungen Dresden, S. 257–261, 373–374

Schulz, Bernhard, Kultur. Glücklich im Zwinger, in: Der Tagesspiegel, 13.12.2005

Wiedemann, Erich, Die Einpacker, in: Spiegel Kultur, 5.8.2007

Mal »NS-Kunst«, mal nicht?

(sda), Kunstmuseum St. Gallen erhält umstrittenen Hodler als Dauerleihhabe, 19.12.2014, auf: https://www.blick.ch/schweiz/umstrittene-leihgabe-kunstmuseum-st-gallen-erhaelt-umstrittenen-hodler-als-dauerleihgabe-id3359280.html

Francini, Esther Tisa / Heuss, Anja /Kreis, Georg, Fluchtgut – Raubgut. Der Transfer von Kulturgütern in und über die Schweiz 1933–1945 und die Frage der Restitution, Zürich 2001, S. 188–192

Hertler, Roman, Kunstmuseum vertieft Erforschung der Neumann-Sammlung, auf: www.saiten.ch, 6.1.2023 (https://www.saiten.ch/kunstmuseum-vertieft-erforschung-der-neumann-sammlung/)

Knellwolf, Bruno, Neue Runde im Hodler-Streit, auf: www.tagblatt.ch, 6.5.2016

Krummenacher, Jörg, Kontaminierte Kunst, Neue Zürcher Zeitung, 16.2.2017, auf: https://www.nzz.ch/schweiz/stgallens-zeigt-kunstwerke-aus-der-nazi-zeit-vergiftete-und-entgiftete-bilder-ld.145917?mktcid=smsh&mktcval=E-mail

Schnabel, Gunnar / Tatzkow, Monika, Alfred und Thekla Hess, Hans Hess, in: Melissa Müller / Monika Tatzkow, Verlorene Bilder. Verlorene Leben, Jüdische Sammler und was aus ihren Kunstwerken wurde, unter Mitarbeit von Thomas Blubacher und Gunnar Schnabel, München 2009, S. 403/404

Stutzer, Beat, Restitution eines Max Liebermann-Gemäldes: ein Fallbeispiel aus Graubünden, auf: e-periodica.ch, aus: Bündner Jahrbuch: Zeitschrift für Kunst, Kultur und Geschichte Graubündens, Bd. 56 (2014)

Eine Kunstsammlung als ewiger Lernprozess – Die Kontroverse um den Kanonenkönig von Oerlikon

Ausstellung über Kontroverse um Bührle-Sammlung in Zürich, in: Frankfurter Rundschau, 3.7.2023

Bührle-Beirat tritt zurück. Eklat im Kunsthaus Zürich, in: Frankfurter Allgemeine Zeitung, 26.10.2023, auf: https://www.faz.net/aktuell/feuilleton/kunst-und-architektur/noch-vor-buehrle-ausstellung-im-kunsthaus-zuerich-eklat-19270753.html?GEPC=s5

Butin, Hubertus, Jüdisches Fluchtgut im Kunsthaus Zürich, in: Frankfurter Allgemeine Zeitung, 5.4.2023, auf: https://www.faz.net/aktuell/feuilleton/kunst-und-architektur/kunsthaus-zuerich-prueft-gemaelde-des-waffenhaendlers-buehrle-18800602.html, Stand: 27.10.2023

Gloor, Lukas, Die Provenienzforschung der Sammlung Emil Bührle, Zürich, 2002–2021, auf: https://www.buehrle.ch/fileadmin/user_upload/Provenienz forschung.Bu__hrle.2002-2021_01.pdf

Heim, Christoph, Das Kunsthaus verneigt sich vor seinem Mäzen, in: Basler Zeitung Online, 2.11.2023 Bührle-Sammlung und Raubkunst: Eklat am Kunsthaus Zürich, in: 3sat kulturzeit, 2.11.2023

Heim, Christoph, »60 Prozent der Bührle-Bilder stammen von jüdischen Sammlern«. Interview zur Untersuchung, in: BaZ, 28.6.2024, auf: https://www.baz online.ch/herkunft-der-buehrle-bilder-60-prozent-von-juedischen-samm lern-499058104147, Stand: 1.7.2024

Krähenbühl, Daniel, So will das Zürcher Kunsthaus in Zukunft Raubkunst-Fälle verhindern, auf: www.20min.ch, 14.3.2023

Landmann, Ellinor, Wie umgehen mit Raubkunst? Provenienzforschung: Eine Kulturstiftung will Pionierin werden, auf: www.srf.ch, 24.1.2023

Langer Schatten über schöner Kunst, in: Neue Zürcher Zeitung, 10.3.2003

Leimgruber, Matthieu, Kriegsgeschäfte, Kapital und Kunsthaus. Die Entstehung der Sammlung Emil Bührle im historischen Kontext, Zürich 2021

Meier, Philipp, »Es geht hier nicht um Imagepflege und Symbolik, uns ist es ernst« – Das Kunsthaus Zürich untersucht die Herkunft von 200 Werken und verspricht faire Lösungen, in: Neue Zürcher Zeitung, 14.3.2023

Meier, Philipp, Diese Kunstwerke sind nicht unproblematisch – drei Schicksale aus der Sammlung Bührle, in: Neue Zürcher Zeitung, 8.1.2022

Meier, Philipp, Mit Fluchtgut handeln oder nicht?, in: Neue Zürcher Zeitung, 17.1.2022

Pfaff, Isabel, Sammlung Bührle. Verstrickt, in: Süddeutsche Zeitung, 7.1.2022

Posselt, Timo, Kunsthaus Zürich. Abgehangen, auf: Zeit Online, 5.9.2023

Rais, Dominique, Die Causa Bührle: Dem Vermächtnis des kontroversen Sammlers auf der Spur, auf: Zürich 24, 18.7.2023

Ribi, Thomas, Ein Rückblick ohne Corona: Raubkunst und Waffenhandel – Die Sammlung Bührle polarisiert, und der Mann dahinter ist im Gespräch, als ob er noch unter uns wäre, in: Neue Zürcher Zeitung, 31.12.2021

Ribi, Thomas, Kunsthaus Zürich: Ab Herbst wird die Sammlung Bührle neu präsentiert, in: Neue Zürcher Zeitung, 14.7.2023

Ribi, Thomas, Sammlung Bührle am Kunsthaus Zürich: Wer alles richtig machen will, macht zu viel falsch, in: Neue Zürcher Zeitung, 3.11.2023, auf: https://www.nzz.ch/meinung/sammlung-buehrle-das-kunsthaus-tut-sich-schwer-mit-dem-geschenk-ld.1763791.

Ribi, Thomas / Meier, Philip, Es stammen mehr Werke aus jüdischem Besitz als bisher angenommen: der Historiker Raphael Gross über die Bestände der Sammlung Bührle, in: Neue Zürcher Zeitung, 28.6.2024, auf: https://www.nzz.ch/feuilleton/sammlung-buehrle-viel-mehr-bilder-aus-juedischem-besitz-als-bisher-angenommen-ld.1837180, Stand: 1.7.2024.

Schnabel, Gunnar / Tatzkow, Monika, Nazi Looted Art. Handbuch Kunstrestitution weltweit, Berlin 2007, S. 152–155 und 405/406

Sinclair, Anne, Lieber Picasso, wo bleiben meine Harlekine? Mein Großvater, der Kunsthändler Paul Rosenberg, München 2013

Skandal am Kunsthaus Zürich – Die Sammlung Bührle, in: titel thesen temperamente, 6.2.2022, auf: https://1.ard.de/ttt06022022, Stand: 29.8.2023

Trinks, Stefan, Zürich restituiert Monet. Einigung mit Sachs-Erben, in: Frankfurter Allgemeine Zeitung, 19.6.2024, auf: https://www.faz.net/aktuell/feuilleton/kunst-und-architektur/spaete-gerechtigkeit-kunsthaus-zuerich-einigt-sich-mit-sachs-erben-19800282.html, Stand: 20.6.2024.

Umstrittene Schweizer Sammlung: Wurden Gemälde durch Zwangsarbeit mitfinanziert?, auf: https://www.spiegel.de/kultur/umstrittene-kunstsammlung-buehrle-neue-untersuchungen-in-zuerich-a-ea326e4b-66cc-4336-a01b-7127d3492a25, 19.3.2022

Zaugg, Thomas, Der endlose Lernprozess beginnt. Das Kunsthaus will die umstrittene Bührle-Ausstellung bis Ende 2023 neu präsentieren, in: Neue Zürcher Zeitung, 3.3.2023

Vermächtnis eines »Phantoms«

Bestandsaufnahme Gurlitt, herausgegeben vom Kunstmuseum Bern und Kunst- und Ausstellungshalle der Bundesrepublik Deutschland, München 2017

Gurlitt. Ein Bilanz, Ausstellungsbroschüre, Kuratorin: Nikola Doll, auf: https://www.kunstmuseumbern.ch/see/today/1082-gurlitt-eine-bilanz-120.html

Heil, Johannes / Weber, Annette (Hg.), Ersessene Kunst. Der Fall Gurlitt, Berlin 2015

Hickley, Catherine, Gurlitts Schatz. Hitlers Kunsthändler und sein geheimes Erbe, Wien 2016

Hoffmann, Meike / Kuhn, Nicola, Hitlers Kunsthändler. Hildebrand Gurlitt 1895–1956, München 2016

Meier, Oliver / Feller, Michael / Christ, Stefanie, Der Gurlitt-Komplex. Bern und die Raubkunst, Zürich 2017

Moderne Meister. ›Entartete‹ Kunst im Kunstmuseum Bern, herausgegeben von Matthias Frehner und Daniel Spanke, München, London, New York 2016

Was geschah am Anhalter Bahnhof Berlin?

Gottwaldt, Alfred, Berlin – Anhalter Bahnhof, Düsseldorf 1994

Karl Hofer 1978–1955, Ausstellungskatalog Akademie der Künste Berlin/Kunstmuseum Winterthur, Berlin 1966

Karl Hofer. Werkverzeichnis der Gemälde, Bd. 1, bearbeitet von Karl Bernhard Wohlert, herausgegeben von Markus Eisenbeis, Köln 2007

Köller, Susanna, Das drohende Unheil. Hofers Selbstbildnis mit Dämonen und die Badische Kunsthalle im ›Dritten Reich‹, in: Das verfemte Meisterwerk. Schicksale moderner Kunst im ›Dritten Reich‹, herausgegeben von Uwe Fleckner, Berlin 2009

Merz, Kai-Uwe, Monster Berlin. Eine Kulturgeschichte der nationalsozialistischen Zeit, Berlin 2021

Peters, Dietlinde, Der Anhalter Bahnhof als Deportations-Bahnhof, Bezirksmuseum Friedrichshain-Kreuzberg Berlin, Berlin 2011

Rigby, Ida Katherine, Karl Hofer, New York, London 1976

Schilde, Kurt, Bürokratie des Todes. Lebensgeschichten jüdischer Opfer des NS-Regimes im Spiegel von Finanzakten, Berlin 2002

Weis, Karl-Heinz, Karl Hofer 1878–1955. Stil und Stilwandel in seinem figürlichen Werk, Würzburg 2008

Quellen: Archiv der Galerie Nierendorf, Berlin; Alte Galerie Preis- und Kommissionslisten, 1930–1942, z. T. als Künstler Original Autograph; Karl Nierendorf an Karl Hofer am 9.6.1938; Stadtarchiv Stuttgart, Württembergischer Kunstverein, Einzelne Kunstausstellungen 3.2.1946–1954, 17/1 Hauptaktei Gruppe 3, Hofer-Ausstellung 1954

»Schlossbergung« im Rittergut Ermlitz – Vom Kunstraub in der SBZ in den Kunsthandel der BRD

Stadt Düren: Leopold-Hoesch-Museum & Papiermuseum Düren restituiert Grafiken von Wenzel Hollar, 28.6.2018, auf: https://old.dueren.de/index.php?id=meldung&tx_ttnews%5Btt_news%5D=17562&cHash=80d8b8ecb633de95e2b9b2194aef399a, Stand: 29.3.2024.

Vom Staat geraubt oder dem Staat geschenkt?

Auf der Suche nach Kulturgutverlusten. Ein Spezialinventar zu den Stasi-Unterlagen, Bundesarchiv/Stasi-Unterlagen-Archiv (Hg.), Deutsches Zentrum Kulturgutverluste (Hg.), Ralf Blum, Helge Heidemeyer, Arno Polzin, Berlin 2021

Bischof, Ulf, Der Nachlass des Malers Otto Nagel. Von teuren Genossen und enttäuschten Hoffnungen, in: Spurensicherung. Die Geschichte(n) hinter den Werken, herausgegeben von Werner Heegewaldt, Doris Kachel und Anna Schultz im Auftrag der Akademie der Künste Berlin, 2022, S. 82–91

Finkenauer, Thomas / Thiessen, Jan, Sonderband Kunstraub für den Sozialismus. Zur rechtlichen Beurteilung von Kulturgutentziehungen in der SBZ und DDR, herausgegeben vom Deutschen Zentrum Kulturgutverluste, Reihe Provenire, Berlin 2023

Kachel, Doris, »Otto-Nagel-Nachlass, Schenkung 1985«, in: ebd., S. 92–95

Schallenberg, Bernd, Wie die DDR-Regierung die Familie von Otto Nagel enteignete, in: Berliner Zeitung, 7.6.2023, auf: https://www.berliner-zeitung.de/open-source/kunst-streit-um-nachlass-wie-die-ddr-regierung-die-familie-von-otto-nagel-enteignete-li.353980e

Schallenberg, Salka-Valka / Schallenberg, Bernd, Der Fall Otto Nagel. Kunstraub in der DDR, Magdeburg 2023

Schallenberg, Salka-Valka, Otto Nagel. Der Künstler – und sein Vermächtnis, in: Enteignet, entzogen, verkauft. Zur Aufarbeitung der Kulturgutverluste in SBZ und DDR, herausgegeben von Mathias Deinert, Uwe Hartmann, Gilbert Lupfer, Deutsches Zentrum Kulturgutverluste, Bd. 3 Provenire, Schriftenreihe des Deutschen Zentrums Kulturgutverluste, Magdeburg 2022

Quellen: Zwei Gespräche mit Salka-Valka Schallenberg, u. a. am 17.7.2023, wo sie über die Hintergründe der Relegation von der EOS u. v. m. erzählte.

Das Paradox des Diebs als Retter der Beute

Aalders, Gerard, Geraubt. Die Enteignung jüdischen Besitzes im Zweiten Weltkrieg, Köln 2000

Artinger, Kai, Prof. Dr. Emil Waldmann (1880–1945), Kunsthistoriker, Museumsleiter, Hochschuldozent für Kunstgeschichte, in: Geschichte der Kunstgeschichte 1930–1950. Kontinuitäten und Brüche einer Wissenschaft, Berlin 2008, S. 47–65

Artinger, Kai, Zwei schleswig-holsteinische Nationalsozialisten in Amsterdam. Die Geschichte von Heinrich Böhmcker und Dr. Hans Böhmcker – Ein Beitrag zur deutschen Okkupationsgeschichte der Niederlande, in: Informationen zur Schleswig-Holsteinischen Zeitgeschichte, Heft 50, Hamburg (Januar) 2008, S. 7–55

Artinger, Kai, Die Kunsthalle Bremen im Dritten Reich. Eine historische Aufarbeitung, Saarbrücken 2010

Beuthin, Tanja, Einfach mitgenommen. Raubkunst. Tausende Objekte wurden während des »Boxer-Kriegs« in China geraubt – was geschieht mit ihnen?, in: art, April, 2024, S. 138/139

Busch, Günter, Die Kunsthalle Bremen in vier Jahrzehnten. Eine hanseatische Bürgerinitiative 1945–1984, Bremen 1984

Dein Bremen. Dein Museum. Deine Kunst. 200 Jahre Kunstverein in Bremen, herausgegeben von Dorothee Hansen und Barbara Nierhoff-Wielk, Bremen 2023

Die Kunsthalle Bremen. Der Kunstverein in Bremen, Bremen 2014

Dürer-Zeit. Die Geschichte der Dürer-Sammlung in der Kunsthalle Bremen, bearbeitet von Anne Röver-Kann unter Mithilfe von Manu von Miller, München 2012

Herzogenrath, Wulf / Westheider, Ortrud, Kunsthalle Bremen. Gemäldegalerie, Kupferstichkabinett und Neue Medien, Paris 1998

Steinhöfel, Elke, Heinrich Böhmcker. Vom SA-Mann der ersten Stunde zum NS-Bürgermeister von Bremen. Eine biografische Studie, Bremen 2021

Quellen: Zu Friedrich Adolf Graf von Königsmarck und Schloss Karnzow: Bernhard von Barsewisch, Korrespondenz zwischen dem Autor und Bernhard von Barsewisch von Juli bis September 2023.

Die beharrliche Suche zahlt sich aus

Enderlein, Angelika, Der Berliner Kunsthandel in der Weimarer Republik und im NS-Staat. Zum Schicksal der Sammlung Graetz, Berlin 2006

Löffler, Fritz, Otto Dix. Leben und Werk, Dresden 1960

Otto Dix, Briefe, herausgegeben von Ulrike Lorenz, bearbeitet und kommentiert von Gudrun Schmidt, Köln 2013

Otto Dix. Der böse Blick, herausgegeben von der Kunstsammlung Nordrhein-Westfalen, Düsseldorf, kuratiert von Susanne Meyer-Büse, München, London, New York 2017

Otto Dix. Metropolis, Fondation Maeght, Saint-Paul, 2. Juli 18. Oktober 1998

Otto Dix. Ölgemälde 1913–1963, Aquarelle, Das graphische Werk, Kongresshalle Berlin, 10.–31. Oktober 1963 (Ausstellungskatalog)

Quellen: Kunstmuseum Stuttgart, Werkakte Otto Dix, *Prager Straße*.

BILDNACHWEIS

akg-images: S. 16, 37 (Günter Schneider), 59, 129 (o.), 179 (VG Bild-Kunst, Bonn 2024), 201 (VG Bild-Kunst, Bonn 2024)

Archiv des Autors: S. 79, 166, 190

Ernst von Siemens Kunststiftung: S. 89 (VG Bild-Kunst, Bonn 2024)

gemeinfrei: S. 48, 69, 99, 109, 119, 129 (u.), 139, 172/173

picture alliance: S. 27 (dpa/Jörg Carstensen), 153 (Ulrich Baumgarten)

VG Bild-Kunst, Bonn 2024: S. 164

ÜBER DEN AUTOR

Kai Artinger, Jahrgang 1963, ist promovierter Kunsthistoriker und war Leiter des Günter-Grass-Hauses in Lübeck. Er publizierte zahlreiche Bücher, Aufsätze und Ausstellungskataloge. Er arbeitet als Provenienzforscher im Kunstmuseum Stuttgart, wo er 2020 die Ausstellung »Das Kunstmuseum Stuttgart im Nationalsozialismus« kuratierte. Im Oktober 2024 folgt der zweite Teil: »Grafik für die Diktatur«. Kai Artinger lebt in Stuttgart und in Berlin.

Das Foto auf Seite 2 zeigt die Entdeckung der Nofretete-Büste am 6. Dezember 1912. Zu sehen sind auf dem Foto von links nach rechts: der für die Ausgrabung verantwortliche deutsche Ägyptologe Hermann Ranke, Paul Hollander und Mohammed es-Senussi

Bibliografische Information der Deutschen Nationalbibliothek
Die Deutsche Nationalbibliothek verzeichnet diese Publikation in der Deutschen Nationalbibliografie; detaillierte bibliografische Daten sind im Internet über http://dnb.d-nb.de abrufbar.

FSC www.fsc.org
MIX
Papier | Fördert gute Waldnutzung
FSC® C106600

Asternplatz 3, 12203 Berlin
post@bebraverlag.de
Lektorat: Marijke Leege-Topp, Berlin
Umschlag: Goscha Nowak, Berlin (Gemälde: Gustav Klimt: *Adele Bloch-Bauer I*)
Satz: typegerecht berlin
Schriften: Minion Pro, Brother 1816
Druck und Bindung: DZS, Ljubljana
ISBN 978-3-89809-248-7

www.bebraverlag.de